云南师范大学学术精品文库

混合所有制改革及效应

"国民共进"微观视角下的研究

MIXED OWNERSHIP
REFORM AND EFFECT

RESEARCH FROM
THE MICRO PERSPECTIVE OF
"THE STATE AND THE PRIVATE SECTOR
ADVANCE TOGETHER"

代 飞 著

社会科学文献出版社
SOCIAL SCIENCES ACADEMIC PRESS (CHINA)

摘　要

本书探索"国民共进"微观视角下混合所有制改革机理分析及改革效应评价等问题，在理论分析的基础上，进行实证检验。

首先，在分析我国混合所有制改革发展历程和现状、新时期混合所有制改革动因和目的的基础上，提出"国民共进"微观视角下的混合所有制改革及效应研究框架；其次，基于资本异质性理论对国有资本与非国有资本的优劣势进行深入分析，结合共生理论构建生态学 Logistic 模型的资本共生模型并进行分析，在此基础上基于国有资本控股和非国有资本控股不同混合所有制改革企业的视角，对"国民共进"微观视角下混合所有制改革机理分析的逻辑进行梳理；再次，分别基于国有资本控股混合所有制改革企业和非国有资本控股混合所有制改革企业的视角，对"国民共进"混合所有制改革机理进行理论分析和实证检验；最后，在构建"国民共进"混合所有制改革效应评价体系的基础上，分别从国有资本控股和非国有资本控股不同混合所有制改革企业的视角，对"国民共进"混合所有制改革效应进行评价和分析。

基于上述相关研究工作，本书得出如下研究结论。

（1）基于国有资本控股混合所有制改革企业的视角，在股权混合度对企业价值的影响机理中，除了股权混合度对企业价值存在直接影响外，公司治理水平和资本配置效率可以作为中介变量对两者的关系产生间接影响。基于非国有资本控股混合所有制改革企业的视角，国有资本进入实施混合所有制改革的非国有企业后，因其具有产权制度层面的政治关联属性，能显著提升企业价值；同时，融资约束、投资效率和资本配置效率可以作为中介变量对两者的关系产生间接影响。

（2）基于构建的"国民共进"微观视角下混合所有制改革效应评价指标体系，分别从国有资本控股和非国有资本控股混合所有制改革企业的视角对社会效应和经济效应进行评价和分析，发现 2015~2019 年两种不同视角下混合所有制改革企业的社会效应和经济效应的复合增长率有一半以上得到了正向增长，且股权混合度对社会效应和经济效应都有着显著的正向影响，说明混合所有制改革的深入有利于混合所有制改革效应的增强。

关键词：混合所有制；国有资本；国企改革

Abstract

This book analyzes the mechanism and evaluates the effect of mixed ownership reform from the micro perspective that "the state and the private sector advance together", and makes an empirical test on the basis of theoretical analysis.

Firstly, based on the analysis of the development process and current situation of China's mixed ownership reform and the motivation and purpose of the mixed ownership reform in the new period, the research framework of mixed ownership reform and its effects from the micro perspective of "the state and the private sector advance together" is proposed. Secondly, based on the theory of capital heterogeneity, this paper deeply explores the advantages and disadvantages of state-owned capital and non-state-owned capital, constructs and analyzes the ecologically logistic capital symbiosis model in combination with the symbiosis theory, and based on the perspective of mixed ownership reform enterprises holding different state-owned capital and non-state-owned capital, describes the logic of the mixed ownership reform mechanism under the micro perspective that "the state and the private sector advance together". Then, from the perspective of state-owned capital holding mixed ownership reform enterprises and non-state-owned capital holding mixed ownership reform enterprises, the paper conducts theoretical analysis and empirical test on the mechanism of mixed ownership reform of "the state and the private sector advance together". Finally, on the basis of constructing the evaluation system of mixed ownership reform effect of "the state and the private sector advance together", this paper evaluates and analyzes the mixed ownership reform effect of "the state and the private sector advance together" from the perspective of mixed ownership reform enterprises holding different state-owned capital and non-state-owned capital.

Based on the above research work, the following research conclusions are drawn in this book.

(1) Based on the perspective of state-owned capital holding mixed ownership reform enterprises, in the influence mechanism of equity mixture degree on enterprise value, in addition to the direct influence of equity mixture degree on enterprise value, the level of corporate governance and capital allocation efficiency can be used as intermediary variables to have indirect influence on the relationship between them. From the perspective of non-state-owned capital holding mixed ownership reform enterprises, state-owned capital can significantly improve the value of enterprises after entering into non-state-owned enterprises that implement mixed ownership reform because of its political relevance in the property right system. At the same time, financing constraints, investment efficiency and capital allocation efficiency can be used as intermediary variables to have indirect influence on the relationship between them.

(2) Based on the evaluation index system of mixed ownership reform effect from the micro perspective of "the state and the private sector advance together", this book evaluates and analyzes the social effect and economic effect respectively from the perspective of state-owned capital holding and non-state-owned capital holding mixed ownership reform enterprises, and finds that more than half of the compound growth rates of social effect and economic effect of

mixed ownership reform enterprises have been increased in a positive way from two different perspectives during the period of 2015 – 2019, and the degree of equity mixing has a significant positive impact on social effect and economic effect, which shows that with the deepening of mixed ownership reform, it is conducive to the improvement of mixed ownership reform effect.

Keywords: Mixed Ownership; State-owned Capital; Reform of State-owned Enterprises

目录
CONTENTS

第一章 绪论 001

第一节 基于"国民共进"微观视角研究混合所有制改革的缘起 001
第二节 混合所有制改革与效应研究脉络梳理及展望 004
第三节 基于"国民共进"微观视角研究的目标及主要内容 007
第四节 "国民共进"微观视角下突破的关键问题 009
第五节 "国民共进"微观视角研究的特色与创新点 014

第二章 研究问题的提出与研究框架构建 016

第一节 混合所有制改革发展历程 016
第二节 混合所有制改革路径 020
第三节 混合所有制改革现状 022
第四节 混合所有制改革动因和目的 027
第五节 "国民共进"微观视角下的混合所有制改革及效应研究框架 030

第三章 基于共生理论的混合所有制改革机理分析的逻辑 033

第一节 国有资本与非国有资本的特质分析 033

第二节 基于生态学 Logistic 模型的资本共生模型构建和分析　　039

第三节 "国民共进"微观视角下混合所有制企业改革机理分析的逻辑　　046

第四章 | "国民共进"混合所有制改革实证分析一
——基于国有资本控股混合所有制改革企业的视角　　049

第一节 理论分析与研究假设　　049

第二节 研究设计　　055

第三节 实证分析　　063

第四节 研究结论与启示　　083

第五章 | "国民共进"混合所有制改革实证分析二
——基于非国有资本控股混合所有制改革企业的视角　　086

第一节 理论分析与研究假设　　087

第二节 研究设计　　093

第三节 实证分析　　101

第四节 研究结论与启示　　127

第六章 | "国民共进"混合所有制改革效应评价体系构建　　130

第一节 混合所有制改革效应的构成要素　　130

第二节 混合所有制改革效应评价指标体系构建原则　　138

第三节 混合所有制改革效应评价指标体系构建　　139

第四节 评价方法选择与评价模型构建　　150

第七章 "国民共进"混合所有制改革效应评价与分析一
——基于国有资本控股混合所有制改革企业的视角　　154

第一节　国有资本控股混合所有制企业改革效应评价指标权重赋值　　154

第二节　国有资本控股混合所有制企业改革效应评价和分析　　163

第八章 "国民共进"混合所有制改革效应评价与分析二
——基于非国有资本控股混合所有制改革企业的视角　　174

第一节　非国有资本控股混合所有制企业改革效应评价指标权重赋值　　174

第二节　非国有资本控股混合所有制企业改革效应评价和分析　　183

第九章 研究结论与展望　　194

第一节　研究结论　　194

第二节　研究展望　　197

参考文献　　199

附　录　　218

附录 A　国有资本控股混合所有制改革样本企业代码　　218

附录 B　国有资本控股混合所有制改革企业公司治理水平　　220

附录 C　非国有资本控股混合所有制改革样本企业代码　　228

附录 D 非国有资本控股混合所有制改革企业融资约束
程度（Kz 指数） 229

附录 E 非国有资本控股混合所有制改革企业投资效率
（Eff 指数） 233

附录 F 国有资本控股混合所有制改革企业社会效应评价
指数 237

附录 G 国有资本控股混合所有制改革企业经济效应评价
指数 245

附录 H 非国有资本控股混合所有制改革企业社会效应
评价指数 254

附录 I 非国有资本控股混合所有制改革企业经济效应
评价指数 258

第一章

绪论

第一节 基于"国民共进"微观视角研究
混合所有制改革的缘起

一 现有混合所有制改革问题分析与解决思路

我国国有企业混合所有制改革虽然已经历了40多年的发展,但学术界和实践界对改革效应的结论并未达成共识(巩娜,2018)。党的十八届三中全会通过的《中共中央关于全面深化改革若干重大问题的决定》明确提出,要积极发展混合所有制经济,实现国有资本、集体资本、非公有资本等交叉持股、相互融合的混合所有制经济。党的十九大报告再次强调要大力发展混合所有制经济。积极发展混合所有制经济,推动国有资产管理由"管人管事管资产"向"管资本"转变,是当前经济改革的趋势。近年来,学界主要从宏观层面探讨了国有企业混合所有制改革的模式、路径和逻辑(汤吉军、戚振宇,2018),业界进行了实践,但"国民共进"的混合所有制改革目标尚未实现(胡迟,2018)。现有研究对国有企业混合所有制改革的机理分析及相关效应的评价过于宏观和片面(中国财政科学研究院国有企业改革评价及国企改革指数课题组等,2018),且鲜有文献研究基于非国有资本控股企业的混合所有制改革问题。因此，探索多种所有制资本通过微观层面的深度融合实现共同发展的混合所有制改革机理，并构建可靠的改革效应评价指标体系是亟待解决的科学问题。

1879年德国真菌学家德贝里首次提出共生概念，认为生活在一起的两个种群某种程度的联合，单一的耐性、共同享有空间乃至各种形式的相互作用，甚至掠食作用都是一种共生关系。继美国著名生态学家Odum（1956）提出生态学是一种方法论和认识论，是科学和社会的桥梁这一观点之后，共生理论逐渐被运用到社会、经济等学科领域。共生理论认为，任何一种共生关系都是由若干共生单元在一定共生环境下形成的既定共生模式。不同所有制的资本就是构成资本共生系统的共生单元。共生理论为我国新时期混合所有制改革机理分析和改革效应评价提供了微观层面的新视角，为不同所有制资本通过混合所有制改革实现"国民共进"的终极目标提供了理论支撑和路径选择，但目前基于"国民共进"微观视角下资本共生的混合所有制改革及效应方面的研究少见。

本书试图构建"国民共进"微观视角下的混合所有制改革及效应研究逻辑模型，针对新时期不同所有制资本实现混合所有制改革的动因和目的，运用共生理论，分析国有资本与非国有资本存在的资本共生单元、共生模式和共生环境，探索两种资本之间存在深度融合、优势互补、共同发展、最终实现"国民共进"的不同所有制资本进行混合所有制改革的机理，在此基础上分析混合所有制改革效应的构成要素，构建改革效应评价指标体系，为我国混合所有制改革提供决策参考。

二 "国民共进"微观视角下研究的意义

1. 理论意义

（1）提出混合所有制改革机理分析的新层次。

以往的研究和实践，都是基于宏观层面的国有企业混合所有制改革模式、路径和逻辑。本书从微观层面出发，基于资本异质性理论，分析国有资本与非国有资本的特质，探索不同所有制资本存在深度融合、优势互补、价值创造的空间和最终实现共同发展的改革机理，弥补了现有基于宏观层面研究国有企业混合所有制改革的不足，并从国有企业和非国有企业两个层面探讨混合所有制改革的微观机理，拓展了以往混合所有制改革研究的范围。

（2）拓展混合所有制改革机理分析的新视角。

本书基于共生理论，分析混合所有制改革企业中不同所有制资本之间存在深度融合的资本共生系统，有其资本共生单元、共生模式和所依赖的共生环境，为分析混合所有制改革企业的改革机理提供了一个新视角。

（3）创新混合所有制改革效应评价的新方法。

现有评价国有企业混合所有制改革效应的方法大多基于宏观和局部角度的定性分析方法，对指标的选取缺乏科学性和系统性，且采用的评价方法存在一定的主观性。本书在中国财政科学研究院国企改革指数的基础上，基于利益相关者理论分析国有企业混合所有制改革的社会效应构成要素，从经济效益、企业价值、公司治理和投资效率四个维度分析经济效应构成要素，构建混合所有制改革效应评价指标体系。在此基础上，分别从国有资本控股混合所有制改革企业层面和非国有资本控股混合所有制改革企业层面，采用变异系数－加权法对各级指标进行赋权，构建不同层面的混合所有制改革效应评价体系，弥补了德尔菲法和层次分析法对评价指标打分偏主观性的不足，同时从两个层面构建的混合所有制改革效应评价体系更符合不同所有制资本控股的混合所有制改革企业的现实情况，评价指数更加客观。

2. 现实意义

（1）有利于完善混合所有制改革框架体系。

"国民共进"微观视角下的混合所有制改革及效应研究逻辑框架，从微观层面出发，探讨混合所有制改革企业中各种所有制资本之间存在深度融合、优势互补、共同发展的价值创造空间，分析"国民共进"微观视角下的改革机理，可以弥补当前学界和业界基于宏观层面的国有企业混合所有制改革模式、路径和逻辑的理论探讨与现实实践的不足，并将非国有企业混合所有制改革纳入混合所有制改革及效应研究框架体系，拓展了以往混合所有制改革研究的领域。

（2）有利于实现混合所有制改革的终极目标。

基于共生理论的混合所有制改革企业的改革机理分析，深入探讨国有资本与非国有资本的特质，分析两种资本作为共生单元存在互惠共生的共生模式和"国民共进"的共生环境，有利于实现我国混合所有制改革的终极目标。

（3）有利于健全混合所有制改革效应评价体系。

基于利益相关者理论分析社会效应构成要素，从经济效益、企业价值、公司治理和投资效率四个维度分析经济效应构成要素，能够弥补当前基于宏观层面和局部性评价改革效应的不足；针对混合所有制改革企业，基于不同所有制资本控股层面，分别对指标进行赋权、评价和分析，更加符合现实情况。

第二节 混合所有制改革与效应研究脉络梳理及展望

一 混合所有制改革研究

我国关于混合所有制改革的研究主要集中于国有企业混合所有制改革方面。我国国有企业混合所有制改革经历了40多年的发展历程，在政策制定方面，先后经历了初步探索、制度创新、进一步推进和全面深化四个阶段；在学术研究方面，相应地经历了经验总结、宏观研究、微观研究和创新研究四个阶段（周娜、鲍晓娟，2017）。

近年来，学术界主要从宏观层面对国有企业混合所有制改革的模式、路径和逻辑进行了大量研究（杨瑞龙，2018；李政、艾尼瓦尔，2018）。对国有企业混合所有制改革模式的研究，主要基于开放式改革重组、整体上市或核心上市、员工持股和引入战略投资者等（庄序莹、丁珂，2016）；《中共中央、国务院关于深化国有企业改革的指导意见》明确提出了采用"分类改革"的国有企业混合所有制改革路径。在微观研究领域，张文魁（2010）提出了混合所有制企业公司治理的具体路径。

虽然学界对国有企业混合所有制改革的研究较多，但研究结论尚未达成一致，"国民共进"微观视角下的混合所有制改革机理亟待研究和探索。

二 混合所有制改革效应研究

目前对混合所有制改革效应的研究主要集中在国有企业混合所有制改革效应研究层面。国内学者对国有企业混合所有制改革效应的研究主要从社会效应（庄序莹、丁珂，2016；吴振宇、张文魁，2015；潘妙丽、邓舒文，2015）、经济效应（中国财政科学研究院国有企业改革评价及国企改革指数课题组等，2018）、绩效效应（陈林、唐杨柳，2014；张辉等，2016；佟健、宋小宁，2016；杜媛等，2015；江玮滢等，2016）、投资效率（李春玲等，2017）、创新效应（赵放、刘雅君，2016；王业雯、陈林，2017）、全要素生产率（刘晔等，2016）、博弈效应（李建标等，2016）、治理效应（杨志强等，2016）、福利效应（董梅生、洪功翔，2016）、企业活力（张卓元，2015）和文化效应（程承坪、黄华，2017）等方面展开。

关于社会效应的研究，侧重于混合所有制改革能促进经济增长并带来财政收入效应和收入分配效应，涉及国有企业应缴税金年度增幅、国有资本经营预算收入划转一般公共预算比例以及国有企业改革进展效果（中国财政科学研究院国有企业改革评价及国企改革指数课题组等，2018）；对经济效应的研究，集中于净资产收益率、资产负债率和资产总额增长率等。

国内学者对国有企业混合所有制改革效应的研究，过多基于片面性的视角，整体性考虑不足；对评价指标的选取和赋权，大多采用定性分析方法，缺乏定量研究，主观性过强。

三 共生理论研究

共生是生物界普遍存在的现象，1879年德国真菌学家德贝里首先提出了共生概念。美国著名生态学家Odum（1956）认为生态学是一种方法论和认识论，是科学和社会的桥梁。随后，共生理论逐渐被运用到社会、经济等学科领域。

我国学者袁纯清在1998年将共生理论运用到小型经济的应用研究中，分析了共生系统的三要素——共生单元、共生模式和共生环境，提出了共生系统的行为模式和组织模式，形成了经济学的共生理论（袁纯清，1998a；袁纯清，1998b）。随后，国内学者应用共生理论进行了大量研究，如将资本共生理论应用于军工产业发展的作用机理研究（何平林等，2008）、基于共生理论研究上市公司的股东行为（杨松令、刘亭立，2009）。

基于共生理论，不同所有制资本之间通过深度融合形成资本共生系统，有其资本共生单元、共生模式和所依赖的共生环境，为混合所有制改革的研究提供了一个新视角。

四 存在的问题与进一步研究的方向

综上所述，国内外相关研究已经取得了很大进展，但是"国民共进"微观视角下的混合所有制改革及效应研究少见，现有研究成果的不足主要表现在四个方面：①缺乏基于微观层面的混合所有制改革研究框架；②缺乏不同所有制资本通过深度融合、优势互补最终实现"国民共进"的共生机理分析；③缺乏对混合所有制改革效应的全面评价，现有指标的选取过于片面，且对指标的赋权存在一定的主观性；④以往混合所有制改革的研究，主要集中于国有企业，鲜有基于非国有企业层面探索混合所有制改革的机理和效应。党的十八大和十九大要求大力发展混合所有制经济，要真正实现"国民共进"，必须从国有企业和非国有企业两个层面去探索混合所有制改革的机理与效应，这样才能与新时期混合所有制改革的逻辑相一致。

本书将针对上述突出问题进行重点突破和研究。

第三节 基于"国民共进"微观视角研究的目标及主要内容

一 研究目标

新时期混合所有制改革终极目标是在放大国有资本功能的基础上实现"国民共进"。本书基于共生理论，从"国民共进"的微观视角出发，对混合所有制改革及效应进行研究。主要研究目标如下：①"国民共进"微观视角下的混合所有制改革及效应研究框架构建；②基于共生理论的混合所有制改革机理分析及实证检验；③混合所有制改革效应评价指标体系构建、评价与分析。

二 主要研究内容

1. 研究问题的提出与研究框架构建

分析混合所有制改革的发展历程和现状、新时期混合所有制改革的动因和目的；通过对政策法规、改革实施方案、相关研究文献等资料的收集、整理和分析，提出拟研究的问题，并在此基础上构建研究的逻辑框架。主要研究内容如下：①混合所有制改革的发展历程和现状分析；②新时期混合所有制改革的动因和目的；③"国民共进"微观视角下的混合所有制改革及效应研究框架。

2. 基于共生理论的混合所有制改革机理分析的逻辑

基于资本异质性理论，结合混合所有制改革背景，对国有资本与非国有资本的特质进行分析；以共生理论为基础，分析国有资本与非国有资本存在资本共生系统；构建生态学 Logistic 资本共生模型，分析国有资本与非国有资本存在最优共生模式。在此基础上，从微观层面分析两种资本深度融合、优势互补、实现"国民共进"的混合所有制改革机理。主要研究内容如下：①国有资本与非国有资本的特质分析；②基于生态学 Logistic 模型的资本共生模型构建和分析；③"国民共进"微观视角下的混合所有制改革机理分析的逻辑（国有资本控股混合所有制改革企业的改革机理分析的逻辑、非国有资本控股混合所有制改革企业的改革机理分析的逻辑）。

3. "国民共进"混合所有制改革实证分析一——基于国有资本控股混合所有制改革企业的视角

在本部分，基于国有资本控股混合所有制改革企业的视角，分析其在实行混合所有制的过程中，如何提高公司治理能力和资本配置效率，最终实现价值创造的路径，在对其混合所有制改革机理分析的基础上提出相应的研究假设，并进行实证检验。

4. "国民共进"混合所有制改革实证分析二——基于非国有资本控股混合所有制改革企业的视角

在本部分，基于非国有资本控股混合所有制改革企业的视角，分析其在实行混合所有制的过程中，如何提高资本配置效率和投资效率，最终实现价值创造的路径，在对其混合所有制改革机理分析的基础上提出相应的研究假设，并进行实证检验。

5. "国民共进"混合所有制改革效应评价体系构建

依据新时期混合所有制改革的动因和目的，分析其改革效应构成要素。基于利益相关者理论，对社会效应构成要素进行分析；通过梳理和分析经济效益、企业价值、公司治理和投资效率与经济效应之间的关系，筛选经济效应的构成要素。依据系统性、科学性、可获取、可量化、动态性等原则，以可量化的财务指标为主和其他非财务性指标为辅，构建混合所有制改革效应的评价指标体系。主要研究内容如下：①混合所有制改革效应的构成要素；②混合所有制改革效应评价指标体系构建原则。

6. "国民共进"混合所有制改革效应评价与分析一——基于国有资本控股混合所有制改革企业的视角

选取国有企业混合所有制改革样本，收集相应评价指标的数值，利用变异系数－加权法和Excel工具，对各级指标进行赋权，生成国有企业混合所有制改革样本企业的社会效应指数、经济效应指数和改革效应指数，并分别进行评价和分析。主要研究内容如下：①国有企业混合所有制改革样本筛选；②国有企业混合所有制改革效应评价指标权重赋值；③国有企业混合所有制改革效应的评价和分析。

7. "国民共进"混合所有制改革效应评价与分析二——基于非国有资本控股混合所有制改革企业的视角

选取非国有企业混合所有制改革样本，收集相应评价指标的数值，利用变异系数－加权法和Excel工具，对各级指标进行赋权，生成非国有企业混合所有制改革样本企业的社会效应指数、经济效应指数和改革效应指数，并分别进行评价和分析。主要研究内容如下：①非国有企业混合所有制改革样本筛选；②非国有企业混合所有制改革效应评价指标权重赋值；③非国有企业混合所有制改革效应的评价和分析。

第四节 "国民共进"微观视角下突破的关键问题

一 关键问题

本书运用共生理论研究"国民共进"微观视角下的混合所有制改革

和效应。在分析国有资本和非国有资本存在共生模式的基础上，探索"国民共进"混合所有制改革机理并进行实证检验，构建混合所有制改革效应评价指标体系，并进行评价和分析。拟解决如下关键科学问题。

（1）"国民共进"微观视角下的混合所有制改革及效应研究框架构建。基于资本异质性理论，分析国有资本和非国有资本的特质，探讨两者存在深度融合、优势互补、共同发展的空间，从"国民共进"的微观视角构建混合所有制改革及效应研究框架。

（2）基于共生理论的混合所有制改革机理分析。基于共生理论，分析国有资本与非国有资本存在资本共生系统，在混合所有制改革这一共生环境下，分析两种资本存在最优资本共生模式，以此探索微观视角下的混合所有制改革机理。

（3）混合所有制改革效应评价指标体系构建。以混合所有制改革"国民共进"的终极目标为依据，分析混合所有制改革效应的构成要素。基于利益相关者理论分析社会效应的构成要素，从经济效益、企业价值、公司治理和投资效率四个维度分析经济效应的构成要素，并从不同所有制资本控股的混合所有制改革企业层面，采用变异系数－加权法构建混合所有制改革效应评价指标体系。

二 研究方法

第一，针对关键科学问题（1），主要采取文献研究法。

第二，针对关键科学问题（2），理论分析国有资本和非国有资本存在资本共生系统，采用生态学 Logistic 共生模型构建资本共生模型并分析国有资本与非国有资本之间存在最优共生行为模式。

第三，针对关键科学问题（3），采用文献分析法筛选各级评价指标，采用变异系数－加权法对各指标权重进行赋值。

三 技术路线

本书从混合所有制改革背景出发，深入分析混合所有制改革的发展历程和现状、新时期混合所有制改革动因和目的，探讨国有资本和非国有资本的异质性，基于共生理论分析"国民共进"微观视角下的混合所有制改革机理并进行实证检验，梳理改革效应构成要素，构建效应评价指标体系并进行实证分析。具体技术路线如图1-1所示。

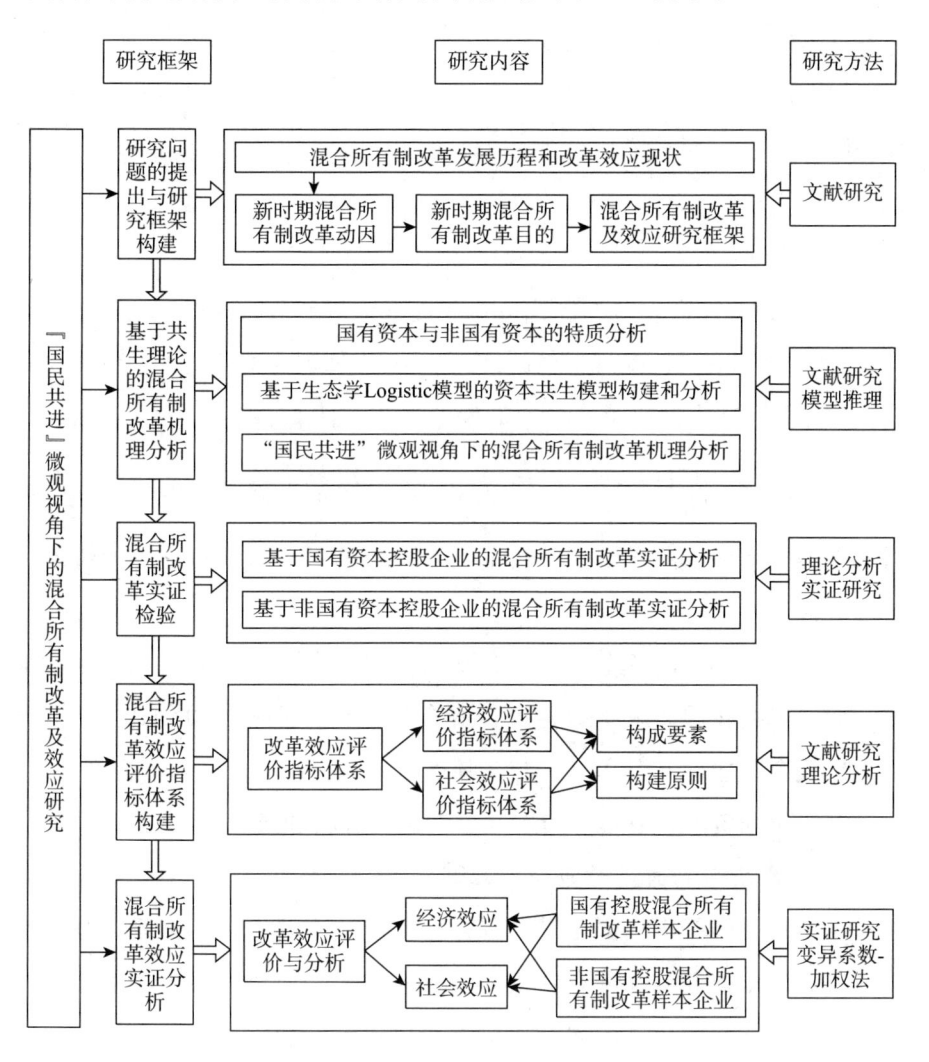

图1-1 技术路线

四 关键技术

1. 基于生态学 Logistic 模型的资本共生模型构建

基于生态学 Logistic 共生模型，建立反映不同所有制资本控股企业通过混合所有制改革形成资本共生价值创造变化的微分方程：

$$\frac{dx}{dt} = rx\left(1 - \frac{x}{K}\right) \tag{1-1}$$

其中：

x 为混合所有制改革企业的资本价值创造，且 $x > 0$；

t 为上述影响混合所有制改革企业资本价值创造的因素；

r 为混合所有制改革企业所在行业企业价值创造的平均增长率；

K 为混合所有制改革企业的最大生物量，且 $K > 0$；

$\frac{x}{K}$ 为混合所有制改革企业价值创造占能够实现最大值的比例，用于对自然增长饱和度的衡量，反映企业在既定资源约束下对自身价值创造增长的抑制作用。

在混合所有制改革企业的国有资本与非国有资本价值创造共生关系中，假定只存在国有资本时，混合所有制改革企业的价值创造为 x_1；对应地，只存在非国有资本时，混合所有制改革企业的价值创造为 x_2。

基于不同资本占有量，对上述模型进行分析和求解。

2. 混合所有制改革效应评价模型

本书拟用四级指标构建混合所有制改革效应评价指标体系，基于不同所有制资本控股混合所有制改革企业样本，采用变异系数法确定各项指标的权重，并用变异系数 - 加权法生成效应评价综合指数。因此，以如下思路构建混合所有制改革效应评价模型。

第一步：根据四级指标的标准差和平均值确定该级指标的变异系数和权重，并通过加权计算的方法生成三级指标的指数值。在该步骤中，首先采用模型（1-2）计算四级指标的变异系数；其次，应用模型（1-3）对四级指标进行赋权；最后，通过模型（1-4）生成三级指标的指数值。

$$V_{ijk} = \sigma_{ijk}/\overline{x_{ijk}} \quad (i=1,2,\cdots,m;j=1,2,\cdots,n;k=1,2,\cdots,p) \quad (1-2)$$

$$W_{ijk} = V_{ijk}/\sum_{k=1}^{p}V_{ijk} \quad (i=1,2,\cdots,m;j=1,2,\cdots,n;k=1,2,\cdots,p) \quad (1-3)$$

$$Z_{ij} = \sum_{k=1}^{p}W_{ijk} \times x_{ijk} \quad (i=1,2,\cdots,m;j=1,2,\cdots,n;k=1,2,\cdots,p) \quad (1-4)$$

在模型（1-2）、（1-3）和（1-4）中，V_{ijk}为混合所有制改革效应一级指标（社会效应或经济效应）下对应的第i项二级指标下的第j项三级指标对应的第k项四级指标的变异系数；W_{ijk}则为与第i项二级指标下的第j项三级指标相对应的第k项四级指标的权重；σ_{ijk}为与第i项二级指标下的第j项三级指标相对应的第k项四级指标观测值的标准差；$\overline{x_{ijk}}$则为对应的第k项四级指标观测值的平均数；x_{ijk}为对应的第k项四级指标的实际观测值；Z_{ij}则为对应的一级指标下与第i项二级指标相对应的第j项三级指标的评价指数值。

第二步：利用模型（1-2）、（1-3）和（1-4）得出的各项三级指标的Z_{ij}的标准差和平均值，计算出各项三级指标的变异系数和权重，并通过加权法计算出二级指标的评价指数。首先，参照模型（1-5）计算出各项三级指标的变异系数；其次，使用模型（1-6）对各项三级指标进行赋权；最后，通过模型（1-7）生成各项二级指标指数。

$$V_{ij} = \sigma_{ij}/\overline{Z_{ij}} \quad (i=1,2,\cdots,m;j=1,2,\cdots,n) \quad (1-5)$$

$$W_{ij} = V_{ij}/\sum_{j=1}^{n}V_{ij} \quad (i=1,2,\cdots,m;j=1,2,\cdots,n) \quad (1-6)$$

$$Z_{i} = \sum_{j=1}^{n}W_{ij} \times Z_{ij} \quad (i=1,2,\cdots,m;j=1,2,\cdots,n) \quad (1-7)$$

在模型（1-5）、（1-6）和（1-7）中，V_{ij}为混合所有制改革效应一级指标（社会效应或经济效应）下对应的第i项二级指标下的第j项三级指标的变异系数；W_{ij} 为与第 i 项二级指标相对应的第 j 项三级指标的权重；σ_{ij} 为与第 i 项二级指标相对应的第 j 项三级指标的标准差；$\overline{Z_{ij}}$ 为与第 i 项二级指标相对应的第 j 项三级指标的平均数；Z_{ij} 为与第 i 项二级指标相对应的第 j 项三级指标的具体评价指数；Z_i 则为第 i 项二级指标的具体评价指数。

第三步：利用模型（1-5）、（1-6）和（1-7）得出的各项二级指标的指数 Z_i 的标准差和平均值，计算各项二级指标的变异系数和权重，并通过加权法计算出一级指标的评价指数。首先，依据模型（1-8）计算各项二级指标的变异系数；其次，通过模型（1-9）对各项二级指标赋权；最后，使用模型（1-10）生成一级指标的具体评价指数。

$$V_i = \sigma_i / \overline{Z_i} \quad (i = 1, 2, \cdots, m) \tag{1-8}$$

$$W_i = V_i / \sum_{i=1}^{m} V_i \quad (i = 1, 2, \cdots, m) \tag{1-9}$$

$$Z = \sum_{i=1}^{m} W_i \times Z_i \quad (i = 1, 2, \cdots, m) \tag{1-10}$$

在模型（1-8）、（1-9）和（1-10）中，V_i 为与一级指标相对应的第 i 项二级指标的变异系数值；W_i 则为相对应的第 i 项二级指标对应的权重；σ_i 为第 i 项二级指标对应的评价指数的标准差；$\overline{Z_i}$ 为第 i 项二级指标对应的评价指数的平均数；Z_i 则为与一级指标相对应的第 i 项二级指标的具体评价指数；Z 为一级指标的综合评价指数。

第五节 "国民共进"微观视角研究的特色与创新点

一 特色方面

（1）研究视角选取。弥补以往研究基于宏观层面分析国有企业混合所有制改革的不足，以共生理论为基础，从国有资本控股企业和非国有资本控股企业两个层面研究"国民共进"微观视角下的混合所有制改革及效应，拓展了研究的视角。

（2）研究方法选取。将生态学 Logistic 共生模型引入国有资本与非国有资本共生模型中，方便推理其存在的最优共生模式；用变异系数－加权法构建效应评价指标体系，克服了以往评价指标赋权的主观性。

二　创新方面

（1）在对混合所有制改革发展历程和现状、新时期混合所有制改革动因和目的分析的基础上，分析国有资本与非国有资本的特质，探讨基于共生理论的混合所有制改革机理，拓宽了研究视角、丰富了研究内容。

（2）基于利益相关者理论分析社会效应构成要素，从经济效益、企业价值、公司治理和投资效率方面分析经济效应的构成要素，构建混合所有制改革效应评价指标体系，完善了混合所有制改革效应的评价体系。

（3）基于"国民共进"微观视角的混合所有制改革机理分析及效应评价的研究，突破了以往只以实施混合所有制改革的国有企业为研究对象的窠臼，本书将实施混合所有制改革的样本企业分为国有资本控股混合所有制改革企业和非国有资本控股混合所有制改革企业两个层面，相比传统的取样更加全面。

第二章

研究问题的提出与研究框架构建

本章通过对政策法规、改革实施方案、相关研究文献等资料的收集和整理,分析混合所有制改革的发展历程、路径和现状、新时期混合所有制改革动因和目的。在此基础上,提出本书拟研究的问题,并构建研究的逻辑框架。

第一节 混合所有制改革发展历程

我国混合所有制改革,不管是理论方面的研究还是实践方面的探索,都集中于国有企业混合所有制改革层面,因此本部分对混合所有制改革进行梳理时主要涉及国有企业改革的发展历程。根据改革内容的不同可将改革历程划分为以下四个发展阶段:初步探索阶段、制度创新阶段、推进阶段和全面深化改革新时期阶段。

一 初步探索阶段:1978～1992年

该阶段是混合所有制发展的萌芽时期,尽管没有明确的政策指出发展混合所有制,但逐步开始了对所有权的改革,强调所有权和经营权的相互分离(周娜、鲍晓娟,2017)。1978年,党的十一届三中全会指出国有企业存在诸多问题,如权力过于集中、政府干预程度过高等,并提出让地方和工农业企业在国家统一指导下有更多的经营自主权这一论断，通过放权让利将经营管理权让渡至企业，并允许企业保存部分营业利润作为留存收益，以充分调动企业生产经营的积极性和主动性（梁毕明、邢丹，2019）。随后，国务院相关部门下发了《关于扩大国营工业企业经营管理自主权的若干规定》等政策文件；1987年，党的十三大提出进一步加强所有权和经营权的分离；1992年，国务院发布《全民所有制工业企业转换经营机制条例》，将两权分离推广到全国，使国有企业真正成为自主经营、自负盈亏的市场竞争主体，解决了国有企业整体效率偏低、产权过于集中等问题。然而，"两权分离"理论的根本缺陷在于将所有权与使用权、支配权、占有权分割开来，否定了所有权的统一性和主体性，在实践过程中带来了严重的内部人控制问题（卫志民，2000）。在理论上，对国有企业改革的初步探索仍停留于财产混合层面，在实践中混合所有制经济已初具雏形（刘泉红、王丹，2018），实现了混合所有制从无到有的转变，拉开了国有企业混合所有制改革的帷幕。葛扬和尹紫翔（2019）认为该阶段改变了国有企业公有制结构，从单一型向多元化非公有制发展。截至1992年，非公有制经济在国民经济总体中的占比为13.4%，改革进展较为缓慢。

二 制度创新阶段：1993～2002年

1993年，"社会主义市场经济"被写入宪法，强调转换国有企业经营机制，建立现代企业制度，并提出财产混合所有的经济单位将不断增加，形成新的财产所有结构，这为混合所有制经济理论的形成奠定了基础（常修泽，2017），既是改革开放实践的必然成果，也是我国特色社会主义理论体系创新性的探索（郭俊岑，2019）。1997年，党的十五大正式提出了混合所有制经济这一概念，指出坚持和完善社会主义公有制为主体、多种所有制经济共同发展的基本经济制度。党的十五届四中全会确定了其涵盖的范畴，指明大力发展混合所有制经济，是国有企业改革的重要转折点。该时期公司制、股份制改革较为盛行（廖红伟、张楠，2016），企业法人产权制度和法人治理结构初步建立，投资主体多元化不断取得进展，在积极探索国有资产管理有效方式和加强对国有企业的监管方面也取得了重要进展，企业内部的劳动、人事、分配制度改革已经取得成效，催生了邯郸钢铁总厂等先进典型，大中型企业的亏损数量由1997年的6599户降为1800户，降幅约为73%，而竞争力低下的中小型企业逐渐从弱势领域中退出（张卓元，2018），激发了国有企业发展活力。梁毕明和邢丹（2019）认为若没有制度创新和所有权改革，仅仅围绕国有企业的经营权进行改革，无法真正搞活国有企业。因此，该阶段是混合所有制经济发展的重要前置程序，国有企业开始探索以建立现代企业制度为方向的改革，如优化国有经济布局进行股份制改革试点、通过企业集团建立现代企业制度、推动以股份制为核心的产权制度改革等，通过制度创新使国有企业真正实现了从单一经济体制向混合所有制经济的转变。然而，实践中国有企业并未完全实现政企分离，国有独资和一股独大的现象普遍存在，社会保障制度也尚未完全建立，导致市场退出机制存在一定缺陷，改革有待进一步推进。

三 推进阶段：2003～2013年

2003年，党的十六届三中全会提出积极推进股份制，发展混合所有制经济以进一步增强公有制经济的活力，首次将混合所有制纳入市场化改革的范围，对改革推进发挥了全局性指导作用。随着我国对市场化认识的不断深入，混合所有制改革力度和要求逐步加大和提高。2007年，党的十七大正式提出以现代产权制度为基础，发展混合所有制经济。2013年，党的十八届三中全会将其作为经济体制改革的核心，并确立了资本监管的新思路。截至该年度末，约90%的国有企业已基本实现公司制和股份制，该阶段是股份制改革深入推进的阶段，真正触及了国有企业改革的本质和关键（刘泉红、王丹，2018），国有企业改革既强调完善国有经济，又致力于完善国有资产管理体制和相关制度，其核心任务是国有资产保值增值，使国有资本逐步退出一般生产加工行业，更多地向关系国民经济命脉的重要行业和关键领域集中（杨新铭、杜江，2020）。在新的国有资产管理体制的推动下，国企改革进入以股份制为主要形式的现代产权制度改革新阶段（周娜、鲍晓娟，2017），公有制和非公有制实现了有效融合，混合所有制企业在国民经济中日益重要。以国有及国有控股工业企业为例，2003年企业数量为34280家，截至2013年企业数量的降幅超过48%，但财务指标获得了明显提升，表明在国有企业数量持续下降的基础上，实现了发展质量的大幅改善，改革取得明显的成效（曾宪奎，2019）。

四　全面深化改革新时期阶段：2013年至今

经过近10年的股份制改革，很多国有企业已改制为混合所有制企业，但非公有制企业权力较弱以及政府过度干预等问题仍然制约着国有企业的可持续发展，股份制改革未能真正打破政府化的垄断体制（梁毕明、邢丹，2019）。2013年，党的十八届三中全会审议通过《中共中央关于全面深化改革若干重大问题的决定》，明确指出允许非国有资本参股、企业员工持股等，形成资本所有者和劳动者利益共同体，并确立了混合所有制经济是我国基本经济制度的实现形式，吹响了国有企业深化改革的号角（刘澜涛，2018）。2015年，《关于深化国有企业改革的指导意见》正式发布，国务院及相关部门陆续出台了15个改革文件，共同形成了混合所有制改革政策体系。2015年，《关于国有企业功能界定与分类的指导意见》提出，要结合不同领域和行业的国有企业在经济中的角色定位及业务特点，制订不同的改革方案以提高改革效率。2019年，政府工作报告提出积极、稳妥推进混合所有制改革，并出台了相应的混合所有制改革操作指引，改革进入分类推进、全面深化阶段。由于国有企业混合所有制改革是一个长期的过程（成晓毅，2020），涉及的企业机构和工作人员数量较多，在改革全面深化过程中还存在诸多障碍，但党和政府对国有企业改革提出的发展目标和进行的科学合理的顶层设计，为国有企业改革指明了新的方向。

第二节　混合所有制改革路径

从混合所有制改革路径的视角来看，可将其划分为理论路径和实践路径两个方面，理论路径为实践路径提供了理论支撑，而实践路径为理论路径提供了数据基础，二者相互补充。

一　混合所有制改革理论路径

混合所有制改革的理论路径大致可分为经验总结、宏观研究、微观研究、创新研究四个阶段（周娜、鲍晓娟，2017）。其中，经验总结是对国内经济体制改革和国外国企改革的成功经验进行总结，揭示当前存在的问题并提出改革发展的启示作用；宏观研究主要是对混合所有制的优势和合法性进行梳理，从政府制度层面不断完善；微观研究围绕混改企业内部治理特征，分析存在的问题和具体发展路径；创新研究是归纳整理新时期国企改革的目的与意义、逻辑机理、各类资本占比等。罗华伟和干胜道（2014）认为目前实行的以"管资本"为主的国有资产监管体制，涉及资本收益权、监督权、运作权等，涉及的法律制度涵盖现代产权制度、现代契约制度、公法与私法分立、权力制衡等多个方面。杜媛等（2015）、董梅生和洪功翔（2017）等学者对混合所有制改革的内涵进行了系统阐述，其主要理论观点包括效率观和资源互补观（毛新述，2020）。

二　混合所有制改革实践路径

混合所有制改革的实践操作路径，主要包括基于开放式改革重组、整体上市或核心上市、员工持股、职业经理人制度以及引入战略投资者等（庄序莹、丁珂，2016）。如 2015 年，《关于深化国有企业改革的指导意见》明确提出采用"分类改革"的国有企业混合所有制改革路径，对商业类、公益类国有企业实行差异性改革措施，鼓励员工持股试点等。从改革成果来看，2015 年，6 家中央企业（如中粮集团、中国医药等）成为第一批改革试点企业；2016 年，部分国有企业开始进行员工持股试点；2019 年，国家发改委、国资委启动了第四批改革单位试点，超过 100 家企业推进在重点领域的混合所有制改革；同年，中石化销售板块通过重组业务引入境内外投资者 25 家，吸引到的各类资金规模达到上千亿元，以改革推动国有企业混业经营取得了显著成效（宋学勤、卢国彬，2017；甄伟丽，2019）。同时，改革之后国有企业一股独大问题有所缓解（毛新述，2020），第一大股东持股比例呈下降趋势，从 2003 年平均值的 45.12%下降至 2018 年的 38.17%，降幅为 6.95 个百分点，且央企和省属控股的上市公司下降更多。就前十大股东而言，其持股比例也从 2003 年的 51.73%下降至 2018 年的 48.7%，降幅为 3.03 个百分点。尽管混合所有制改革的进度仍然较为缓慢，但改革在稳妥有序地推进（袁惊柱，2019）。

综上所述，随着社会主义市场经济的发展，国有企业混合所有制改革持续推进，从最初的萌芽阶段到当前全面深化改革的新时期，经历了传统的计划经济体制、扩大自主经营权、利改税、放权让利、简政放权、承包经营责任制、两权分离制、现代企业制度等，混合所有制改革力度逐渐加大，改革形式日趋多样化，改革层次和范围也更加深入和广泛。混合所有制改革始终坚持政策先行的方针，其政策脉络是沿着更好地与我国社会主义市场经济体制改革相互推动的路径而发展，体现了政府在混合所有制改革进程中与时俱进、实事求是的思想，是在探索中不断向前发展的。

第三节 混合所有制改革现状

随着我国对社会主义市场经济的认识进一步深化，更加强调市场在资源配置中的决定性作用，1997年十五大正式提出混合所有制经济这一概念，并于1999年明确提出发展混合所有制经济；2003年首次对混合所有制经济进行明确界定，提出使股份制成为公有制的主要实现形式；2007年指出以"现代产权制度"为基础的混合所有制经济模式；2013年强调积极发展混合所有制经济，正式进入国家宏观调控层面；2017年提出深化发展混合所有制经济，为国有企业改革指明了方向，混合所有制企业数量和规模不断增加和扩大。目前学术界对混合所有制的研究主要围绕其优势、突出矛盾以及改革效应三方面。

一 混合所有制的优势

混合所有制并非独立的所有制形式，而是公有制与非公有制相互融合，切实提高国有经济的影响力、控制力和竞争力的所有制形式（何自力，2014）。作为国家经济改革的关键性顶层设计和国有企业改革的重要方向，混合所有制改革对我国经济转型、供给侧改革以及国际创新和竞争能力的提升发挥了重要作用，具有战略指导意义（柳学信、曹晓芳，2019）。关于混合所有制的优势，国内外学者进行了广泛研究，并论述了其给国有企业带来的积极影响。

从宏观层面分析，公有经济在国民生产总值和就业人数方面的比重明显低于非公有经济（李成瑞，2006），混合所有制是为了避免所有制结构刚性化及资源错配，从而实现国有经济与民营经济良性互动、共同发展的制度基础。顾钰民（2006）认为混合所有制比单一所有制具有更高的制度效率，从产权制度和经营制度两方面分析了混合所有制作为微观经济制度的优势。李旻晶和徐家英（2007）将混合所有制界定为一种有效的产权组织形式，并指出混合所有的股份制是我国公有制的主要实现形式。以李正图（2014）为代表的不少学者强调了"改革红利"对我国经济的推动作用，将其作为混合所有制发展的重要推动因素。李维安（2014）提出混合所有制是实现国有资本的资本优势与非国有资本的灵活市场机制优势合二为一，从而产生"1+1>2"的治理效果的重要手段。刘长庚和张磊（2016）与李念等（2016）研究发现，无论现阶段公有制主体地位如何，发展混合所有制经济无疑有利于放大国有资本功能，增强国有企业市场竞争力，实现多种所有制资本取长补短、相互促进、共同发展等。朱小静等（2020）认为在混合所有制企业中应坚持公有制的主体地位，这是我国社会主义基本经济制度的必然要求，在此基础上理清公有制经济与非公有制经济之间的关系，充分发挥其在混合所有制企业中的积极引导和带动作用。

二 混合所有制的突出矛盾

党的十八大以来，随着我国经济体制改革的深入以及国内和国际环境的新变化，我国经济发展呈现新的特点，给国有企业带来了前所未有的机遇与挑战（齐珊，2019）。混合所有制的发展也存在路径分歧（宋学勤、卢国彬，2017），主要表现在以下三个方面：一是混合所有制经济模式是国有和非公有制经济等不同所有制经济模式并存的状态，在经济新常态下存在传统工业产能过剩，积极革新短期内难以突破的矛盾；二是我国国有企业不仅要考虑经济效益，还需考虑社会责任，对国有企业的考核不能仅追求经济效益最大化，而是应两者兼顾；三是与国有企业相比，民营企业尤其是中小企业面临融资难、人才匮乏的双重困境，市场竞争和政府扶持力度不足，在国有企业的混合所有制发展进程中，如何引入优质民营资本，实现不同所有制资本的充分融合和比较优势，是亟待解决的现实问题。

赵力斓和于敬如（2016）研究指出民营资本的参与积极性不高是制约混合所有制改革的突出问题，主要原因在于民营资本的参与存在市场准入障碍，在政策实施细则方面较为模糊，缺乏现实可操作性，且配套性政策缺失导致民营资本流入困难。同时，在混合所有制改革的实践中，通常是国有资本拥有混合所有制企业的控股权（郝云宏、汪茜，2015），民营资本在混合所有制企业中处于次要地位，难以充分发挥民营资本的管理优势、机制灵活优势、运营效率优势等，违背了改革的初衷。殷军等（2016）认为国有企业发展需兼顾社会责任，国有资本和民营资本混合比例的大小受其承担社会性责任大小和能力的制约，并对混合所有制发展中国有资本最优占有比例的影响因素和影响程度进行了深入探讨。此外，民营资本进入后，如何保障民营资本权益也是值得关注的问题（赵丽，2018）。甄伟丽（2019）认为在新经济环境下国有企业面临着转型升级问题，国企分类混改和中小股东权益保护是有待解决的现实问题。

从理论上来说，国有企业改革能够引入更多的国有资本与其他所有制资本，如集体资本和非公有资本等，在保证国有资本不流失的前提下放大国有资本增值保值功能，提高国有企业的活力和竞争力（陈军，2020）。然而，混改后也可能导致部分国企控制权旁落或溢出（王雪梅、谭经伟，2020），且国有企业与非国有资本在短期内存在有效融合问题，可能对竞争性国有企业财务绩效带来显著的负向影响（宫兴国、李牧遥，2020）。因此，如何在混合所有制改革中实现多种所有制资本的有效融合，发挥各类资本的比较优势，更好地兼顾经济效益和社会责任是当前的主要任务。

三 混合所有制改革效应

国内学者对国有企业混合所有制改革效应的研究，主要围绕社会效应、经济效应、绩效效应、创新效应、博弈效应、治理效应、福利效应、企业活力以及文化效应等方面。

从社会效应的层面分析，现有研究着重于混合所有制改革能促进经济增长并带来财政收入效应和收入分配效应，涉及国有企业应缴税金年度增幅、国有资本经营预算收入划转一般公共预算比例以及国有企业改革进展效果。庄序莹和丁珂（2016）研究发现，改革提高了国有企业上缴红利的比率，第一类和第二类国有企业上缴红利涨幅分别达到25%和20%，极大提高了国家财政收入，改善了社会收入分配情况。潘妙丽和邓舒文（2015）立足于养老金入市的视角进行分析，指出新时期国企改革旨在改善企业体制机制，为养老金参与混改提供了现实基础，形成了良好的社会效应。

从经济效应的层面分析，杨栋梁（2006）以天津市国资国企改革为切入点，指出深化国企改革对促进国有经济的健康快速发展有重要意义。薛陆（2010）对国企改革与经济发展之间的关系进行了理论探讨，指出二者呈现相互促进、共同发展的特征，表现为改革促进了非公有制经济发展，同时，非公有制经济的灵活性和制度优势是盘活国有资产的重要途径。梁法院等（2014）研究发现新时期国企改革对提高公有与非公有制经济的交互促进作用有积极影响，有利于进一步提高国家经济活力和竞争力。吴振宇和张文魁（2015）通过面板数据实证研究指出国企改革影响宏观经济运行，如提高经济增速和经济外向度、抑制物品价格上涨速度等，有利于促进宏观经济的平稳运行。

从绩效效应的层面分析，包括经营绩效、运营效率、全要素生产率等。其中，聂辉华等（2008）检验了"产权论"和"市场论"两种观点，实证研究结果表明在充分的竞争环境中，私营产权带来的经营绩效明显优于国有产权，支持了"产权论"，并提出将产权改革作为国企改革的方向。徐丹丹和孙梦超（2015）认为混合所有制改革有助于提升国有企业资本运营效率，为企业绩效增长创造了先决条件和发展空间。谢志华（2015）明确指出混合所有制的股权特征和结构使其具有开放性和兼容性，能够更好地推动企业的专业化和专家化发展，进而有效提升企业经营效率，为经营活动的正常运转提供支撑（马连福等，2015）。刘晔等（2016）基于全要素生产率的视角进行分析，提出消除选择性偏差和异质性偏差后，混合所有制的企业全要素生产率获得了显著提升。陈林（2018）、卢林（2019）等学者肯定了市场竞争环境下，混合所有制对提高国有企业运营效率的促进作用，其中，前者指出与完全私有化企业相比，混合所有制对企业生产效率的提升效果更为显著。陈林（2018）指出与非混合所有制企业相比，混合所有制企业的运营效率更高，这一结果表明混合所有制改革应率先在竞争性行业中开展。

从创新效应的层面分析，张伟和于良春（2017）研究表明国有企业引入外部资本有助于增加企业研发支出，从而进一步提高企业创新水平，该促进效应在企业进行完全一体化时更为显著。方明月和孙鲲鹏（2019）以业绩不好的国有企业为研究样本进行探究，发现混合所有制改革对该类企业生产效率和创新活力均有显著影响。齐珊（2019）探讨了混合所有制改革对国有企业创新的治理路径，发现改革主要通过降低企业超额现金持有水平、真实盈余管理和违规经营管理三种治理路径促进企业创新活动。邓溪乐等（2020）发现改革有助于降低政府对国有企业创新活动的干预，完善国有企业公司治理机制，其对创新水平的影响在高市场化进程地区和高法律保护环境地区更为显著。厉以宁（2018）也验证了混合所有制对推动国有企业创新发展的积极影响。

从博弈效应的层面分析，杨志强等（2016）以动态权衡理论为基础，采用自然实验法探究了混合所有制改革带来的股权激励效果和高管决策的防御行为，提出了激励和治理的双重效应。李建标等（2016）基于国有和非国有资本的博弈行为进行分析，指出国企改革重塑了经济利益格局，并对垄断行业的博弈过程进行了系统阐述。叶光亮等（2019）从专利授权的维度分析了改革带来的寡头博弈效应，并从合约类型、授权方式、技术传播等方面揭示了民营资本在国企改革中的推动作用。

从治理效应的层面分析，杨红英和童露（2015）论证了混合所有制改革对国有企业发展的积极影响，同时提出改革对企业公司治理带来了新的挑战。张涛等（2017）以规模以上工业企业为研究样本，从资本运营、财务绩效、资源配置等方面比较分析了混合所有制改革对国有企业的治理效应。姜凌和许君如（2018）从市场经济的视角进行研究，发现改革对提高国有企业治理效率有显著促进作用，包括优化控制权分配、提高经营绩效、实现创新发展等。夏冰和吴能全（2020）认为公司治理在国有企业资本管理和高质量发展之间发挥了传导效应，确立了三者的协调互补关系。然而，关于改革的治理效应仍有以下问题值得深入研究和探索：一是"管资本"与国有企业治理的协调机制如何构建；二是"管资本"对国有企业法人治理结构有何影响及如何调整；三是如何控制国有企业治理的交易成本；四是如何防范经理人道德风险；等等（邹俊、张芳，2019）。

此外，张卓元（2015）、董梅生和洪功翔（2016）、程承坪和黄华（2017）等学者分别论证了混合所有制改革的福利效应、对企业的活力效应和文化效应。由此可见，国内学者对国有企业混合所有制改革效应的研究，过多基于片面性的视角，整体性考虑不足，且对评价指标的选取和赋权大多采用定性分析方法，缺乏定量研究，存在较强的主观性。

第四节　混合所有制改革动因和目的

我国改革开放以来，国有资产的管理大致经历了责任制、承包制、现代企业制度、从"管资产"到"管资本"的阶段。自 2002 年建立"管人、管事、管资产"相结合的国有资产管理体制以来，在一定程度上提高了国有资产管理效率，但由于国资委和国有企业之间很难真正实现政企分离（冒天启，1998）、政资分离（杨英，2005），且监管过程存在越位、缺位、错位（俞嘉、王泽霞，2017）、内部人控制（王绛，2019）等诸多弊端，导致国有资产监督机制不健全、国有资产流失风险大、违纪违法等问题突出，仍未得到有效解决。2013 年，党的十八届三中全会在《中共中央关于全面深化改革若干重大问题的决定》中提出"以管资本为主加强国有资产监管"的思路，支持有条件的国有企业改组为国有资本投资公司（解楠楠，2013；王在全，2014），使监管部门从"管企业""管资产"中逐渐退出,形成以"管资本"为主的国有资产监管体制改革,更加丰富了混合所有制经济的内涵,这不仅是党中央的重要战略部署,也是做强、做优、做大国有资本的必然选择。

一 混合所有制改革动因

针对混合所有制改革动因,国内不少学者进行了理论探讨。其中,廖红伟和张楠(2016)认为现行国有资产监管体制不健全是导致国有资产运用效率低下的主要原因,明确国资委的职能,并以"管资本"为主要原则加强对国有资产的监管具有重要的现实意义。刘现伟(2017)研究指出,国有企业经营过程中存在以下问题,如公益类和商业类国有企业难以科学界定,加上治理机制尚不完善,极大降低了企业经营效率,"管资本"为国有企业运营提供了明确的目标要求。綦好东和郭骏超(2017)指出国资委对国有企业的分权化管理,对发挥国有资本保值增值的作用有限,"以管资本为主"成为国有企业资产监管改革的新方向。杨新铭和杜江(2020)认为国有企业改革的核心是提高国有企业的经营效率,而提高国有企业的经营效率就要在占有和分配上体现社会主义性质,深化国有企业资产管理的改革,从"管资产"到"管资本",从重经营到重收益。李利刚(2020)也指出只有不断优化资本运作,提高资本运作的效率和效益,才能不断实现国有资本保值增值,获得企业资本价值最大化,使企业充满活力。

国有资本管理体制改革不仅影响国有资产的监督管理职能转变,明确了国有资产监管机构的职责边界(彭华岗,2018),而且调动了其他所有制资本的积极性,使其以股东的身份看待出资企业,更好地分析国有企业混合所有制改革过程中存在的问题(江腾龙,2019),解决国有企业和民营企业之间不公平竞争的问题(邓溪乐等,2020),进而形成更加符合基本经济制度和社会主义市场经济发展要求的国有资产管理体制、现代企业制度、市场化经营机制,使国有企业真正实现自主经营和效率提升（李峰、韩立民，2018；张卓元，2018；甘小军等，2018）。

二 混合所有制改革目的

混合所有制改革的目的，并不是对原有行政化管理模式的否定，而是延伸和探索，旨在明确国有资产的监管范围，不过度干预国有企业正常运转中的具体经营活动，不侵犯企业法人财产权和经营自主权，为企业高质量发展创造良好的制度条件。

罗华伟和干胜道（2014）研究认为以"管资本"为主的国有资产监管，既能恢复公有产权所有者的应有权力，又能增强代理人履行职责，其最终目的是建立市场经济性质的国有资产管理体制。黄群慧等（2015）提出以"管资本"为主的新国有资产监管体制是"三层三类全覆盖"的体制，第一层次是国有经济管理部门，第二层次是国有资本投资运营公司，第三层次是公共政策性、一般商业性、特定功能性国有企业。张卓元（2016）指出"管资本"是国企实现政企分离、政资分离、所有权与经营权分离的重要手段，一方面能够巩固国有企业市场主体地位，优化国有资本配置；另一方面有利于将国有资本集中在重点领域，科学安排国有资本增量、促进国有资本存量流动，激发国企在市场竞争中的发展活力，防止国有资产流失，维护国有资产安全。綦好东和郭骏超（2017）也强调了"管资本"对国有资本的监管和促进作用，指出以"管资本"为主的国有资产监管体制可使国有资本回归，释放保值增值活力，提升其在社会主义市场经济建设中的作用，同时，国有资本的回归并非放任自流，而是以"管资本"为主进行积极监管，引导和推进国有资本的高质量发展。此外，廖红伟和杨良平（2018）提出可通过引入其他资本实现股权多元化，优化国有企业经营结构和治理结构，促进国有企业的可持续发展。

综上所述，以"管资本"为主的国资监管体制是混合所有制改革新形势下针对供给方的结构性改革，是宏观经济发展中供给侧改革不可或缺的组成部分，也是新时期混合所有制改革的重要切入点，为混合所有制改革创新提供了理论支撑和制度保障。在以"管资本"为主的国有资产监管体制背景下，进一步明确国有资产监管机构的职能，使其由经营决定者转变为管理资本者，其与混合所有制改革之间的关系也受到了学术界广泛关注，取得了一系列研究成果。

第五节 "国民共进"微观视角下的混合所有制改革及效应研究框架

一 研究问题的提出

基于对我国混合所有制改革发展历程、路径以及现状的梳理，对我国混合所有制改革动因和目的的深入分析，不难发现当下我国混合所有制改革仍然存在诸多问题亟待解决。主要体现在如下几方面。

（1）缺乏基于微观层面的混合所有制改革研究框架。以往的研究多从宏观层面去分析混合所有制改革的必要性、逻辑和路径，以探讨新时期混合所有制改革的顶层设计为主，鲜有学者从微观层面去构建混合所有制改革的研究框架。但企业、行业和国家政治经济环境分别对应于微观、中观和宏观层面，从宏观层面去探讨混合所有制改革的顶层设计，更多是基于战略层面去设计未来改革的蓝图，但最终需要落地到微观层面的实施，因此基于企业的微观层面去构建混合所有制改革研究框架并展开研究是下一步混改的目标。

（2）缺乏不同所有制资本通过深度融合、优势互补最终实现"国民共进"的共生机理分析。现有研究大多集中于分析不同所有制资本的优势和劣势以及多种所有制资本存在混合的可能性，且主要从国有企业混合所有制改革的视角展开研究。"国民共进"的终极目标，应该是不同所有制资本参与到混合所有制改革进程中实现混合经济的共同发展，不仅仅是国有资本的保值增值，更是不同所有制资本的共进，因为非国有制资本也面临保值增值问题。因此,对于新时期混合所有制改革,应从股权的层面基于共生理论展开分析,探讨不同所有制资本存在共生单元、共生模式和共生环境,研究其实现价值创造的共生机理,以有利于分析不同所有制资本最终实现"国民共进"的终极目标。

(3) 缺乏对混合所有制改革效应的全面评价,现有指标的选取过于片面,且对指标的赋权存在一定的主观性,更多集中于国有企业混合所有制改革效应的评价。现有对混合所有制改革效应的评价,主要集中于对国有企业混合所有制改革效应的评价,在评价指标体系的构建过程中,更多选择了一些定性分析指标,且在对指标赋权的过程中,主要采用的是专家打分法和德尔菲法等主观赋权法,最终分析的结果并不够客观和真实。另外,新时期混合所有制改革效应的评价对象应是不同所有制资本控股的混合所有制改革企业,由于国有资本控股混合所有制改革企业和非国有资本控股混合所有制改革企业所承担的社会责任的程度并不一样,且企业追求的目标在本质上也有一定的区别,因此有必要将其划分为不同的研究样本,采用客观赋权法对各指标值进行赋权,并对不同样本企业的混合所有制改革效应进行评价和展开分析。

(4) 以往混合所有制改革研究的层面主要集中于国有企业,鲜有基于非国有企业层面探索混合所有制改革的机理和效应。党的十八大和十九大要求大力发展混合所有制经济,要真正实现"国民共进",必然需要考虑从国有企业和非国有企业两个层面去探索混合所有制改革的机理与效应,这样才能与新时期混合所有制改革的逻辑相一致。

二 研究框架的构建

针对上文提出的新时期混合所有制改革亟待解决的关键问题,本书基于不同微观视角下混合所有制改革企业的改革机理分析与实证检验、混合所有制改革效应评价与分析,构建"国民共进"微观视角下的混合所有制改革及效应研究的逻辑框架,如图 2-1 所示。

混合所有制改革及效应

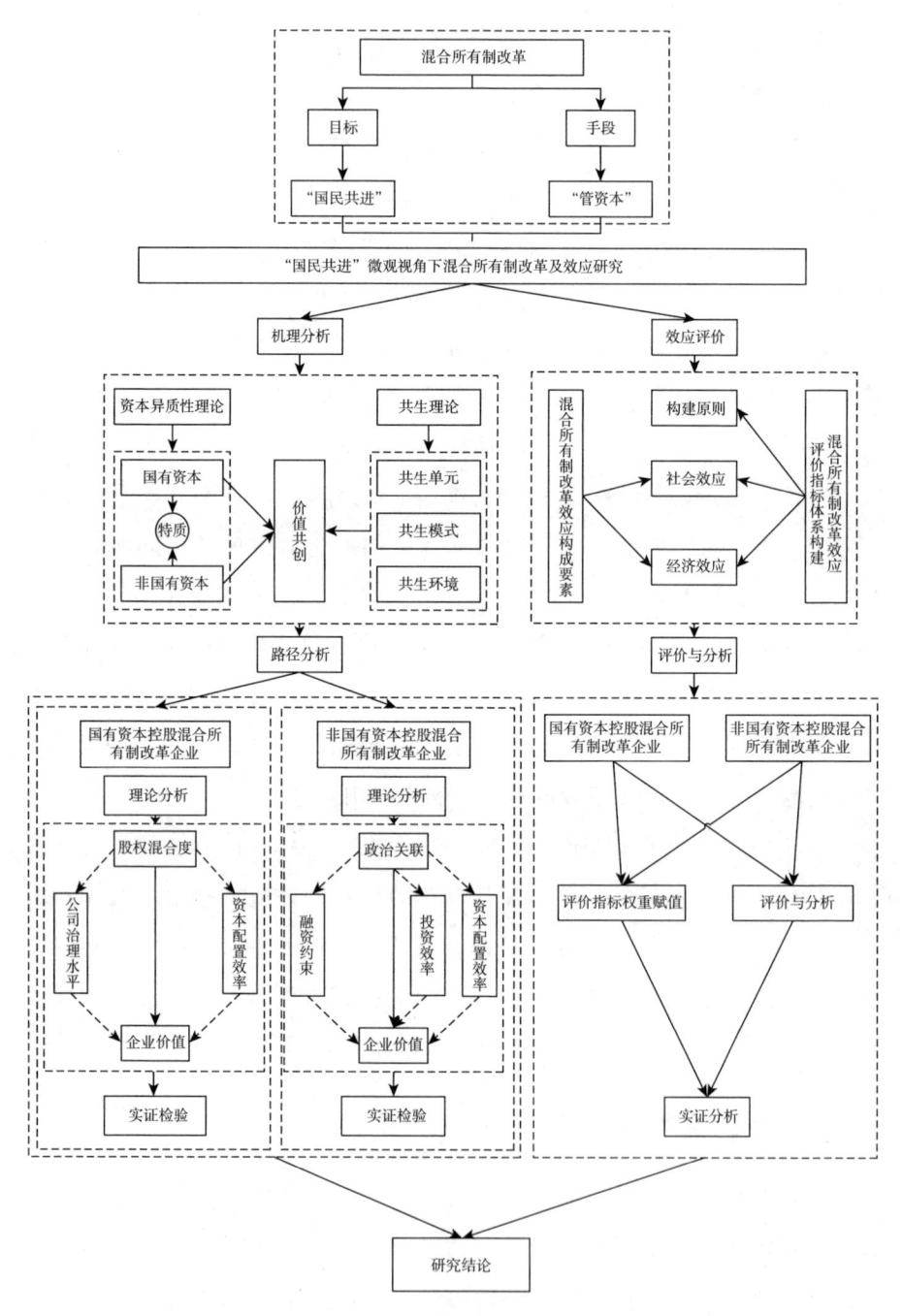

图 2-1 "国民共进"微观视角下的混合所有制改革及效应研究逻辑框架

第三章

基于共生理论的混合所有制改革机理分析的逻辑

本章基于资本异质性理论,结合混合所有制改革背景,对国有资本与非国有资本的特质进行分析;以共生理论为基础,分析国有资本与非国有资本存在资本共生系统;构建生态学 Logistic 资本共生模型,分析国有资本与非国有资本存在的最优共生模式。在此基础上,从微观层面分析两种资本深度融合、优势互补、实现"国民共进"的混合所有制改革机理。

第一节 国有资本与非国有资本的特质分析

一 国有资本的特质分析

1. 国有资本的优势

国有资本本质上是资本的一种,因此它具有资本逐利的特性,有实现保值并获得价值创造的目标。但是在我国,政企并未彻底分离,各级政府实际掌握着各种大量的经济资源和商业优势。由于国有资本代表国家利益,而国有资本股权又缺乏有效的持股主体,因此通常由政府部门代为行使部分权利,这意味着国有资本与政府之间存在着联系,基于政治关联理论,此种联系属于基于产权制度层面的政治关联,能为国有资本带来相应的政治关联效应。

(1) 融资优势。

国有资本在一定程度上代表着国家的利益,而政府实际上是国有资本股权的代理人,管理着国有资本。一方面,声誉保障机制使得银行等金融机构在对企业放贷时会更放心将钱贷给国有资本方(余汉等,2017);另一方面,党的十八届五中全会再次重申坚持公有制为主体,多种所有制经济共同发展,我国的经济制度也决定了公共基础设施、石油、通信等行业处于垄断地位,而国有资本存在于这些垄断行业且是我国经济体制中的顶梁柱,所以国有资本在融资方面具有更大的便利。此外,在资本市场中,国有资本的认可度高,投资者更愿意选择存在国有资本的企业进行投资。对于这样的企业,在其面临融资困难时,政府基于社会效益考虑,也会对企业伸出援助之手,帮助企业解决融资困难的问题。

(2) 壁垒行业准入优势。

我国的市场垄断性和行政垄断性产业一般由国家管控,因此多数为国有企业,而民营企业在发展中由于受到进入壁垒限制,通常在一般竞争性产业中发展,民营企业遇到的壁垒多数来自管制性壁垒(王劲松等,2005)。虽然随着我国市场经济的发展壮大,非公有制资本进入垄断性行业中的条件比之前宽松了,但最终的审批权还是在政府手中,所以民营企业想要进入垄断性行业还是非常难的,需要经过政府的层层认定和批准,而民营企业与政府建立良好的关系后,能够更好地从政府手中获取政府控制的经济资源和稀缺资源,从而更好地获取管制性行业的准入资格(胡旭阳,2010)。管制性行业利润高、融资便利,所以进入管制性行业对于企业的未来发展有着重要意义。一方面,企业打破行业壁垒进入管制性行业,能够掌握更多的经济资源,且在一段时间内企业能够处于行业的领先地位,由于管制性行业的企业数量不多,在一段时间内不会有模仿者，即使有模仿者在一定的时间内也难以被赶超，所以企业能在这一段时间内受到壁垒的保护获得超额的利润；另一方面，壁垒的限制激发了企业的创新动机，企业会更加珍惜进入壁垒的机会，在打破壁垒进入目标行业后，企业通过更加完善的经营提高创新绩效（王珍义等，2014）。

（3）政府补贴优势。

在资本市场中，市场对资源配置起决定性作用的条件下，国有资本的优化配置起着满足社会诉求、提供服务的作用，政府会在市场发展的不同阶段进入市场，对资源采取不同的配置方式（粟立钟，2015）。而由于我国的市场发展不完善，国有资本又背负着带动我国经济发展和帮助政府承担社会责任、经济责任的重任，政府在国有资本的配置中起着主导作用。政府补贴是政府作为"援助之手"在微观经济视角下，对企业提供直接或间接无偿资产或经济补贴的一种形式（孔东民等，2013），政府通常为了提高就业率、完善社会服务、支持企业创新、弥补企业政策性亏损等而给予企业政府补贴（刘剑民，2017）。新会计准则下，政府补贴不再作为企业的"应收补贴款""补贴收入"计入企业日常运营损益中，而是计入"营业外收入""递延收益"科目，作为政府对企业的货币性资产和非货币性资产的政治补贴，主要包括直接资产转移、税收返还、财政拨款等，是企业获得收益的一种直接经济形式（刘媛媛、马建利，2014）。由于国有资本在满足公共需求、兼顾社会效益等方面具有优势，国有资本通常会被政府寄予厚望，在某些领域，国有资本便因此具有了政府补贴优势。

2. 国有资本的劣势

尽管国有资本基数较大，但其市场化程度并不高，并存在以下弊端。

（1）国有资本缺乏活力。

国有资本代表着国家的利益，在市场经济的发展中具有主导地位，且国有资本存在于国家安全、国家经济命脉、国计民生、公共产品与公共服务、重要矿产资源、关键基础设施等领域的骨干企业、支柱产业以及战略性新兴产业中（刘现伟等，2020），这些产业大多处于垄断地位，有着绝对的竞争优势，因而国有资本在企业的经营中不会感到过多的压力，要想让国有资本在这样的"温室"环境中有危机意识是不太可能的；从国有资本与政府天然的联系来看，国有资本控股的国有企业知道即使自己面临破产或是处于融资困境也会有政府来及时"兜底"，为企业的运营提供保护和支持，所以国有资本也养成了惰性，缺乏活力。

（2）国有资本流动性不强。

在我国，国有资本的运行存在着疲软的现状，由于国有资本的出资人是国家，而监督人也是国家，且对国有资产的管理没有严格的标准，所以存在着对国有资本监督不力的情况。我国国有资产多元化、委托代理链条冗杂，企业战略目标规划混乱，国有企业风险管理意识薄弱，风险管理体系也不健全。由于国有资本经营不止是为了公司盈利，更是肩负着实现社会责任的使命，因此国有资本在逐利性方面没有非国有资本强，流动性较弱，所以保值增值能力和意识也不强（王瑜、綦好东，2020）。过度分散的国有资产存在监管不力的问题，难以科学运营，无法形成规模效应，无法适应市场经济的发展，从而造成流动性不强，保值增值率低（周继雄，2007）。

（3）国有资本整体利用率较低。

从公司治理的角度看，国有企业作为法定地位的市场主体，其股东会、董事会、监事会等治理主体必须具有法定地位和法定权力。但是由于国有资本的出资方是国家，而对国有资本的监督也具有"政治色彩"，容易形成过度推介的情况，因此国有资本通常存在非市场化的运营模式，从而不能在竞争性的市场中完全发挥追逐利益的作用，那么筹资和投资行为的资本利用率就会降低。此外，由于政企不分的情况仍然存在，所以国有企业内部控制不健全，公司内部审计部门的权力往往没有公司被监督人的大，从而容易存在管理层凌驾于内部控制之上的行为。内部控制存在缺陷，内部控制与业务流程衔接不完善，导致企业的责权划分不明，资金的调度和使用不能得到科学合理的保证，容易出现运营效率低的问题。对于外部监督来说，公众获取的信息有限，企业披露的指标有限，而且即使公司出现问题，信息也需要层层传达，监督的成本高，以致国有企业整体资本的利用率低（王瑜、綦好东，2020）。

从经济考核方面来看，地方政府对国有企业中的高管实行的是任命制，所以国有企业中的高管多是政府官员担任，而为了实现 GDP 的增长、就业率的提高，地方政府会采取多种手段。政府将社会性的目标下达国有企业中，因此国有企业的目标变得多元化，这就影响企业决策的效率，对管理层的考核弱化了薪酬业绩的敏感度（刘媛媛、马建利，2014）。

从资本配置的角度来看，资本配置的原则遵循效率最大化，而在政府干预经济的情况下，政府会对特定企业进行公共资源的分配和补贴，一些业绩差但是与政府关系较好的企业会更容易获得政府的补助，可能导致政府资本的错配。而资本的错配偏离了效率最大化的原则，有时甚至会使政府偏离社会目标的初衷，因此资本的错配会导致政府的公共资源分配有误，社会整体福利降低，国有资本整体效率降低（余明桂等，2010）。

二 非国有资本的特质分析

1. 非国有资本的优势

非国有资本以市场经济为主导，对市场的反应较为敏感，可以有效提高管理人员的竞争意识，优化资本配置。另外，因非国有资本具备流动性强及逐利性的特点，所以可以促使企业一直进行创新，寻找新的利润增长点，以此提高企业价值。

非国有资本的优势主要表现在以下方面。

（1）市场化运营机制灵活。

非国有资本根据外部市场的运行规则，对市场的交易方式进行模拟，采用了股东大会、董事会、监事会等先进的现代公司管理模式，按照现代企业制度产权明晰、责权分明、政企分离等科学的要求进行运作，其运行机制更为灵活和完善。杜金环（2019）认为企业内部市场化运营机制，可以使部门与部门之间形成一种竞争关系，从而激发员工积极性、主动性，使企业迸发活力，在更好地促进企业生产的同时，能够在一定程度上促进企业的发展，最终提升企业的综合效益。

（2）资本流动性强、资本配置效率高。

资本市场是非国有资本配置的重要载体，基于我国资本市场持续对外开放的背景，以及"沪港通"和"深港通"的实施，非国有资本大多已经实现股权化或股权证券化，受政府的约束较少，只需按照市场规则就可以在外部交易市场自由流通，具有较强的流动性，而资本的高流动性有利于资本在运动中实现保值增值。另外，与国有资本相比，非国有资本的股权混合度较高，股权结构较为合理，市场化运营机制灵活，因此非国有资本的配置效率将更高。刘程和王仁曾（2019）认为"沪港通"可以通过改善标的股票的流动性来提高公司的投资效率；而推进资本市场的进一步开放，可以促进资本的流动，对于提高公司投资效率以及增强资本市场服务实体经济的能力具有重要作用。

（3）较强的发展活力。

每个产品市场的利润空间有限，由于企业处于竞争市场中，非国有资本又具有逐利性——总是流向利润高的市场，这就会使得竞争者不断进入高利润的市场中，企业的利润空间将不断被压缩，促使企业进行创新以寻找新的增长点，因此非国有资本表现出较强的发展活力。杨玲雅（2010）认为民营中小企业在技术创新方面具有灵活方便的特点，存在对市场需求反应快，创新周期短、成功率高等优势。

2. 非国有资本的劣势

尽管非国有资本市场化程度高，流动性强，但其主要集中在非国有中小企业中，存在以下弊端。

（1）市场准入限制多。

非国有资本控股的中小企业是战略性新兴产业发展的重要推动力量，但现存的资本壁垒、规模经济壁垒、制度性壁垒和技术壁垒严重阻碍了其进入战略性新兴产业（叶生新，2012）。另外，对于一些由国有资本垄断的高利润行业，国有企业在这些行业中具有先发优势，市场份额高，客户基础良好，非国有资本进入这些行业的壁垒高，竞争难度大。

（2）融资渠道较窄。

我国的非国有企业绝大多数是中小企业，由于存在企业规模小、信息不对称、信用担保体系不健全等问题，中小企业向金融机构贷款的额度较小（曹均锋、李春献，2019）。但中小企业的融资需求又高于正规金融机构所愿意提供的信贷资金数量，因此存在融资缺口。另外，对于中小企业而言，由于我国对证券融资的要求较高，其很难达到在资本市场融资的要求。

（3）享受的政策优惠较少。

非国有资本主要集中在民营中小企业中，其市场化程度较高，最终目标是追求经济利益最大化，在相关的贷款政策、税收优惠、政府补助方面处于弱势。李梅（2019）认为相关税收优惠政策仍未满足新旧动能转换背景下中小企业发展需求，各级地方政府仍应通过制定行之有效的税收优惠政策解决帮扶中小企业发展的问题。

第二节　基于生态学 Logistic 模型的资本共生模型构建和分析

一　资本共生系统分析

国内外学者将"共生"理论广泛用于生态学、经济学、管理学等多种学科中，其基本构成要素包括共生单元、共生模式以及共生环境三个方面。在"国民共进"微观视角下混合所有制改革进程中，不同所有制资本之间存在共生关系，具体表现为以下三点。①国有资本与非国有资本的深入融合能够充分发挥各自优势，如国有资本的规模优势、政策优势、政府补贴优势、垄断经营权优势等，非国有资本的市场化优势、效率优势、机制灵活优势等，通过深入融合实现优势互补和企业资源的优化配置。②鉴于资本的逐利性本质，各类资本存在价值增值的共同目标，这一目标驱动有利于促进国有资本与非国有资本创造更大的价值。同时，二者相互竞争、相互吸引的关系也符合"共生"的基本要求和本质特征。③不同所有制资本具有信息交换的渠道或载体，一旦在信息沟通与交换过程中受阻，将导致二者的共生关系恶化，反之将产生新能量并增强共生系统的稳定性（杨松令、刘亭立，2012）。值得注意的是，共生模式下国有资本主体与非国有资本主体的利益目标不完全统一，二者在相互协调的动态过程中逐渐形成平衡状态，实现"国民共进"的共同发展。

1. "国民共进"微观视角下的共生单元

共生单元是共生系统中最基本的构成要素，能够发挥能量生产和交换的作用（袁纯清，1998a），即具有互动性，在国有资本和非国有资本聚集的共生环境中能够进行物质和信息交换，不断吸收能量动态调整自身行为模式，进而影响共生体的发展（曹玉姣等，2015）。在"国民共进"微观视角下，两者分属于不同的共生单元。

2. "国民共进"微观视角下的共生模式

根据现有学者的研究可将共生模式划分为两类：共生组织模式和共生行为模式。其中，前者包括点共生、间歇共生、连续性共生以及一体化共生四类；后者包括寄生、偏利共生、非对称互惠共生和对称互惠共生四类。

从"国民共进"微观视角下的共生组织模式视角来看，点共生反映出不同所有制资本相互作用的不确定性，即国有资本与非国有资本的合作存在偶然性和随机性，二者的共生周期较短、共生系统极不稳定，该模式与"国民共进"的目标和现实背景相悖。间歇共生模式在一定程度上克服了相互合作的随机性，但仍存在不稳定和不确定性的特征，导致共生系统难以反映"国民共进"的本意。连续性共生模式有利于国有资本与非国有资本追求自身利益最大化的同时保持一定的独立性，二者的共生关系在动态中不断优化，并持续推动共生系统的稳定发展。在此基础上，该模式进一步演化为一体化共生模式，各共生单元之间能够进行全方位的能量交换和相互作用，进而发挥各自的资本优势，例如国有资本利用规模优势、政策优势、政府补贴优势等为企业发展提供更多的新机会，而非国有资本则充分利用自身市场化体制机制优势、科学灵活的管理优势、创新优势等提高企业治理效率，最终实现两类资本的价值增值和共同发展。由此可知，"国民共进"微观视角下资本的共生组织模式在短期内应呈现连续性共生模式，而长期发展过程中将表现为一体化共生模式。

从"国民共进"微观视角下的共生行为模式视角来看，不同类别的资本主体有着不同的利益目标，在长期发展过程中不可能存在某类资本为其他资本免费提供支持或服务，因而寄生型共生行为模式不具有可持续性。偏利共生模式能够在"国民共进"的共生系统中形成新能量，但能量分配并不均衡，导致某一共生单元的发展优于另一共生单元，不具有稳定性。非对称互惠共生模式相较于前两类存在一定优势，各个共生单元之间可进行多边、多向的沟通和交流，并从中获利，但地位差异和能量分配不平衡导致各共生单元无法同步进化（杨青、彭金鑫，2011）。对称互惠共生模式强调各共生单元的优势互补、合作共赢，在进化中处于同等地位，有利于实现同步发展。鉴于资本的逐利性，"国民共进"微观视角下国有资本及非国有资本的共生行为模式在短期内可能呈现非对称互惠共生模式，但从长期发展来看应为对称互惠共生模式。

3. "国民共进"微观视角下的共生环境

共生环境是国有资本与非国有资本共生关系建立和发展的外部条件，也是共生系统中共生单元以外的所有要素之和。杨松令和刘亭立

(2012)等学者研究指出在共生过程中,共生环境能够通过能量、信息和物质生产与交换促进或抑制共生系统的发展。在"国民共进"微观视角下可将其划分为内部环境与外部环境,前者包括国有企业公司治理机制,如股东会、董事会、监事会等,后者包括公司信息披露制度、外部经济发展环境、国家政策法规等,这些都会影响国有资本与非国有资本之间的共生关系。

二 资本价值创造共生模型构建

Logistic模型反映了种群增长规律和种群间的相互作用,具体如下:种群在发展初期的增长速度表现为加速状态,但当其达到某一临界值或常量后逐渐减缓,直到增长速度减为零,也就是达到停止增长状态。本节运用生态学领域的Logistic模型对"国民共进"微观视角下国有资本与非国有资本在价值创造过程中的共生特征进行分析。

国有资本在"国民共进"的混合所有制改革进程中受到国家经济发展水平、资本市场信息变化、企业经营与发展现状、与非国有股东或非国有资本关系等因素的影响,并具有明显的资源优势、规模优势和管制优势,在与非国有资本的深度融合过程中,二者形成的共生关系面临的内外部环境变化将作为"国民共进"微观视角下企业价值创造的信号,如企业资金与技术水平、信息沟通与传播、国家政策法规、公司治理能力等。基于价值创造的共生模型假设如下所示:一是假设在"国民共进"微观视角下,国有资本与非国有资本均能够对混合所有制改革企业的价值增长或创造带来积极影响,且两类资本创造的价值数量和即企业创造的总价值;二是假设在"国民共进"微观视角下,企业价值创造会受最大生物量的制约,原因在于在既定时间内,劳动、资本、技术、企业发展规模、掌握的内外部信息等生产要素的总量是一定的,这会成为企业价值创造的约束条件。根据前文的分析,在企业规模发展到一定水平后,因规模效应带来的价值创造将受到企业既定生产要素的影响,其增长速度开始不断减缓。由于企业存在的最大生物量有限，那么当企业在发展时消耗的各要素之和达到最大生物量时，价值创造的规模也达到峰值，其增长速度将随生物量的不断消耗而出现缓慢增长甚至为零的现象。

在此基础上，本书构建以下能够反映"国民共进"微观视角下价值创造变化的微分方程：

$$\frac{\mathrm{d}x}{\mathrm{d}t} = rx\left(1 - \frac{x}{K}\right) \tag{3-1}$$

其中：

x 为"国民共进"微观视角下的混合所有制企业价值创造，且 $x > 0$；

t 为上述影响"国民共进"微观视角下混合所有制企业价值创造的因素；

r 为"国民共进"微观视角下混合所有制企业所在行业价值创造平均增长率；

K 为"国民共进"微观视角下混合所有制企业的最大生物量，且 $K > 0$；

$\frac{x}{K}$ 为"国民共进"微观视角下混合所有制企业价值创造占能够实现的最大值的比例，可选取自然增长饱和度进行衡量，表明在资源约束条件下企业对自身价值创造增长的抑制作用。

三 资本价值创造共生模型分析

在"国民共进"微观视角下，国有资本与非国有资本之间形成的价值创造共生关系中，假设仅有国有资本，为企业带来的价值创造为 x_1，相应的价值创造模型如下所示：

$$\frac{\mathrm{d}x_1}{\mathrm{d}t_1} = r_1 x_1 \left(1 - \frac{x_1}{K_1}\right) \tag{3-2}$$

假设仅有非国有资本，为企业带来的价值创造为 x_2，相应的价值创造模型如下所示：

$$\frac{\mathrm{d}x_2}{\mathrm{d}t_2} = r_2 x_2 \left(1 - \frac{x_2}{K_2}\right) \tag{3-3}$$

根据前文的假设，当非国有资本进入混合所有制企业时能够为价值创造带来积极影响，如为混合所有制企业的发展提供资金支持、通过灵活机制优势提高企业治理效率等，进而产生新的价值增长。因此，非国有资本进入混合所有制企业后所形成的新价值创造模型为：

$$\frac{\mathrm{d}x_1}{\mathrm{d}t_1} = r_1 x_1 \left(1 - \frac{x_1}{K_1} + \frac{\alpha_1 x_2}{K_2}\right) \tag{3-4}$$

其中，α_1 为每单位非国有资本的生物量为国有资本价值创造带来的贡献，且 $\alpha_1 > 0$。

同理可知，在仅有非国有资本的企业中，当国有资本进入时，鉴于其带来的新资源优势和发展机会，将为企业带来新的价值增长，实现两种资本的协调发展。因此，国有资本进入混合所有制企业后所形成的新价值创造模型为：

$$\frac{\mathrm{d}x_2}{\mathrm{d}t_2} = r_2 x_2 \left(1 - \frac{x_2}{K_2} + \frac{\alpha_2 x_1}{K_1}\right) \tag{3-5}$$

其中，α_2 为每单位国有资本的生物量为非国有资本价值创造带来的贡献，且 $\alpha_2 > 0$。

在此基础上，本书将上述模型组合在同一个方程组中，即在"国民共进"的微观视角下两类不同所有制资本价值创造的共生模型，如下所示：

$$\begin{cases} \dfrac{\mathrm{d}x_1}{\mathrm{d}t_1} = r_1 x_1 \left(1 - \dfrac{x_1}{K_1} + \dfrac{\alpha_1 x_2}{K_2}\right) & (3-6) \\ \dfrac{\mathrm{d}x_2}{\mathrm{d}t_2} = r_2 x_2 \left(1 - \dfrac{x_2}{K_2} + \dfrac{\alpha_2 x_1}{K_1}\right) & (3-7) \end{cases}$$

由于共生关系总是处于动态发展过程中，当两类不同所有制资本之

间形成的共生关系达到均衡状态时,即实现稳定发展的平衡状态,应满足下列要求:

$$\begin{cases} \dfrac{dx_1}{dt_1} = r_1 x_1 \left(1 - \dfrac{x_1}{K_1} + \dfrac{\alpha_1 x_2}{K_2}\right) = 0 & (3-8) \end{cases}$$

$$\begin{cases} \dfrac{dx_2}{dt_2} = r_2 x_2 \left(1 - \dfrac{x_2}{K_2} + \dfrac{\alpha_2 x_1}{K_1}\right) = 0 & (3-9) \end{cases}$$

通过求解能够计算出"国民共进"微观视角下两类资本共同实现价值创造的共生平衡点,分别是 $T1\,(0,\,0)$、$T2\,(0,\,K2)$、$T3\,(K1,\,0)$ 和 $T4\left(\dfrac{K_1(1+\alpha_1)}{1-\alpha_1\alpha_2},\,\dfrac{K_2(1+\alpha_2)}{1-\alpha_1\alpha_2}\right)$。

根据前文的假设,价值创造 x_1、x_2 均大于 0,故上述共生平衡点中 $T1$、$T2$、$T3$ 均不稳定,而且不符合混合所有制改革的现实背景。关于平衡点 $T4$,国有资本与非国有资本的价值创造分别为 $\dfrac{K_1(1+\alpha_1)}{1-\alpha_1\alpha_2}$ 和 $\dfrac{K_2(1+\alpha_2)}{1-\alpha_1\alpha_2}$,若使二者存在互利共生、相互依赖的关系,即均不为 0,而 $x_1>0$,$x_2>0$,$K_1>0$,$K_2>0$,$\alpha_1>0$,$\alpha_2>0$,因此平衡点 $T4$ 需满足以下条件:

$$1 - \alpha_1 \alpha_2 > 0 \qquad (3-10)$$

即:

$$\begin{cases} \alpha_1 > 1 & (3-11) \\ 0 < \alpha_2 < 1 & (3-12) \\ \alpha_1 \alpha_2 < 1 & (3-13) \end{cases}$$

或:

$$\begin{cases} \alpha_2 > 1 & (3-14) \\ 0 < \alpha_1 < 1 & (3-15) \\ \alpha_1 \alpha_2 < 1 & (3-16) \end{cases}$$

或：

$$\begin{cases} 0 < \alpha_1 < 1 & (3-17) \\ 0 < \alpha_2 < 1 & (3-18) \end{cases}$$

这也是 T4 达到稳定状态时需满足的基本条件，结果表明当 $\alpha_1 = \alpha_2$ 时，能够实现"国民共进"，二者存在对称互惠共生关系；当 $\alpha_1 \neq \alpha_2$ 时，则为非对称互惠共生关系。

第三节 "国民共进"微观视角下混合所有制企业改革机理分析的逻辑

根据前文基于共生理论对"国民共进"微观视角下混合所有制改革进程中国有资本和非国有资本通过深度融合实现价值共创的资本共生模型的分析结论，本部分分别从国有资本控股的混合所有制企业和非国有资本控股的混合所有制企业两个角度，讨论各自实现"国民共进"的混合所有制改革机理。

一 基于国有资本控股混合所有制企业改革机理分析的逻辑

国有企业混合所有制改革的终极目的是要在实现国有资本与其他所有制资本深度融合和交叉持股的过程中，放大国有资本功能，同时提高企业自身的活力、实力和竞争力，最终实现国有资本的保值和增值（陈军，2020）。在资本价值创造共生模型分析中，本书认为国有资本与非国有资本在信息沟通与交换过程中不断博弈，最终两种不同所有制资本将出现对称互惠共生关系的稳定状态，从而实现资本的价值共创。

在非国有资本进入国有企业后，基于原有股权结构的变化，会对整个企业的价值产生有利的影响：①股权结构对企业价值产生的直接影响；

②股权结构通过影响公司治理水平和资本配置效率，进而对企业价值产生作用，实现股权结构对企业价值的间接影响，公司治理水平和资本配置效率在该影响中起着中介作用。对股权结构的衡量，参照张文魁（2015）的方法，采用股权混合度进行衡量。

基于国有资本控股的混合所有制企业改革机理分析的逻辑如图 3-1 所示。

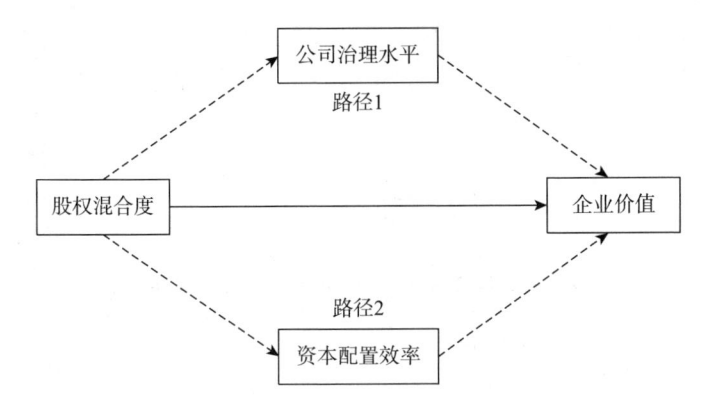

图 3-1 国有资本控股混合所有制企业改革机理逻辑

二 基于非国有资本控股混合所有制企业改革机理分析的逻辑

"国民共进"混合所有制改革的终极目标是要在放大国有资本功能、实现国有资本保值增值的同时，实现不同所有制经济的共同发展。在资本价值创造共生模型分析中，本书认为国有资本与非国有资本在信息沟通与交换过程中不断博弈，最终两种不同所有制资本将出现对称互惠共生关系的稳定状态，从而实现资本的价值共创。

在非国有资本控股的混合所有制企业中，由于国有资本进入企业，实现了基于产权制度层面的政治关联，能为企业带来扶持之手效应，在一定程度上缓解企业的融资约束，最终能提高企业的投资效率和资本配置效率。

基于非国有资本控股的混合所有制企业改革机理分析的逻辑如图3-2所示。

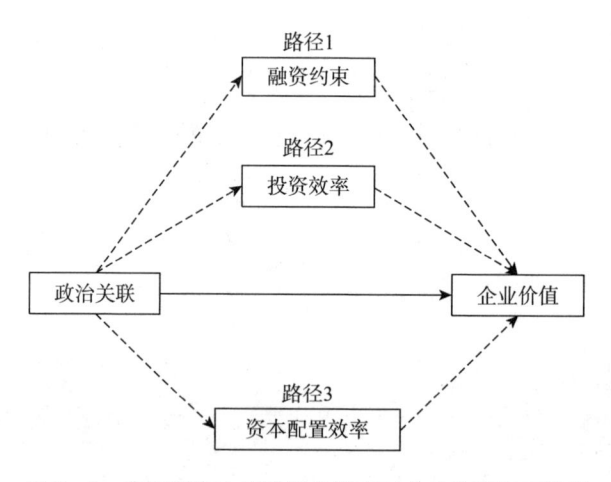

图3-2 非国有资本控股混合所有制企业改革机理逻辑

| 第四章 |

"国民共进"混合所有制改革实证分析一

——基于国有资本控股混合所有制改革企业的视角

近年来,国有企业混合所有制改革受到社会各界的广泛关注,其最终目标是致力于实现国有资本与其他所有制资本的相互融合和交叉持股,包括集体资本、非公有资本等,在保证国有资本保值增值的前提下,提高国有企业的发展活力和市场竞争力(陈军,2020),这也是混合所有制改革的重要途径之一。然而,非国有资本的引入将改变国有企业原有的股权结构,可能导致部分国有企业控制权溢出或转移(王雪梅、谭经伟,2020),对国有资本市场产生一定的负面影响(邹颖、张超辉,2020)。因此,非国有资本注入国有企业后是否真的能够实现"国民共进"成为亟待解决的现实问题,也是学者们重点关注的问题。

第一节 理论分析与研究假设

一 股权混合度与企业价值

股权混合度反映了国有企业权益资本来源的广度。对传统国有企业而言，几乎所有企业的资本均为国有资本，股权结构较为单一，股权混合度较低，股权制衡机制尚不完善导致国有企业存在内部人控制、国有资本流失等问题，加上政府部门干预，通过直接或间接参与国有企业经营决策，与非国有企业相比灵活度较低，市场反应能力较差。在这一背景下，党的十八届三中全会提出国有企业混合所有制改革，旨在引入非国有资本（民营资本、外资资本等）提高国有企业股权混合度，通过股权多元化发展改善国有企业公司治理机制，剥离政策性负担（韩沚清、许多，2019），进而解决国有资本一股独大及内部控制人问题（于朝晖，2015），实现国有企业的价值增值。

股权混合度对国有企业价值的影响可从以下两方面进行阐述。从公司治理水平的视角来看，通过引入非国有资本提高股权混合度有利于增加非国有资本所有者派出的管理人员在国有企业管理层中的比重，形成国有资本与非国有资本的内部股权制衡，促进切实提高公司治理效率（冯媛媛，2014；杨红英、童露，2015），既能对董事、高管等产生激励效应，使其更加忠实勤勉，又能改善内部决策机制，提高管理层经营决策质量，实现更高的价值增长。从资本配置效率的视角来看，国有企业引入非国有资本之前，国有股权往往处于控股地位，且国有企业经理人通常由政府任命，在企业发展中过于注重个人政绩，忽视了国有资产的优化配置效率。股权混合度的提升可以降低国有资本股权比重，通过多元化、分散化的股权结构使管理者目标逐渐与股东目标一致，通过发挥不同所有制资本的比较优势对国有企业资源进行重新配置，提高国有企业市场活力和市场敏感度，使其对外部环境变化做出迅速响应，进而识别到更多优质的投资机会，更好地利用市场信息进行资本的优化配置，提高投资效率和投资效益（田国双、李桐，2019），这一过程除带来国有企业现金流入，还能够降低国有企业融资成本，对企业价值产生积极影响。此外，李秉祥等（2020）论证了股权混合度对国有企业经济效益的显著促进作用。

鉴于此,本部分认为国有企业股权混合度与企业价值之间存在正相关关系,并提出以下研究假设。

H1:在国有资本控股混合所有制改革企业中,股权混合度对企业价值有着显著的正向影响。

二 股权混合度与公司治理水平

从经济学的视角分析,国有企业所有权和经营权应相互分离,而公司治理恰是建立在"所有权层次"上的产物,旨在对职业经理人进行科学合理授权及有效监管,涵盖了股东会、董事会、监事会、高级管理人员及公司员工之间责、权、利的相互制衡,最终提高企业价值。混合所有制改革为国有企业改革和发展提供了巨大支持,在筹资、经营机制转化、资源配置优化等方面产生了经济促进作用,国有企业建立了内部公司治理机制,采用股东大会、董事会、监事会等先进的现代公司管理模式。但由于当前国有独资企业改制上市后,在实践发展过程中却出现偏离(黎翠梅,2000),并未按照现代企业制度产权明晰、责权分明、政企分离等进行运作,因此仍然存在股权结构不合理、决策效率较低、内部人控制等公司治理问题,在一定程度上制约了混合所有制改革的发展(樊玲娟,2018),与非国有上市公司相比,国有企业公司治理效率较低。

作为国有企业内部最高权力机构和决策机构,股东大会对国有企业一切重大事项都有决策权,但股东大会成员大多为国有股东,注重政绩、个人利益等相关事项,与国有企业利益之间并未形成统一的目标体系,这将导致股东大会做出的决策不符合国有企业长期发展要求。在引入非国有资本后,股东成员结构有所改善,以国有资本为主体的股东成员和以非国有资本为主体的股东成员之间能够形成一定的股权制衡,在跨越股权结构拐点后实现实质性混合所有制改革(张文魁,2017),进而增强股东利益与国有企业利益目标一致性,使追求企业价值最大化与追求股东财富最大化相统一,进而促进股东大会的相关决策更加符合国有企业的长远发展要求，公司治理水平得以提升。

董事会由股东大会选举产生，负责国有企业经营活动。在混合所有制改革之前，国有企业董事会设置中普遍存在董事长兼任总经理的情况，导致国有企业权力过于集中，极易造成经营管理决策失误。随着董事会、管理层权力的不断加大，个人利益最大化目标可能阻碍股东自行召集股东大会或临时股东大会（梅慎实、谭梓为，2020），而引入非国有资本后，通过向国有企业委派管理人员将打破董事会、经理层权力集中的状态，进而提高董事会和经理层决策质量。叶陈刚等（2015）也验证了股权制衡对提高国有企业营运资本管理效率的促进作用。

监事会是负责监督企业内部治理机构的组织，履行监督权的关键在于其独立性是否得到保障，独立性越高则监督效果就越好。在混合所有制改革之前，国有企业董事可通过权力集中来控制监事会，监事会运作的独立性难以得到保障，且在部分中小型国有企业中因对监事会作用的认识还不到位、缺少规范的监督工作规则及绩效考核办法、监事人员专业能力不足等，难以有效发挥监事会的监督作用（凌峰，2020）。在引入非国有资本后，通过打破董事会权力过于集中的状态，使监事会独立性得以提升，进而更好地履行监督权。

经理人是企业日常经营管理和行政事务的负责人，通常由董事会进行聘任。在国有企业经理机构设置中，其经理人由政府部门任命，且任期有限，往往关注个人政绩，忽视了国有企业长远利益。在引入非国有资本后，在一定程度上改善了国有企业政企不分的经营模式，经理人不再由政府部门直接任命，而是通过公平竞争的市场化方式聘任，那么声誉就成为经理人个人价值的重要决定性因素，为保持良好的声誉，经理人需考虑国有企业长期经济效益，这进一步降低了代理成本，有利于提高公司治理水平。鉴于此，本部分提出以下研究假设。

H2：在国有资本控股混合所有制改革企业中，股权混合度对公司治理水平有着显著的正向影响。

三 股权混合度、公司治理水平与企业价值

根据前文的分析，股权混合度的提高有助于提升国有企业公司治理水平，但在股权混合度提高的前提下，公司治理水平与企业价值的关系值得深入探究。

国有企业在混合所有制改革进程中，通过不断引入非国有资本提高了公司治理水平，主要表现在以下两方面。一是公司治理中的监督制衡机制能有效促进管理层决策视域向最优水平调整，进而减少管理层的决策失误（方红星、金玉娜，2016），通过提高管理层决策质量改善经营绩效。在实行混合所有制改革之前的国有企业治理机制中，国有资本股东利益与企业利益存在冲突，且股权过于集中，导致管理层存在机会主义行为，过于强调短期经营绩效，忽视了企业长远利益，加上国有企业利润上缴进一步加剧了企业过度投资问题，投资效率不增反降（李昊楠、郭彦男，2020）。国有企业在引入非国有资本后，通过多元化、分散化的股权结构有效提高了公司治理水平，同时非国有资本股东利益与国有企业利益目标一致，更倾向于关注国有企业长期战略规划，进而提高国有企业价值。二是在股权混合度提升的前提下，国有企业公司治理水平得以提升，非国有资本灵活的体制机制优势、创新活力优势等，进一步激发了国有企业市场发展活力，使其更好地适应市场竞争（沈根泉，2016），通过市场化竞争为国有企业带来富有经验的管理人员、技术创新人员及先进的管理经验等，增强国有企业对市场的敏感度，以更好地识别投资机会，提高国有企业价值（姜巍，2019）。

基于上述分析，提出以下研究假设。

H3：在国有资本控股混合所有制改革企业中，公司治理水平在股权混合度对企业价值的影响中存在显著的中介效应。

四 股权混合度与资本配置率

对国有企业资本配置率的分析可从投资、融资两个方面进行梳理，

在投资方面主要是解决资本的合理分配问题，在融资方面则是解决筹资来源结构的合理安排问题。

从投资的视角来看，实行混合所有制改革之前的国有企业存在股权结构不合理、决策机制过于僵化等问题，控股股东追求自身利益最大化，而非追求企业价值最大化，进而产生非效率投资问题（徐婧芸等，2013）。在股权混合度提高的前提下，国有资本和非国有资本交叉融合，能够降低国有资本股权比重，进而解决国有股一股独大和内部人控制问题，通过充分发挥其比较竞争优势提高国有企业投资的有效性（田国双、李桐，2019）。同时，随着股权混合度的提升，国有企业决策机制逐渐实现市场化，对管理层的管理能力和决策质量均带来了促进作用，有利于实现更高的投资效益。

从融资的视角来看，合理的融资结构能够有效降低国有企业的融资成本（包刚，2016）。在混合所有制改革之前国有企业的资本来源主要是政府部门，较少存在外部融资的情形，但改革之后国有企业的资本来源逐渐从政府单一模式转向多元化发展模式，加上公司治理结构的优化调整，政府部门很难直接对国有企业经营决策进行干预，有利于促进国有企业的市场化经营，在面临融资约束问题时，可选择股权融资、外部负债融资等，这将为国有企业带来一定的抵税效应，即降低国有企业的加权平均资本成本，提高资本的配置效率。鉴于此，本部分认为在国有资本控股混合所有制改革企业中，股权混合度与资本配置率之间存在正相关关系，并提出以下研究假设。

H4：在国有资本控股混合所有制改革企业中，股权混合度对资本配置效率有着显著的正向影响。

五 股权混合度、资本配置效率与企业价值

根据前文的分析，本部分认为国有企业股权混合度的提升有利于提高资本配置效率，但资本配置效率在股权混合度对企业价值的影响关系

中存在着何种作用有待进一步分析。

国有企业资本配置效率反映了国有企业资本投入与收益之间的比例关系，对财务运作有显著影响（崔静，2016），项目资金的使用能否为企业带来收益或缓解融资约束是管理层在经营决策时重点关注的问题。一方面，通过资源利用效率的提升可以有效解决国有企业投资不足或投资过度的问题（姚震等，2020），当资本投向现金流量为正的投资项目时投资收益增加，为国有企业价值提升提供支撑和基本动力。在股权混合度提高的前提下，国有企业通过发挥监督激励功能和剩余控制权功能，将资本分配至有效率的投资项目上，进而实现"胜者选拔"效应（Stein，1997），即资本收益回报率最高，此时资本价值创造能力达到最大化。另一方面，资本配置效率的提高可以缓解国有企业的融资约束，增加企业财务弹性，财务弹性作为调控的基本手段对企业价值提升有积极促进作用（赵欣宇，2019），有利于国有企业持续经营。一般而言，融资安全性越高，企业价值越大，由此产生的边际企业价值越高，财务弹性对企业价值和边际价值的贡献也就越突出。此外，也有学者基于国有企业分类改革的视角对混合所有制改革进程中资本配置效率与企业价值的关系进行分析，通过揭示混合所有制改革的作用机理发现二者成显著正相关关系（孙建强、吴晓梦，2019）。鉴于此，本书提出以下基本假设。

H5：在国有资本控股混合所有制改革企业中，资本配置效率在股权混合度对企业价值的影响中存在显著的中介效应。

第二节　研究设计

一　样本选择与数据来源

1. 样本选择

本部分以国有资本控股混合所有制改革企业的视角，实证检验非国有资本进入国有企业后的混合所有制改革机理。因此，本部分的研究对象是国有资本控股混合所有制改革企业。参照张文魁（2015）定义混合所有制企业的标准以及我国《证券法》对持有上市公司5%以上（含5%）的股份需要进行信息披露的要求和对各种交易存在相关限制的具体规定，本部分将国有企业上市公司前十大股东中同时满足单个国有资本股东和单个非国有资本股东持股比例均在5%及以上的公司视为国有资本控股混合所有制改革样本公司，同时将研究样本期间定为2015~2019年，并按如下规则对初选样本进行筛选。①由于金融保险行业公司与一般行业公司所适用的会计准则、方法和政策存在很大的区别，各自财务指标所体现的内容也存在较大的差异，因此本部分将金融保险业上市公司的样本加以剔除；②删除对应样本期间内曾被ST、*ST和PT以及已经退市的样本公司；③删除样本期间内指标值有数据缺失的样本公司。在此筛选规则上，建立平衡面板数据。最终，获得16个行业194家公司5年内共计970个年度观测数据，样本公司行业分布情况如表4-1所示，具体样本公司代码见附录A。

表4-1 样本公司行业分布情况

单位：家，%

证监会2012版行业分类	行业代码	样本数	比重
农、林、牧、渔业	A	3	1.55
采矿业	B	8	4.12
制造业	C	98	50.52
电力、热力、燃气及水生产和供应业	D	17	8.76
建筑业	E	5	2.58
批发和零售业	F	13	6.70
交通运输、仓储和邮政业	G	15	7.73
住宿和餐饮业	H	4	2.06
信息传输、软件和信息技术服务业	I	8	4.12
房地产业	K	11	5.67

续表

证监会 2012 版行业分类	行业代码	样本数	比重
租赁和商务服务业	L	2	1.03
科学研究和技术服务业	M	1	0.52
水利、环境和公共设施管理业	N	4	2.06
教育	P	1	0.52
文化、体育和娱乐业	R	3	1.55
综合	S	1	0.52
共计	—	194	100.00

2. 数据来源

本部分所有指标数据来源于 Wind 资讯数据库和 CSMAR 数据库。数据处理软件为 Excel 2010，计量分析软件为 Stata 15.0。

二 变量定义与模型构建

1. 变量定义

本部分主要研究国有资本控股混合所有制改革企业中由于非国有资本的进入对企业价值的直接影响效应，以及公司治理水平及资本配置效率在该影响中的中介作用。因此，将股权混合度作为解释变量，将企业价值作为被解释变量，将公司治理水平和资本配置效率作为中介变量，同时对其他变量进行控制。

（1）被解释变量。本部分将企业价值作为被解释变量。企业价值是企业整体的公平市场价值，可以通过其经济定义加以计量。通常用企业各项资产未来现金流量的现值进行计量，其估值方法有收益法、成本法和期权定价法等。目前，较多使用收益法进行衡量。在该方法中，采用自由现金流量模型进行衡量，则企业价值是企业整体自由现金流以加权平均资本成本为贴现率折现的现值，体现了企业资金的时间价值、风险及持续发展能力。目前，衡量企业价值的指标很多，市盈率（P/E）、市净率（P/B）、市现率（PCF）、市销率（PS）、企业价值倍数（EV/

EBITDA）等都是评价股票市值的有效指标（韩博婧，2017）。在理论研究中，通常用 Tobin's Q 值来衡量企业价值。因此，本书采用 Tobin's Q 值作为企业价值的替代变量。参照夏立军和方铁强（2005）以及贾兴平等（2016）的方法，将（流通股×每股价格+非流通股×每股净资产+净债务市值）/期末企业总资产的值作为 Tobin's Q 值。

（2）解释变量。本部分将股权混合度作为解释变量。首先计算出国有资本控股混合所有制改革样本企业前十大股东中非国有资本股东持股比例之和、国有资本股东持股比例之和，然后参照张文魁（2015）的方法，将非国有资本股东持股比例之和与国有资本股东持股比例之和的比值作为股权混合度的衡量值。

（3）中介变量。根据国有资本控股混合所有制企业改革机理的逻辑，将公司治理水平和资本配置效率作为中介变量，分析股权混合度对企业价值的影响机理。

①公司治理水平。在研究公司治理水平的相关文献中，大多数学者从外部治理水平和内部治理水平两方面对其进行评价，主要包括如下方面：外部第三方会计师事务所对上市公司财务报告出具的审核意见、股权结构、董事会治理机制、监事会治理机制和经理人员激励机制等。本书为深入研究公司治理水平对股权混合度与企业价值之间关系的中介作用，拟在前人研究基础上构建公司治理水平评价体系，并对各指标值进行赋权，从而算出所有样本公司的公司治理水平指数（Corporate Governance Index，CGI）。由于该综合评价指数需如实反映国有资本控股的混合所有制改革上市公司的治理水平现状，且以内部治理水平评价指标为主，故本书参照潘福祥（2004）、刘银国和朱龙（2011）以及李秉祥等提出的公司治理水平评价指标体系，在该基础上结合国有资本控股混合所有制改革上市公司的实际情况，构建出如表 4-2 所示的国有资本控股混合所有制改革企业公司治理水平评价指标体系。

表 4-2 国有资本控股混合所有制改革企业公司治理水平评价体系

一级指标	二级指标	权重	衡量方法
外部机构的审核评价	A1：财务报告审计意见	0.2	若审计师出具的审计意见为标准无保留意见，则取值为 1；否则取值为 0
	A2：是否受过证监会或交易所处罚	0.1	若当年因违规事件受到相应的处罚，取值为 0；否则取值为 1
股权结构	A3：第一大股东持股比例	0.1	第一大股东持股数与公司总股数的比值
	A4：股权制衡度	0.2	第二到第十大股东持股比例之和与第一大股东持股比例的比值
董事会治理机制	A5：董事会成员持股比例之和	0.1	董事会持股数与公司总股数的比值
	A6：独立董事比例	0.1	独立董事人数与公司董事会总人数的比值
经理人员激励机制	A7：管理层持股比例之和	0.1	管理层持股数与公司总股数的比值
	A8：高管薪酬比例	0.1	前三名高管薪酬总额与前三名董事、监事、高管薪酬总额的比值

依据表 4-2 中国有资本控股混合所有制改革企业公司治理水平的评价指标值和权重，按照公式 a 计算出国有资本控股混合所有制改革样本企业的公司治理水平综合评价指数（CGI），见附录 B。

$$CGI_{i,t} = 0.2 \times A1_{i,t} + 0.1 \times A2_{i,t} + 0.1 \times A3_{i,t} + 0.2 \times A4_{i,t} + 0.1 \times A5_{i,t} + 0.1 \times A6_{i,t} + 0.1 \times A7_{i,t} + 0.1 \times A8_{i,t}$$

（公式 a）

其中，$CGI_{i,t}$ 为 i 企业在 t 年的公司治理水平综合评价指数；$A1_{i,t}$ 为 i 企业在 t 年的财务报告审计意见，若审计师出具的审计意见为标准无保留意见，则取值为 1，否则取值为 0；$A2_{i,t}$ 为 i 企业在 t 年是否受过证监会或交易所处罚的情况，若当年因违规事件受到相应的处罚，取值为 0，否则取值为 1；$A3_{i,t}$ 为 i 企业在 t 年的第一大股东持股比例，用第一大股东持股数与公司总股数的比值进行衡量；$A4_{i,t}$ 为 i 企业在 t 年的股权制衡度，用第二到第十大股东持股比例之和与第一大股东持股比例的比值进行衡量；$A5_{i,t}$ 为 i 企业在 t 年的董事会成员持股比例之和，用董事会持股数与公司总股数的比值进行衡量；$A6_{i,t}$ 为 i 企业在 t 年的独立董事比例，用独立董事人数与公司董事会总人数的比值进行衡量；$A7_{i,t}$ 为 i 企业在 t 年的管理层持股比例之和，用管理层持股数与公司总股数的比值进行衡量；$A8_{i,t}$ 为 i 企业在 t 年的高管薪酬比例，用前三名高管薪酬总额与前三名董事、监事、高管薪酬总额的比值进行衡量。

②资本配置效率。本书用固定资产和在建工程等投资水平来衡量资本配置效率。参照 Oguzhan 等（2008）、曹春方（2013）、潘红波和余明桂（2014）的方法，其计算公式为：（公司当年固定资产的增加额＋在建工程的增加额＋当年折旧＋当年减值准备）/期初总资产。

（4）控制变量。梳理现有研究文献，不难发现影响企业价值、公司治理水平和资本配置效率的因素较多。为了确保本书对国有资本控股混合所有制企业改革机理的实证检验有效，参考李正（2006）、贾兴平等（2016）及王燕妮和郭瑞（2020）的方法，在分析股权混合度对企业价值的直接影响以及公司治理水平和资本配置效率在该影响中的中介效应时，对企业规模、资产负债率、企业成长性、净资产收益率以及股权集中度等常规变量进行了控制，同时对行业虚拟变量和年度虚拟变量进行了控制；在分析股权混合度对公司治理水平的影响时，参照陈晓珊和刘洪铎（2019）、程瑶（2020）的方法，对企业规模、资产负债率、企业年龄、净资产收益率、企业成长性、资产有形性等常规变量进行了控制，同时对行业虚拟变量和年度虚拟变量进行了控制；在检验股权混合度对资本配置效率的影响时，借鉴潘红波和余明桂（2014）、李明娟和金海钰（2020）的方法，对企业规模、资产负债率、总资产报酬率、两职合一、资本性支出、股权集中度等常规变量进行了控制，同时对行业虚拟变量和年度虚拟变量进行了控制。

本部分所用到的主要变量及其定义，如表 4-3 所示。

表 4-3　主要变量及其定义

变量类型	变量名称	变量符号	变量定义
被解释变量	企业价值	Tobin's Q	(流通股×每股价格+非流通股×每股净资产+净债务市值)/期末企业总资产
解释变量	股权混合度	Cmr	前十大股东中非国有资本股东持股比例之和与国有资本股东持股比例之和的比值
中介变量	公司治理水平	CGI	参照公式 a 计算出的公司治理水平综合评价指数
	资本配置效率	Cae	(公司当年固定资产的增加额+在建工程的增加额+当年折旧+当年减值准备)/期初总资产
控制变量	企业规模	Size	期末总资产的自然对数
	资产负债率	Lev	期末总负债/期末总资产
	企业成长性	Growth	销售收入增长率
	净资产收益率	Roe	净利润/股东权益合计
	股权集中度	Top10	前十大股东持股比例之和
	企业年龄	Age	上市公司成立年限的自然对数
	资产有形性	Tang	(资产总额-无形资产净值-商誉净额)/总资产
	总资产报酬率	Roa	(利润总额+利息支出)/平均总资产
	两职合一	Dual	若董事长和总经理由同一人兼任,则取值为0,否则取值为1
	资本性支出	Cap	ln(经营租赁所支付的现金+购建固定资产、无形资产和其他长期资产所支付的现金-处置固定资产、无形资产和其他长期资产而收回的现金金额)
	行业虚拟变量	Industry	根据《证监会行业代码与分类》进行划分和判断,当具体样本公司属于某个行业时,该变量取值为1;否则取值为0
	年度虚拟变量	Year	当样本公司属于年度 t 时,该变量取值为1;否则取值为0

2. 模型构建

为了检验国有资本控股混合所有制改革企业中股权混合度对企业价值的影响,构建模型 (4-1):

$$Tobin's\ Q_{i,t} = \alpha_1 + \alpha_2 \times Cmr_{i,t} + \alpha_3 \times Size_{i,t} + \alpha_4 \times Lev_{i,t} +$$
$$\alpha_5 \times Growth_{i,t} + \alpha_6 \times Roe_{i,t} + \alpha_7 \times Top10_{i,t} + \quad (4-1)$$
$$\sum Industry_{i,t} + \sum Year_{i,t} + \varepsilon_{i,t}$$

为了检验国有资本控股混合所有制改革企业中股权混合度对公司治理水平的影响，构建模型（4-2）：

$$CGI_{i,t} = \beta_1 + \beta_2 \times Cmr_{i,t} + \beta_3 \times Size_{i,t} + \beta_4 \times Lev_{i,t} +$$
$$\beta_5 \times Growth_{i,t} + \beta_6 \times Roe_{i,t} + \beta_7 \times Tang_{i,t} + \quad (4-2)$$
$$\beta_8 \times Age_{i,t} + \sum Industry_{i,t} + \sum Year_{i,t} + \varepsilon_{i,t}$$

为了检验国有资本控股混合所有制改革企业中公司治理水平在股权混合度对企业价值影响中的中介效应，构建模型（4-3）：

$$Tobin's\ Q_{i,t} = \delta_1 + \delta_2 \times Cmr_{i,t} + \delta_3 \times CGI_{i,t} + \delta_4 \times Size_{i,t} +$$
$$\delta_5 \times Lev_{i,t} + \delta_6 \times Growth_{i,t} + \delta_7 \times Roe_{i,t} + \quad (4-3)$$
$$\delta_8 \times Top10_{i,t} + \sum Industry_{i,t} + \sum Year_{i,t} + \varepsilon_{i,t}$$

为了检验国有资本控股混合所有制改革企业中股权混合度对资本配置效率的影响，构建模型（4-4）：

$$Cae_{i,t} = \chi_1 + \chi_2 \times Cmr_{i,t} + \chi_3 \times Size_{i,t} + \chi_4 \times Lev_{i,t} +$$
$$\chi_5 \times Roa_{i,t} + \chi_6 \times Dual_{i,t} + \chi_7 \times Cap_{i,t} + \quad (4-4)$$
$$\chi_8 \times Top10_{i,t} + \sum Industry_{i,t} + \sum Year_{i,t} + \varepsilon_{i,t}$$

为了检验国有资本控股混合所有制改革企业中资本配置效率在股权混合度对企业价值影响中的中介效应，构建模型（4-5）：

$$Tobin's\ Q_{i,t} = \gamma_1 + \gamma_2 \times Cmr_{i,t} + \gamma_3 \times Cae_{i,t} + \gamma_4 \times Size_{i,t} +$$
$$\gamma_5 \times Lev_{i,t} + \gamma_6 \times Growth_{i,t} + \gamma_7 \times Roe_{i,t} + \quad (4-5)$$
$$\gamma_8 \times Top10_{i,t} + \sum Industry_{i,t} + \sum Year_{i,t} + \varepsilon_{i,t}$$

第三节 实证分析

一 描述性统计

表4-4报告了本部分主要变量的描述性统计分析结果。据表4-4可知，国有资本控股混合所有制改革企业在样本期间企业价值的平均值为1.814，最小值为0.796，最大值为13.803，标准差为1.277，说明不同样本公司之间的企业价值存在较大差异，和现实情况一致，表明本书所选择的样本公司具有较好的代表性。股权混合度的平均值为0.676，标准差为0.526，表明国有资本控股混合所有制改革样本企业整体混改力度较强。公司治理水平的平均值为0.492，标准差为0.049，说明所选择样本企业的整体公司治理水平较高，差异不大。资本配置效率的平均值为0.023，最小值为-0.325，最大值为0.637，说明样本企业资本配置效率的整体水平较低，有待进一步提高。企业规模的最小值为20.281，最大值为28.636，标准差高达1.700，平均值为23.535，说明国有资本控股混合所有制改革样本公司的企业规模整体较大，且存在较大的差异。资产负债率平均值为0.500，表明样本企业的整体负债水平不太高，说明近年来国有企业降杠杆已见成效。企业成长性的平均值为0.151，表明样本企业整体的销售收入增长率水平较高，说明发展能力还不错。净资产收益率和总资产报酬率的平均值分别为0.051和0.052，说明样本企业的整体盈利能力较低，均有待提高。股权集中度的平均值为0.649，表明样本企业的股权集中度整体较高，有64.9%的股份为前十大股东所持有。企业年龄的平均值为2.961，表明大部分样本企业成立的时间在20年左右，经历了较长的发展时期。资产有形性的平均值为0.916，最小值为0.246，最大值为1.000，表明大部分样本企业中无形资产净值和商誉净额占总资产的比例较低。两职合一的平均值为0.871，

最小值为 0，最大值为 1.000，说明有将近 87% 的样本企业中董事长和总经理并非由同一人担任。资本性支出的平均值为 19.886，最小值为 13.646，最大值为 26.513，标准差为 2.104，说明样本企业资本性支出的整体水平较高，且样本企业之间在资本性支出方面存在较大的差异。

表 4-4　变量的描述性统计

变量	样本数	平均值	标准差	最小值	最大值
Tobin's Q	970	1.814	1.277	0.796	13.803
Cmr	970	0.676	0.526	0.085	4.922
CGI	970	0.492	0.049	0.228	0.707
Cae	970	0.023	0.060	-0.325	0.637
Size	970	23.535	1.700	20.281	28.636
Lev	970	0.500	0.200	0.057	1.150
Growth	970	0.151	0.540	-0.720	11.843
Roe	970	0.051	0.397	-11.487	0.620
Top10	970	0.649	0.159	0.248	1.012
Age	970	2.961	0.320	1.449	3.582
Tang	970	0.916	0.115	0.246	1.000
Roa	970	0.052	0.071	-1.021	0.321
Dual	970	0.871	0.335	0.000	1.000
Cap	970	19.886	2.104	13.646	26.513

二　相关性分析

表 4-5 是变量的相关性分析。表 4-5 中，股权混合度与企业价值显著正相关，初步验证了 H1。股权混合度与公司治理水平显著正相关，H2 被初步验证。股权混合度与资本配置效率显著正相关，H4 也被初步验证。其他控制变量与本部分主要研究变量的相关性的显著性及符号与现有研究文献基本一致。

表 4-5 变量的相关性分析

	Tobin's Q	Cmr	CGI	Cae	Size	Lev	Growth	Roe	Top10	Age	Tang	Roa	Dual	Cap
Tobin's Q	1.000													
Cmr	0.203***	1.000												
CGI	0.009**	0.088***	1.000											
Cae	0.046***	0.076***	0.109***	1.000										
Size	−0.434***	−0.265***	0.211***	−0.050	1.000									
Lev	−0.436***	−0.073***	−0.028	0.014	0.468***	1.000								
Growth	−0.008	0.001	0.032	0.129***	0.010	−0.007	1.000							
Roe	0.047	−0.080***	0.088***	−0.203***	0.065**	−0.117***	0.066**	1.000						
Top10	−0.227***	−0.281***	0.215***	−0.051	0.498***	0.091***	0.033	0.088***	1.000					
Age	−0.041	0.147***	−0.095***	−0.049	−0.128***	0.063***	0.010	−0.046	−0.195***	1.000				
Tang	0.011	−0.052*	−0.042	0.017	0.079***	0.131***	−0.073***	0.014	−0.035	−0.033	1.000			
Roa	0.205***	−0.253***	0.185***	−0.331***	0.101***	−0.263***	0.109***	0.418***	0.167***	0.015	−0.008	1.000		
Dual	−0.108***	−0.157***	−0.095***	0.022	0.011	0.038	0.012	−0.009	0.098***	−0.030	−0.056*	−0.008	1.000	
Cap	−0.325***	−0.242***	0.199***	0.081***	0.808***	0.286***	−0.012	0.080***	0.409***	−0.135***	−0.048	0.122***	0.013	1.000

注：对角线左下角为 Pearson 相关性检验系数，为双侧检验；"*""**""***" 分别表示在 10%、5%、1% 水平下显著。

三　多重共线性检验

回归模型中各变量之间如若存在严重的多重共线性问题，将影响模型回归结果的准确性，因此本部分对五个回归模型中自变量的方差膨胀因子进行了有效测算，发现所有模型中自变量的 VIF 值及平均 VIF 值都远小于 10 并在 4.09（含）以内，表明本部分构建的所有回归模型均不存在严重的多重共线性问题。本部分所有模型的多重共线性检验结果如表 4-6 所示。

表 4-6　多重共线性检验

变量	模型（4-1）VIF	模型（4-2）VIF	模型（4-3）VIF	模型（4-4）VIF	模型（4-5）VIF
Cmr	1.11	1.10	1.16	1.20	1.12
CGI			1.12		
Cae					1.07
$Size$	1.80	1.42	1.87	4.09	1.80
Lev	1.36	1.36	1.38	1.55	1.36
$Growth$	1.01	1.01	1.01		1.03
Roe	1.04	1.04	1.04		1.09
$Top10$	1.42		1.45	1.43	1.42
Age		1.05			
$Tang$		1.03			
Roa				1.22	
$Dual$				1.04	
Cap				2.98	
Mean VIF	1.29	1.14	1.29	1.93	1.27

四　实证检验

由于变量的极端值会对模型的回归结果造成不利影响，因此本部分在对各模型进行回归前,对所有连续性变量进行了上下1%分位数的缩尾处理。同时,由于本部分研究样本属于短面板数据,为了消除异方差和自相关对模型回归结果的影响,本部分采用聚类稳健标准差的固定效应对各模型进行了回归。所有模型的回归结果如表4-7所示。

表4-7 实证检验回归结果

变量	模型(4-1) Tobin's Q	模型(4-2) CGI	模型(4-3) Tobin's Q	模型(4-4) Cae	模型(4-5) Tobin's Q
Cmr	0.120*** (2.72)	0.033** (2.29)	0.119** (1.98)	0.042** (2.15)	0.119** (2.32)
CGI			0.136** (2.22)		
Cae					0.061** (2.13)
Size	-0.941*** (-6.24)	-0.001** (-2.12)	-0.941*** (-6.22)	-0.011 (-1.14)	-0.942*** (-6.23)
Lev	0.600 (1.10)	-0.054* (-1.87)	0.605 (1.12)	0.024 (0.70)	0.598 (1.09)
Growth	0.023 (0.22)	0.004 (0.88)	0.022 (0.21)		0.022 (0.21)
Roe	0.911*** (3.12)	0.028 (1.00)	0.906*** (3.15)		0.919*** (3.04)
Top10	0.203 (0.25)		0.191 (0.23)	0.032 (0.78)	0.201 (0.25)
Age		-0.002 (-0.11)			
Tang		-0.228 (-0.49)			
Roa				-0.302*** (-4.58)	
Dual				-0.001 (-0.09)	
Cap				0.013*** (4.39)	

续表

变量	模型（4-1）	模型（4-2）	模型（4-3）	模型（4-4）	模型（4-5）
	Tobin's Q	CGI	Tobin's Q	Cae	Tobin's Q
Constant	23.536*** (6.88)	0.569*** (3.68)	23.459*** (6.75)	0.483*** (3.03)	23.544*** (6.87)
Year	控制	控制	控制	控制	控制
Industry	控制	控制	控制	控制	控制
N	970	970	970	970	970
R^2	0.245	0.219	0.244	0.197	0.243
F值	8.05	8.40	6.89	7.06	6.88
Prob > F	0.000	0.002	0.000	0.000	0.000
估计方法	固定效应+聚类稳健标准差	固定效应+聚类稳健标准差	固定效应+聚类稳健标准差	固定效应+聚类稳健标准差	固定效应+聚类稳健标准差

注："*""**""***"分别表示在10%、5%、1%的水平下显著（双尾），括号内数值为t值。

1. 股权混合度与企业价值

在表4-7中，模型（4-1）的回归结果表明，股权混合度对企业价值的影响系数为0.120，在1%水平下显著，表明在国有资本控股混合所有制改革企业中，股权混合度每提高1个单位，会使企业价值相应地提高0.120个单位，股权混合度与企业价值显著正相关，表明股权混合度越高，企业价值越大。因此，H1被验证。

2. 股权混合度与公司治理水平

在表4-7中，模型（4-2）的回归结果表明，股权混合度对公司治理水平的影响系数为0.033，在5%水平下显著，表明在国有资本控股混合所有制改革企业中，股权混合度每提高1个单位，会使公司治理水平相应地提高0.033个单位，股权混合度与公司治理水平显著正相关，表明股权混合度越高，公司治理水平越高。因此，H2被验证。

3. 股权混合度、公司治理水平和企业价值

在表4-7中，模型（4-3）的回归结果表明，股权混合度对企业价值的影响系数为 0.119，公司治理水平对企业价值的影响系数为 0.136，均在 5% 水平下显著。

本部分参照温忠麟和叶宝娟（2014）的方法，对公司治理水平在股权混合度对企业价值的影响中的中介效应做如下检验。

第一步，模型（4-1）的系数 α_2（t=2.72）在 1% 水平下显著，说明可以进行第二步检验。

第二步，模型（4-2）的系数 β_2（t=2.29）和模型（4-3）的系数 δ_3（t=2.22）均在 5% 水平下显著，表明间接效应显著，说明能够直接对模型（4-3）中系数 δ_2 的显著性进行检验。

第三步：模型（4-3）的系数 δ_2（t=1.98）在 5% 水平下显著，表明直接效应也显著。

第四步：由于 $\beta_2\delta_3 = 0.033 \times 0.136 = 0.0045$，$\delta_2 = 0.119$，$\beta_2\delta_3$ 与 δ_2 的符号相同，说明公司治理水平在股权混合度对企业价值的影响中存在部分中介效应，且该中介效应占总效应的比例为 $\beta_2\delta_3/\alpha_2 = 0.0045/0.120 = 3.75\%$。

上述分析说明，公司治理水平在股权混合度对企业价值的影响中存在部分中介效应，即股权混合度对企业价值的影响中有 3.75% 是通过公司治理水平影响企业价值的。因此，H3 得以验证。

4. 股权混合度与资本配置效率

在表 4-7 中，模型（4-4）的回归结果表明，股权混合度对资本配置效率的影响系数为 0.042，在 5% 水平下显著，表明在国有资本控股混合所有制改革企业中，股权混合度每提高 1 个单位，会使资本配置效率相应地提高 0.042 个单位，股权混合度与资本配置效率显著正相关，表明股权混合度越高，资本配置效率越高。因此，H4 被验证。

5. 股权混合度、资本配置效率与企业价值

在表 4-7 中，模型（4-5）的回归结果表明，股权混合度对企业价值的影响系数为 0.119，资本配置效率对企业价值的影响系数为

0.061，均在5%水平下显著。

本部分参照温忠麟和叶宝娟（2014）的方法，对资本配置效率在股权混合度对企业价值的影响中的中介效应做如下检验。

第一步：模型（4-1）的系数 α_2（t=2.72）在1%水平下显著，说明可以进行第二步检验。

第二步：模型（4-4）的系数 χ_2（t=2.15）和模型（4-5）的系数 γ_3（t=2.13）均在5%水平下显著，表明间接效应显著，说明能够直接对模型（4-5）中系数 γ_2 的显著性进行检验。

第三步：模型（4-5）的系数 γ_2（t=2.32）在5%水平下显著，表明直接效应也显著。

第四步：由于 $\chi_2\gamma_3 = 0.042 \times 0.061 = 0.0026$，$\gamma_2 = 0.119$，$\chi_2\gamma_3$ 与 γ_2 的符号相同，说明资本配置效率在股权混合度对企业价值的影响中存在部分中介效应，且该中介效应占总效应的比例为 $\chi_2\gamma_3/\alpha_2 = 0.0026/0.120 = 2.17\%$。

上述分析说明，资本配置效率在股权混合度对企业价值的影响中存在部分中介效应，即股权混合度对企业价值的影响中有2.17%是通过资本配置效率影响企业价值的。因此，H5得以验证。

五 稳健性检验

本部分研究对象是国有资本控股混合所有制改革企业，上文对股权混合度的衡量是基于前十大股东非国有资本股东持股比例之和与国有资本股东持股比例之和的比值，并未能全面考虑到非国有资本进入国有资本控股混合所有制改革企业带来的综合效应以及对各变量的影响存在时间滞后性问题。因此，本部分将非国有资本比例（即前十大股东中非国有资本股东持股比例之和）作为股权混合度的替代变量，将股权混合度对各变量的影响滞后一年（即 $t-1$ 年的股权混合度对 t 年的公司治理水平、资本配置效率以及企业价值的影响），分别进行回归检验。

第四章 "国民共进"混合所有制改革实证分析一

1. 将非国有资本比例作为股权混合度的替代变量

（1）描述性统计。

表 4-8 是第一种稳健性检验下主要变量的描述性统计分析结果。股权混合度的平均值为 0.231，标准差为 0.100，最小值为 0.057，最大值为 0.620，表明国有资本控股混合所有制改革企业中进入的非国有资本的平均水平较高，和前文分析结果一致。其他变量的描述性统计结果和前文分析结果一样。

表 4-8 稳健性检验（1）中变量描述性统计

变量	样本数	平均值	标准差	最小值	最大值
Tobin's Q	970	1.814	1.277	0.796	13.803
Cmr	970	0.231	0.100	0.057	0.620
CGI	970	0.492	0.049	0.228	0.707
Cae	970	0.023	0.060	-0.325	0.637
Size	970	23.535	1.700	20.281	28.636
Lev	970	0.500	0.200	0.057	1.150
Growth	970	0.151	0.540	-0.720	11.843
Roe	970	0.051	0.397	-11.487	0.620
Top10	970	0.649	0.159	0.248	1.012
Age	970	2.961	0.320	1.449	3.582
Tang	970	0.916	0.115	0.246	1.000
Roa	970	0.052	0.071	-1.021	0.321
Dual	970	0.871	0.335	0.000	1.000
Cap	970	19.886	2.104	13.646	26.513

（2）相关性分析。

表 4-9 是第一种稳健性检验下变量的相关性分析。表 4-9 中，股权混合度与企业价值显著正相关，初步验证了 H1。股权混合度与公司治理水平显著正相关，H2 被初步验证。股权混合度与资本配置效率显著正相关，H4 也被初步验证。其他控制变量与本部分主要研究变量的相关性

表4-9 稳健性检验（1）中变量的相关性分析

	Tobin's Q	Cmr	CGI	Cae	Size	Lev	Growth	Roe	Top10	Age	Tang	Roa	Dual	Cap
Tobin's Q	1.000													
Cmr	0.028**	1.000												
CGI	0.009**	0.203***	1.000											
Cae	0.046**	0.010*	0.109***	1.000										
Size	−0.434***	0.040	0.211***	−0.050	1.000									
Lev	−0.436***	0.015	−0.028	0.014	0.468***	1.000								
Growth	−0.008	−0.051	0.032	0.129***	0.010	−0.007	1.000							
Roe	0.047	0.002	0.088***	−0.203***	0.065***	−0.117***	0.066***	1.000						
Top10	−0.227***	−0.286***	0.215***	−0.051	0.498***	0.091***	0.033	0.088***	1.000					
Age	−0.041	0.058*	−0.095***	−0.049	−0.128***	0.063***	0.010	−0.046	−0.195***	1.000				
Tang	0.011	−0.058*	−0.042	0.017	0.079***	0.131***	−0.073***	0.014	−0.035	−0.033	1.000			
Roa	0.205***	−0.032	0.185***	−0.331***	0.101***	−0.263***	0.109***	0.418***	0.167***	0.015	−0.008	1.000		
Dual	−0.108***	−0.060*	−0.095***	0.022	0.011	0.038	0.012	−0.009	0.098***	−0.030	−0.056*	−0.008	1.000	
Cap	−0.325***	0.013	0.199***	0.081***	0.808***	0.286***	−0.012***	0.080***	0.409***	−0.135***	−0.048	0.122***	0.013	1.000

注：对角线左下角为Pearson相关性检验系数，为双侧检验；"*""**""***"分别表示在10%、5%、1%水平下显著。

的显著性及符号和上文实证分析中的结果基本一致。

（3）多重共线性检验。

表4-10是第一种稳健性检验下的多重共线性检验结果，所有模型中自变量的VIF值及平均VIF值都远小于10并在4.10（含）以内，和上文实证分析部分的结果基本一致，表明所有回归模型不存在多重共线性问题。

表4-10　稳健性检验（1）中的多重共线性检验

变量	模型（4-1） VIF	模型（4-2） VIF	模型（4-3） VIF	模型（4-4） VIF	模型（4-5） VIF
Cmr	1.11	1.01	1.15	1.13	1.11
CGI			1.12		
Cae					1.07
$Size$	1.80	1.35	1.86	4.10	1.80
Lev	1.36	1.36	1.39	1.54	1.36
$Growth$	1.01	1.01	1.01		1.03
Roe	1.04	1.04	1.04		1.08
$Top10$	1.53		1.53	1.57	1.53
Age		1.04			
$Tang$		1.03			
Roa				1.17	
$Dual$				1.03	
Cap				2.98	
Mean VIF	1.31	1.12	1.30	1.93	1.28

（4）稳健性检验结果分析。

表4-11是第一种稳健性检验下的回归结果，各变量回归系数的符号和显著性与前文实证分析结果基本一致，H1、H2、H4均得到了验证。

现对H3和H5进行如下验证。

a. 对 H3 的检验

在表 4-11 中，模型（4-3）的回归结果表明，股权混合度对企业价值的影响系数为 0.792，公司治理水平对企业价值的影响系数为 0.128，均在 5% 水平下显著。

本部分参照温忠麟和叶宝娟（2014）的方法，对公司治理水平在股权混合度对企业价值的影响中的中介效应做如下检验。

第一步：模型（4-1）的系数 α_2（t=2.22）在 5% 水平下显著，说明可以进行第二步检验。

第二步：模型（4-2）的系数 β_2（t=2.05）和模型（4-3）的系数 δ_3（t=2.21）均在 5% 水平下显著，表明间接效应显著，说明能够直接对模型（4-3）中系数 δ_2 的显著性进行检验。

第三步：模型（4-3）的系数 δ_2（t=2.20）在 5% 水平下显著，表明直接效应也显著。

第四步：由于 $\beta_2\delta_3 = 0.032 \times 0.128 = 0.0041$，$\delta_2 = 0.792$，$\beta_2\delta_3$ 与 δ_2 的符号相同，说明公司治理水平在股权混合度对企业价值的影响中存在部分中介效应，且该中介效应占总效应的比例为 $\beta_2\delta_3/\alpha_2 = 0.0041/0.794 = 0.52\%$。

上述分析说明，公司治理水平在股权混合度对企业价值的影响中存在部分中介效应，即股权混合度对企业价值的影响中有 0.52% 是通过公司治理水平影响企业价值的。因此，H3 得以验证。

在第一种稳健性检验下，虽然公司治理水平在股权混合度对企业价值的影响中的部分中介效应得到验证，但产生的中介效应程度相比上文的实证分析结果要低很多。

b. 对 H5 的检验

在表 4-11 中，模型（4-5）的回归结果表明，股权混合度对企业价值的影响系数为 0.792，资本配置效率对企业价值的影响系数为 0.042，均在 5% 水平下显著。

本部分参照温忠麟和叶宝娟（2014）的方法，对资本配置效率在股权混合度对企业价值的影响中的中介效应做如下检验。

第一步：模型（4-1）的系数 α_2（t=2.22）在5%水平下显著，说明可以进行第二步检验。

第二步：模型（4-4）的系数 χ_2（t=1.86）在10%水平下显著，模型（4-5）的系数 γ_3（t=2.09）在5%水平下显著，表明间接效应显著，说明能够直接对模型（4-5）中系数 γ_2 的显著性进行检验。

第三步：模型（4-5）的系数 γ_2（t=2.21）在5%水平下显著，表明直接效应也显著。

第四步：由于 $\chi_2\gamma_3=0.035\times0.042=0.0015$，$\gamma_2=0.792$，$\chi_2\gamma_3$ 与 γ_2 的符号相同，说明资本配置效率在股权混合度对企业价值的影响中存在部分中介效应，且该中介效应占总效应的比例为 $\chi_2\gamma_3/\alpha_2=0.0015/0.794=0.19\%$。

上述分析说明，资本配置效率在股权混合度对企业价值的影响中存在部分中介效应，即股权混合度对企业价值的影响中有0.19%是通过资本配置效率影响企业价值的。因此，H5得以验证。

在第一种稳健性检验下，虽然资本配置效率在股权混合度对企业价值的影响中的部分中介效应得到验证，但产生的中介效应程度相比上文的实证分析结果要低很多。

表4-11 稳健性检验（1）中回归模型的回归结果分析

变量	模型（4-1）	模型（4-2）	模型（4-3）	模型（4-4）	模型（4-5）
	Tobin's Q	CGI	Tobin's Q	Cae	Tobin's Q
Cmr	0.794** (2.22)	0.032** (2.05)	0.792** (2.20)	0.035* (1.86)	0.792** (2.21)
CGI			0.128** (2.21)		
Cae					0.042** (2.09)

混合所有制改革及效应

续表

变量	模型 (4-1) Tobin's Q	模型 (4-2) CGI	模型 (4-3) Tobin's Q	模型 (4-4) Cae	模型 (4-5) Tobin's Q
$Size$	-0.951*** (-6.25)	-0.001** (-2.11)	-0.950*** (-6.22)	-0.011 (-1.18)	-0.951*** (-6.24)
Lev	0.623 (1.14)	-0.054* (-1.85)	0.629 (1.15)	0.024 (0.71)	0.622 (1.13)
$Growth$	0.020 (0.19)	0.004 (0.81)	0.019 (0.19)		0.019 (0.18)
Roe	0.941*** (3.17)	0.030 (0.98)	0.937*** (3.19)		0.947*** (3.10)
$Top10$	0.356 (0.44)		0.345 (0.42)	0.039 (0.91)	0.354 (0.44)
Age		-0.003 (-0.13)			
$Tang$		-0.028 (-0.50)			
Roa				-0.302*** (-4.57)	
$Dual$				-0.001 (-0.10)	
Cap				0.013*** (4.36)	
Constant	23.741*** (6.93)	0.567*** (3.72)	23.668*** (6.78)	0.636*** (3.04)	23.746*** (6.92)
$Year$	控制	控制	控制	控制	控制
$Industry$	控制	控制	控制	控制	控制
N	970	970	970	970	970
R^2	0.246	0.219	0.247	0.196	0.247
F 值	7.91	8.30	6.80	6.96	6.76
Prob > F	0.000	0.005	0.000	0.000	0.000
估计方法	固定效应+聚类稳健标准差	固定效应+聚类稳健标准差	固定效应+聚类稳健标准差	固定效应+聚类稳健标准差	固定效应+聚类稳健标准差

注:"*""**""***"分别表示在10%、5%、1%的水平下显著(双尾),括号内数值为 t 值。

2. 将股权混合度对各变量的影响滞后 1 年进行检验

（1）描述性统计。

表 4-12 是第二种稳健性检验下主要变量的描述性统计分析结果。据表 4-12 可知，国有资本控股混合所有制改革企业在样本期间企业价值的平均值为 1.709，最小值为 0.796，最大值为 9.714，标准差为 1.126，说明不同样本公司之间的企业价值存在较大差异，和现实情况一致，表明本书所选择的样本公司具有较好的代表性。股权混合度的平均值为 0.676，标准差为 0.531，表明国有资本控股混合所有制改革样本企业整体混改力度较强。公司治理水平的平均值为 0.491，标准差为 0.051，说明所选择样本企业的整体公司治理水平较高，差异不大。资本配置效率的平均值为 0.022，最小值为 -0.325，最大值为 0.637，说明样本企业资本配置效率的整体水平较低，有待进一步提高。企业规模的最小值为 20.362，最大值为 28.636，标准差高达 1.698，平均值为 23.592，说明国有资本控股混合所有制改革样本公司的企业规模整体较大，且存在较大的差异。资产负债率平均值为 0.500，表明样本企业的整体负债水平不太高，说明近年来国有企业降杠杆已见成效。企业成长性的平均值为 0.162，表明样本企业整体的销售收入增长率水平较高，说明发展能力还不错。净资产收益率和总资产报酬率的平均值分别为 0.050 和 0.052，说明样本企业的整体盈利能力较低，均有待提高。股权集中度的平均值为 0.651，表明样本企业的股权集中度整体较高，有 65.1% 的股份为前十大股东所持有。企业年龄的平均值为 2.990，表明大部分样本企业成立的时间在 20 年左右，经历了较长的发展时期。资产有形性的平均值为 0.915，最小值为 0.271，最大值为 1.000，表明大部分样本企业中无形资产净值和商誉净额占总资产的比例较低。两职合一的平均值为 0.870，最小值为 0，最大值为 1.000，说明有将近 87% 的样本企业中董事长和总经理并非由同一人担任。资本性支出的平均值为 19.936，最小值为 13.646，最大值为 26.513，标准差为 2.100，说明样

本企业资本性支出的整体水平较高，且样本企业之间在资本性支出方面存在较大的差异。

以上描述性统计分析结果表明，第二种稳健性检验下的样本企业情况和上文实证分析部分基本一致。

表 4 – 12　稳健性检验（2）中变量的描述性统计

变量	样本数	平均值	标准差	最小值	最大值
Tobin's Q	776	1.709	1.126	0.796	9.714
Cmr	776	0.676	0.531	0.085	4.922
CGI	776	0.491	0.051	0.228	0.707
Cae	776	0.022	0.062	-0.325	0.637
Size	776	23.592	1.698	20.362	28.636
Lev	776	0.500	0.200	0.057	1.150
Growth	776	0.162	0.561	-0.720	11.843
Roe	776	0.050	0.440	-11.487	0.620
Top10	776	0.651	0.158	0.296	1.010
Age	776	2.990	0.305	1.661	3.582
Tang	776	0.915	0.117	0.271	1.000
Roa	776	0.052	0.076	-1.021	0.321
Dual	776	0.870	0.337	0.000	1.000
Cap	776	19.936	2.100	13.646	26.513

（2）相关性分析。

表 4 – 13 是第二种稳健性检验下变量的相关性分析。表 4 – 13 中，股权混合度与企业价值显著正相关，初步验证了 H1。股权混合度与公司治理水平显著正相关，H2 被初步验证。股权混合度与资本配置效率显著正相关，H4 也被初步验证。其他控制变量与本部分主要研究变量的相关性的显著性及符号和上文实证分析中的结果基本一致。

（3）多重共线性检验。

表 4 – 14 是第二种稳健性检验下的多重共线性检验结果，所有模型

第四章 "国民共进"混合所有制改革实证分析一

表4-13 稳健性检验(2)中变量的相关性分析

	Tobin's Q	Cmr	CGI	Cae	Size	Lev	Growth	Roe	Top10	Age	Tang	Roa	Dual	Cap
Tobin's Q	1.000													
Cmr	0.202**	1.000												
CGI	0.010*	0.085**	1.000											
Cae	0.056**	0.028*	0.112***	1.000										
Size	-0.410***	-0.266***	0.216***	-0.072**	1.000									
Lev	-0.428***	-0.079**	-0.036	0.024	0.465***	1.000								
Growth	-0.001	-0.003	0.020	0.140***	0.010	-0.006	1.000							
Roe	0.057	0.040	0.086**	-0.223***	0.065*	-0.119***	0.062*	1.000						
Top10	-0.226***	-0.286***	0.218***	-0.073***	0.504***	0.096***	0.039**	0.084**	1.000					
Age	-0.033	0.159***	-0.085**	-0.055	-0.138***	0.064*	-0.010	-0.052	-0.187***	1.000				
Tang	0.028	-0.052	-0.034	0.018	0.078**	0.127***	-0.043	0.017	-0.026	-0.028	1.000			
Roa	0.256***	-0.104***	0.179***	-0.372***	0.106***	-0.256***	0.105***	0.411***	0.153***	0.015	-0.001	1.000		
Dual	-0.119***	-0.185***	-0.103***	0.017	-0.001	0.053	0.009	-0.011	0.080*	-0.027	-0.070*	-0.006	1.000	
Cap	-0.310***	0.261***	0.206***	0.059	0.809***	0.285	0.003	0.083***	0.412***	-0.147***	-0.052	0.127***	0.008	1.000

注：对角线左下角为Pearson相关性检验系数，为双侧检验；"*""**""***"分别表示在10%、5%、1%水平下显著。

中自变量的 VIF 值及平均 VIF 值都远小于 10 并在 4.15（含）以内，和上文实证分析部分的结果基本一致，表明所有回归模型不存在多重共线性问题。

表 4-14　稳健性检验（2）中的多重共线性检验

变量	模型（4-1）VIF	模型（4-2）VIF	模型（4-3）VIF	模型（4-4）VIF	模型（4-5）VIF
Cmr	1.14	1.11	1.20	1.16	1.14
CGI			1.16		
Cae					1.05
Size	1.94	1.60	2.02	4.15	1.94
Lev	1.45	1.48	1.47	1.71	1.45
Growth	1.05	1.06	1.05		1.07
Roe	1.21	1.24	1.22		1.26
Top10	1.44		1.48	1.45	1.44
Age		1.08			
Tang		1.03			
Roa				1.29	
Dual				1.03	
Cap				3.00	
Mean VIF	1.37	1.23	1.37	1.97	1.34

（4）稳健性检验结果分析。

表 4-15 是第二种稳健性检验下的回归结果，各变量回归系数的符号和显著性与前文实证分析结果基本一致，H1、H2、H4 均得到了验证。

现对 H3 和 H5 进行如下验证。

a. 对 H3 的检验

在表 4-15 中，模型（4-3）的回归结果表明，股权混合度对企业价值的影响系数为 0.180，公司治理水平对企业价值的影响系数为 0.148，均在 10% 水平下显著。

本部分参照温忠麟和叶宝娟（2014）的方法，对公司治理水平在股权混合度对企业价值的影响中的中介效应做如下检验。

第一步：模型（4-1）的系数 α_2（t=2.53）在5%水平下显著，说明可以进行第二步检验。

第二步：模型（4-2）的系数 β_2（t=2.42）在5%水平下显著，模型（4-3）的系数 δ_3（t=1.78）在10%水平下显著，表明间接效应显著，说明能够直接对模型（4-3）中系数 δ_2 的显著性进行检验。

第三步：模型（4-3）的系数 δ_2（t=1.77）在10%水平下显著，表明直接效应也显著。

第四步：由于 $\beta_2\delta_3=0.023\times0.148=0.0034$，$\delta_2=0.180$，$\beta_2\delta_3$ 与 δ_2 的符号相同，说明公司治理水平在股权混合度对企业价值的影响中存在部分中介效应，且该中介效应占总效应的比例为 $\beta_2\delta_3/\alpha_2=0.0034/0.182=1.87\%$。

上述分析说明，公司治理水平在股权混合度对企业价值的影响中存在部分中介效应，即股权混合度对企业价值的影响中有1.87%是通过公司治理水平影响企业价值的。因此，H3得以验证。

在第二种稳健性检验下，虽然公司治理水平在股权混合度对企业价值的影响中的部分中介效应得到验证，但产生的中介效应程度相比上文的实证分析结果要低很多。

b. 对H5的检验

在表4-15中，模型（4-5）的回归结果表明，股权混合度对企业价值的影响系数为0.179，在10%水平下显著；资本配置效率对企业价值的影响系数为0.424，在5%水平下显著。

本部分参照温忠麟和叶宝娟（2014）的方法，对资本配置效率在股权混合度对企业价值的影响中的中介效应做如下检验。

第一步：模型（4-1）的系数 α_2（t=2.53）在5%水平上显著，说明可以进行第二步检验。

第二步：模型（4-4）的系数 χ_2（t = 1.79）在10%水平上显著，模型（4-5）的系数 γ_3（t = 1.93）在5%水平上显著，表明间接效应显著，说明能够直接对模型（4-5）中系数 γ_2 的显著性进行检验。

第三步：模型（4-5）的系数 γ_2（t = 1.83）在10%水平上显著，表明直接效应也显著。

第四步：由于 $\chi_2\gamma_3 = 0.004 \times 0.424 = 0.0017$，$\gamma_2 = 0.179$，$\chi_2\gamma_3$ 与 γ_2 的符号相同，说明资本配置效率在股权混合度对企业价值的影响中存在部分中介效应，且该中介效应占总效应的比例为 $\chi_2\gamma_3/\alpha_2 = 0.0017/0.182 = 0.93\%$。

上述分析说明，资本配置效率在股权混合度对企业价值的影响中存在部分中介效应，即股权混合度对企业价值的影响中有0.93%是通过资本配置效率影响企业价值的。因此，H5得以验证。

在第二种稳健性检验下，虽然资本配置效率在股权混合度对企业价值的影响中的部分中介效应得到验证，但产生的中介效应程度相比上文的实证分析结果要低很多。

表4-15 稳健性检验（2）中回归模型的回归结果分析

变量	模型（4-1）Tobin's Q	模型（4-2）CGI	模型（4-3）Tobin's Q	模型（4-4）Cae	模型（4-5）Tobin's Q
Cmr	0.182 ** (2.53)	0.023 ** (2.42)	0.180 * (1.77)	0.004 * (1.79)	0.179 * (1.83)
CGI			0.148 * (1.78)		
Cae					0.424 ** (1.93)
Size	-0.723 *** (-4.20)	-0.003 ** (-2.38)	-0.724 *** (-4.22)	-0.007 (-1.51)	-0.728 *** (-4.25)
Lev	0.192 (0.32)	-0.085 ** (-2.14)	0.204 (0.34)	0.076 ** (2.01)	0.157 (0.26)
Growth	0.065 (0.79)	0.005 (0.78)	0.066 (0.80)		0.072 (0.85)

续表

变量	模型（4-1） $Tobin's\ Q$	模型（4-2） CGI	模型（4-3） $Tobin's\ Q$	模型（4-4） Cae	模型（4-5） $Tobin's\ Q$
Roe	1.052*** (3.42)	0.027 (0.81)	1.047*** (3.41)		1.124*** (3.41)
$Top10$	0.267 (0.45)		0.276 (0.46)	0.086* (1.81)	0.292 (0.50)
Age		0.023 (0.96)			
$Tang$		-0.052 (-0.70)			
Roa				-0.317*** (-3.94)	
$Dual$				-0.008 (-1.04)	
Cap				0.013*** (3.21)	
Constant	18.876*** (5.19)	0.444** (2.27)	18.825*** (5.12)	0.941*** (2.95)	19.012*** (5.24)
$Year$	控制	控制	控制	控制	控制
$Industry$	控制	控制	控制	控制	控制
N	776	776	776	776	776
R^2	0.229	0.263	0.231	0.209	0.230
F值	9.74	11.32	8.81	7.39	8.39
Prob > F	0.000	0.000	0.000	0.000	0.000
估计方法	固定效应+聚类稳健标准差	固定效应+聚类稳健标准差	固定效应+聚类稳健标准差	固定效应+聚类稳健标准差	固定效应+聚类稳健标准差

注："*""**""***"分别表示在10%、5%、1%的水平上显著（双尾），括号内数值为 t 值。

第四节　研究结论与启示

本部分基于国有资本控股混合所有制改革企业的视角，分析了在实施混合所有制改革的国有企业中股权混合度对企业价值的影响机理，并基于平衡面板样本数据对两者之间的关系进行了实证分析和稳健性检验。研究发现：在国有资本控股混合所有制改革企业中，①股权混合度对企业价值存在显著的正向影响；②公司治理水平和资本配置效率在股权混合度对企业价值的影响中，均存在显著的中介效应。

基于上文的理论分析、实证回归和稳健性检验，结合以往学者的相关研究成果，不难得出以下结论和启示。

（1）非国有资本进入实施混合所有制改革的国有企业后，因股权混合度的提高，能显著提升企业价值。在实施混合所有制改革的国有企业中，因非国有资本的引进，提高了企业的股权混合度，实现了企业内部股权制衡，一方面可以通过非国有资本股东派出的董监高管理人员参与公司的经营管理，提高管理层经营决策的质量和效率；另一方面，非国有资本的进入，降低了国有资本在企业中的股权比重，在内部股权制衡的博弈中，实现了公司目标、管理层目标及股东目标的趋于一致性，在不同所有制资本融合的过程中，实现了优势互补，能对企业的资源进行重新配置，从而提高企业的投资效率和投资效益。在这两种情况下，均能实现企业价值的创造。因此，在国有资本控股混合所有制改革企业中，应考虑有利于提高公司治理水平和资本配置效率的股权混合度的大小，以实现不同所有制资本的优势互补，最终实现企业的价值创造。

（2）国有资本控股混合所有制改革企业中的股权混合度能够提高公司治理水平和资本配置效率。首先，在非国有资本进入国有资本控股混合所有制改革企业后，股权结构的变化引起股权混合度的提高，增强了股东利益与国有企业利益的一致性，打破了董事会、监事会权力集中的状态，降低了管理层的代理成本，提高了董监高决策的质量和有效性以及监督的独立性，最终提高了公司治理水平；其次，非国有资本的进入提高了国有资本控股混合所有制改革企业的股权混合度，以至相应的决策机制逐渐实现市场化，从而提升了企业的经营管理能力和经营决策质量，有利于实现企业投资效率和效益的双重提高；最后，股权混合度的提高，促使国有资本控股混合所有制改革企业的资本来源模式从单一地来源于政府转向为股权融资、外部举债融资等多元化模式，产生了一定的抵税效应，有助于企业的加权平均资本成本相对降低，从而实现了从投资和融资两个层面提高企业资本配置效率的目标。因此，国有企业可以通过引进非国有资本以实现股权结构的变化从而提升股权混合度，最终实现公司治理水平和资本配置效率的双重提高。

（3）国有资本控股混合所有制改革企业中的股权混合度对企业价值的影响，存在直接效应和间接效应，其间接效应通过公司治理水平和资本配置效率（作为中介变量）得以体现。在非国有资本进入国有资本控股混合所有制改革企业后，一方面可以对企业价值产生直接影响，另一方面会通过公司治理水平和资本配置效率（作为中介变量）对企业价值产生间接影响。主要体现在：一方面，在非国有资本进入后，国有企业的股权结构发生变化，相应地带来股权混合度的提高，公司治理水平得以提升，从而激发了国有企业市场发展的活力，增强了国有企业对市场的敏感度，以更好地识别投资机会，最终提高了国有企业的价值；另一方面，在非国有资本进入后，随着股权混合度的提高，国有企业通过发挥监督激励功能和剩余控制权功能，将资本分配到有效率的投资项目上，实现了资本价值创造能力最大化，进一步增强了企业的财务弹性，从而积极地促进了企业价值的提升。因此，国有企业在实施混合所有制改革的过程中，要善于利用股权混合度的提升对公司治理水平和资本配置效率的正向影响机制以及两者对企业价值的正向影响机理，通过正确引入非国有资本，真正实现国有资本的保值增值目标。

| 第五章 |

"国民共进"混合所有制改革实证分析二

——基于非国有资本控股混合所有制改革企业的视角

非国有企业是我国社会经济发展的中坚力量，非国有企业混合所有制改革为非国有资本与国有资本的相互融合和交叉持股提供了契机，由此形成了新型企业形式。经过多年的改革探索和发展，非国有企业市场活力和市场竞争力获得了明显提高，但改革发展仍然存在诸多问题和障碍（程承坪、焦方辉，2015）。在非国有企业中引入国有资本改变了企业原有股权结构，股权日益多元化逐渐拓宽和扩大了企业发展渠道和资源范围，但值得关注的是相较于国有资本股权来说，非国有资本股权在某些方面并不具有国有资本股权的优势，主要原因在于我国未能完全将商业经济与政治行为完全分开，各级政府实际上掌握着大量资源，通过依靠官僚阶层实施政府干预，而代表国家利益的国有资本股权缺乏有效的持股主体，导致国有资本股权与政府部门之间存在天然的内在联系（余汉等，2017a），由此产生的政治关联又间接影响着企业价值。从现有文献来看，主要研究视角集中于以非国有企业企业家参政为重要的政治关联来分析其对实行混合所有制改革的民营企业价值的影响。本部分将混改后非国有企业中的国有资本股权视为一项重要的政治关联,这种政治关联将影响企业融资、投资效率和资本配置效率,并进一步反映在非国有资本控股企业的企业价值上。因此,本部分以国有资本为纽带的政治关联为切入点进行分析。

第一节 理论分析与研究假设

一 政治关联与企业价值

非国有企业在混合所有制改革进程中与政府部门建立政治关联,旨在获取政府支持和社会合法性,通过政治资本获取企业发展所需的更多的经济资源和政策优惠,谋取更多的保障和机会(罗党论、唐清泉,2009),进而影响企业价值创造(贺小刚等,2013;孔龙、李蕊,2015)。尽管二者的相互作用关系受国家制度和政治环境变化的影响,但政治关联对非国有企业价值的促进作用仍然存在(Boubakri et al.,2013)。从社会整体来看,非国有企业在国有资本股权与非国有资本股权的充分融合后,因承担一定的社会责任而产生社会声誉机制,国有资本的进入可作为公司发展良好的正向信号传递至外界投资者,对塑造企业形象和品牌效应有积极影响,这将作为非国有企业拥有的无形资源而进一步增加企业价值(张天舒等,2020)。同时,考虑到国有资本股权需兼顾经济效益、社会责任和政策性负担,当非国有企业价值受损时,国有资本股权出资人也会采取相应的政策措施支持非国有企业发展。

基于上述分析,提出以下研究假设。

H1:在非国有资本控股的混合所有制改革企业中,政治关联对企业价值存在着显著的正向影响。

二 政治关联与融资约束

与国有企业相比,非国有企业信誉度和"国民度"较低(林向义、罗洪云,2006),存在一定的融资约束问题,在信贷融资时为满足企业资金需求往往会寻找制度之外的其他替代机制来解决,在这一过程中国有资本股权这一政治关联具有正向促进作用。一方面,国有资本股权具有良好的市场声誉和资源优势,通过声誉保障机制降低非国有企业经营风险,进而促进非国有企业在资本市场获得融资。另一方面,非国有企业融资约束还体现在资源获取范围狭窄、资金供求双方信息不对称等方面,而国有资本股权在一定程度上代表政府行使权力,由政府渠道获取的资源也会向国有资本股权倾斜,进而产生政治关联的信息效应,而信息的获取有利于促进非国有企业在信贷融资时提前准备以达到信贷标准,形成政治关联的资源效应。对非国有企业融资而言,政治关联产生的资源效应和信息效应在一定程度上能够缓解非国有企业融资约束(于蔚等,2012;余汉等,2017b)。

从资本质量的视角来看,非国有资本是非国有企业企业家投入的资本,一旦经营不善出现资金短缺时,非国有企业企业家很难通过自身资源能力实现融资,而国有资本的引入,因与政府之间存在的天然纽带关系,能够在非国有企业中直接注入资本或对非国有企业提供一定的政策支持,依托其良好的资源优势为非国有企业提供隐性的政府担保,使其更容易获得银行长期贷款(姚德权、郑威涛,2013),解决企业融资困境。此外,与非国有资本相比,国有资本往往存在较低的行业进入壁垒,如石油产业、公共基础设施产业、天然气开采行业等经济效益高的领域,原因在于该类行业企业之间存在激烈的市场竞争,加上制度性壁垒导致该行业主要由国有企业垄断经营,非国有企业存在较高的进入难度。在混合所有制改革进程中,当国有资本注入非国有企业后,有利于促进企业间接获取经济资源,通过进入该行业获得稳定、可持续发展,加上政府部门的隐性保障更容易获得外部融资机构的融资资源。从政府财政补贴的角度来看，财政补贴存在明显的向地方国有企业倾斜的特征，这进一步促进了国有企业获取更多的资源竞争优势，如资本、政策扶持等稀缺生产要素（孔东民等，2013），进而增强企业在资本市场上的竞争优势，银行等金融机构更愿意向该企业提供贷款。当国有资本注入非国有企业时，政府部门对此类混改企业的财政补贴高于传统的非国有企业，有利于促进混改企业进入良性循环，如缓解融资约束、获取更多的政策资源等。此外，基于国有资本股权的政治关联也有利于促进非国有企业上市（张天舒等，2015），原因在于风险资本倾向于投向具有政治关联的企业，且成功上市后将进一步拓展非国有企业融资渠道，从而降低融资压力。因此，本部分认为非国有企业引入国有资本能够实现股权多元化，通过借助国有资本股权的政治关联提高非国有企业在资本市场和社会的认可度，发挥政府保障作用，进而缓解融资约束。

鉴于上述分析，本部分提出以下研究假设。

H2：在非国有资本控股的混合所有制改革企业中，政治关联能够显著地降低企业的融资约束程度。

三 政治关联与投资效率

近年来，我国资本市场获得了快速发展，但目前仍处于弱有效资本市场发展阶段。非国有企业混合所有制改革有利于引入国有资本形成多元化、分散化的股权结构，而不同股权主体代表了不同层级的利益，如非国有资本股权的盈利性目标，国有资本股权在考虑盈利性的同时还需承担社会责任、政治责任等，责任约束使得国有资本股权代理人在进行投资决策时更为小心谨慎，从而降低了非国有企业非效率投资风险。同时，鉴于国有资本股权与政府部门之间的天然内在关联，即政治关联，在投资项目决策时，相较于未实施混改的非国有企业，混改后的非国有企业对投资渠道、项目审批等影响项目决策的信息资源获取更为便利，有利于间接降低非国有企业投资成本和费用，节省投资项目所需时间，进而提升投资效率（徐业坤等，2013）。对一些特殊的投资项目而言，控制权和主动权可能由政府部门掌握，而通过混改建立稳定政治关联的非国有企业更容易获得该类资源，并为投资项目分析提供借鉴，抑制过度投资。

在前文假设成立的前提下，即含有国有资本股权的非国有企业能够缓解融资约束，那么企业就不会因资金不足而放弃预期收益较高的投资项目，且有政治关联的企业贷款满足度上升，投资不足问题得以改善，投资效率随之提高（潘克勤，2013）。

基于上述分析，本部分提出以下研究假设。

H3：在非国有资本控股的混合所有制改革企业中，政治关联对企业的投资效率有着显著的正向影响。

四 政治关联与资本配置效率

企业与政府部门之间良好的政治关系能够为非国有企业资本配置提供坚实的资金基础及有效的信息支持，主要表现为国有资本股权的代表人作为董事会部分成员，在与政府沟通时提前获取消息潜在支持，从而提高资本配置效率（杨道广等，2014）。

混改后非国有企业的资本来源包括两类，即来自非国有企业企业家的非国有资本和来自国有股权的国有资本，后者代表国家利益，这表明非国有企业混改后除面临外界对股东、债权人等利益相关者的监督管理，还面临来自政府部门更加严格的监管，这要求非国有企业不断提高资本配置效率，满足各方利益需求。基于差序理论，在偏远地区、司法监督不足地区以及经济欠发达地区，政治关联的层次性和多样性更加明显，政府往往会依据交际网络中关系的亲疏远近来判断并决定不同的对待方式，由于其掌握着非国有企业发展所需的多种公共资源及其处置权，在行使资源配置职能的过程中，政府部门可能根据亲疏远近进行资源配置，具有核心能力的非国有企业获得政府支持的力度更大，资本配置效率也高于其他非国有企业（魏蒙蒙，2018）。此外，在关系社会民生、国家安全的诸多领域，均设置了较高的进入壁垒和管制要求，主要由国有企业垄断经营，非国有企业通过引入国有资本建立政治关联有助于帮助非国有企业顺利进入政府管制行业（罗党论、刘晓龙，2009），由此向外部投资者传递的信号效应和政府风险担保效应，可进一步促进非国有企业规模扩大和持续发展，通过不断优化公司治理结构提高资本配置效率。鉴于此，本部分认为在实行混改的非国有企业中，政治关联对资本配置效率有着显著的促进作用。

基于上述分析，提出以下研究假设。

H4：在非国有资本控股的混合所有制改革企业中，政治关联对企业的资本配置效率有着显著的正向影响。

五 政治关联、融资约束与企业价值

根据前文的分析，通过引入国有资本股权建立政治关联的非国有混改企业能够获得更多的政府补贴和优惠政策，有利于降低非国有企业融资成本，进而带来更高的企业现金流折现水平，增加企业价值。

一方面，非国有企业中基于国有资本股权的政治关联提高了银行等金融机构和外界对非国有企业的信任程度，可能放松对非国有企业的放贷条件限制和提高放贷额度，加上债务融资的抵税效应，进一步降低企业融资成本，进而提升企业价值（宋增基，2015）。另一方面，非国有企业通过国有资本股权资源优势获得融资，解决了企业资金短缺的难题，为非国有企业发展生产、规模扩大或技术创新提供了资金基础和动力，这将进一步提高非国有企业经济效益，实现更高的价值增长。此外，国有资本的进入为非国有企业带来资金支持的同时，还降低了非国有企业进入垄断行业或关键领域的门槛，有利于实现垄断超额利润，相较于没有政治关联的非国有企业能创造更高的企业价值。因此，本部分认为融资约束在政治关联和企业价值之间发挥了一定的中介效应，从而提出以下研究假设。

H5：在非国有资本控股的混合所有制改革企业中，融资约束在政治关联对企业价值的影响中存在着显著的中介效应。

六　政治关联、投资效率与企业价值

由于我国资本市场尚不完善，加上非国有企业代理风险问题的长期存在，企业投资行为往往会产生与最优化投资水平相背离的现象，继而出现投资过度或投资不足问题。

非国有企业通过引入国有资本而产生的基于产权制度层面的政治关联，有利于帮助非国有企业获得优质的投资项目，在不同产权主体利益目标的引导下促进非国有企业加大研发投入（牛彪等，2018），进而提高企业投资效率形成新的利润增长点，带来更高的投资收益和企业价值。同时，投资效率提升后，在国有资本股权的政治关联作用下，政府部门倾向于为非国有企业提供更多的支持，如资金支持、政策支持等，为非国有企业产权制度提供"保护伞"，防止非国有企业产权被过度侵蚀，进而提高企业风险防御能力（李磊，2016），产生抑制风险的机会收益，并最终反映到非国有企业价值上。

基于上述分析，本部分提出如下研究假设。

H6：在非国有资本控股的混合所有制改革企业中，投资效率在政治关联对企业价值的影响中存在着显著的中介效应。

七　政治关联、资本配置效率与企业价值

非国有企业通过运用国有资本股权的政治关联优势与政府部门建立良好的政治关系，可实现多元化资本投资，分散资本配置风险。在日常经营过程中，非国有企业资本配置通常涉及投资和筹资等经济活动，而

根据前文的分析，政治关联可有效减少企业投资不足或投资过度现象，提高资本配置效率，这是影响企业价值创造的关键因素，且在非国有企业中其促进效应更为显著（袁奋强、张涛，2016）。此外，企业内部监督机制、代理问题、公司制度等也是资本配置效率的主要影响因素，非国有企业通过混合所有制改革引入国有资本，并委派相关权力代理人至董事会成员中，参与非国有企业经营决策，这将分散原非国有资本股东股权，增强对企业经营的监督管理，倒逼非国有企业不断提高资本配置效率，而内部监督制度的不断完善也将促进非国有企业公司制度的日益健全，进而减少管理成本，提高企业利润，最终实现企业价值最大化。因此，本部分认为资本配置效率对非国有混改企业价值创造有显著促进作用，且资本配置效率在政治关联和企业价值之间发挥了一定的中介效应。

基于上述分析，本部分提出如下研究假设。

H7：在非国有资本控股的混合所有制改革企业中，资本配置效率在政治关联对企业价值的影响中存在着显著的中介效应。

第二节　研究设计

一　样本选择与数据来源

1. 样本选择

本部分主要以非国有资本控股混合所有制改革企业的视角，实证检验国有资本进入非国有企业后的混合所有制改革机理。因此，本部分的研究对象是非国有资本控股混合所有制企业。参照张文魁（2015）定义混合所有制企业的标准以及我国《证券法》对持有上市公司5%以上（含5%）的股份需要进行信息披露的要求和对各种交易存在相关限制的具体规定，本部分将非国有企业上市公司前十大股东中同时满足单个非国有资本股东和单个国有资本股东持股比例均在5%及以上的公司视为非国有资本控股混合所有制改革样本公司,同时将研究样本期间定为2015~2019年,并按如下规则对初选样本进行筛选。①由于金融保险行业公司与一般行业公司所适用的会计准则、方法和政策存在着很大的区别,各自财务指标所体现的内容也存在较大的差异,因此本部分将金融保险业上市公司的样本加以剔除;②删除对应样本期间内曾被ST、*ST和PT以及已经退市的样本公司;③删除样本期间内指标值有数据缺失的样本公司。在此筛选规则上,建立平衡面板数据。最终,获得12个行业94家公司5年内共计470个年度观测数据,样本公司行业分布情况如表5-1所示,具体样本公司代码见附录C。

表5-1 样本公司行业分布情况

单位:家,%

证监会2012版行业分类	行业代码	样本数	比重
农、林、牧、渔业	A	2	2.13
采矿业	B	1	1.06
制造业	C	61	64.89
电力、热力、燃气及水生产和供应业	D	2	2.13
批发和零售业	F	7	7.45
交通运输、仓储和邮政业	G	2	2.13
信息传输、软件和信息技术服务业	I	5	5.32
房地产业	K	7	7.45
租赁和商务服务业	L	1	1.06
科学研究和技术服务业	M	1	1.06
水利、环境和公共设施管理业	N	3	3.19
综合	S	2	2.13
共计	—	94	100.00

2. 数据来源

本部分所有指标数据来源于Wind资讯数据库和CSMAR数据库。数据处理软件为 Excel 2010，计量分析软件为 Stata 15.0。

二 变量定义与模型构建

1. 变量定义

本部分主要研究非国有资本控股混合所有制改革企业中由于国有资本的进入带来的基于产权制度层面的政治关联对企业价值的直接影响效应，以及融资约束、投资效率及资本配置效率在该影响中的中介作用。因此，将政治关联作为解释变量，将企业价值作为被解释变量，将融资约束、投资效率和资本配置效率作为中介变量，同时对其他变量进行控制。

（1）被解释变量。本部分将企业价值作为被解释变量。企业价值是企业整体的公平市场价值，可以通过其经济定义加以计量。通常用企业各项资产未来现金流量的现值进行计量，其估值方法有收益法、成本法和期权定价法等。目前，较多使用收益法进行衡量。在该方法中，采用自由现金流量模型进行衡量，则企业价值是企业整体自由现金流以加权平均资本成本为贴现率折现的现值，体现了企业资金的时间价值、风险及持续发展能力。目前，衡量企业价值的指标很多，市盈率（P/E）、市净率（P/B）、市现率（PCF）、市销率（PS）、企业价值倍数（EV/EBITDA）等都是评价股票市值的有效指标（韩博婧，2017）。在理论研究中，通常用 $Tobin's\ Q$ 值来衡量企业价值。因此，本书采用 $Tobin's\ Q$ 值作为企业价值的替代变量。参照夏立军和方轶强（2005）以及贾兴平等（2016）的方法，将（流通股×每股价格＋非流通股×每股净资产＋净债务市值）/期末企业总资产的值作为 $Tobin's\ Q$ 值。

（2）解释变量。本部分将政治关联作为解释变量。首先计算出非国有资本控股混合所有制改革样本企业前十大股东中国有资本股东持股比例之和、非国有资本股东持股比例之和，将国有资本股东持股比例之和与非国有资本股东持股比例之和的比值作为政治关联的衡量值。

（3）中介变量。根据非国有资本控股混合所有制企业改革机理的逻辑，将融资约束、投资效率和资本配置效率作为中介变量，分析政治关联对企业价值的影响机理。

①融资约束。对融资约束的衡量，现有研究主要从单指标和综合指标两个维度进行（李桂子，2020），在用单一指标测量融资约束程度的时候，较多运用资产负债率，而综合指标一般包括 SA 指数、WWW 指数以及 Kz 指数，考虑到内生性财务指标会对融资约束产生不利影响，本部分借鉴 Kaplan 和 Zingales（1997）、潘越等（2019）和窦超等（2020）的方法用公式 b 对融资约束程度进行了衡量，计算出的非国有资本控股混合所有制改革样本企业的融资约束程度（Kz），见附录 D。

$$Kz_{i,t} = -9.7433 \times Cf_{i,t}/Ta_{i,t} - 33.9658 \times Div_{i,t}/Ta_{i,t} - 4.3088 \times Cash_{i,t}/Ta_{i,t} + 5.7117 \times Lev_{i,t} + 0.3632 \times Tobin's\ Q_{i,t}$$

（公式 b）

其中，$Kz_{i,t}$ 为样本公司 i 在 t 年的融资约束程度，$Cf_{i,t}$ 为样本公司 i 在 t 年的经营性净现金流，$Ta_{i,t}$ 为样本公司 i 在 t 年的总资产，$Div_{i,t}$ 为样本公司 i 在 t 年的现金股利，$Cash_{i,t}$ 为样本公司 i 在 t 年的现金持有量，$Lev_{i,t}$ 为样本公司 i 在 t 年的资产负债率，$Tobin's\ Q_{i,t}$ 为样本公司 i 在 t 年的 $Tobin's\ Q$ 值。

②投资效率。现有衡量投资效率的方法主要有两种：将 Richardson（2006）的投资期望模型残差的绝对值作为投资效率的替代变量和应用投资－投资机会敏感度模型测量投资效率（Kausar et al., 2016）。考虑到实际的可操作性等因素，本书在李延喜等（2015）对 Richardson（2006）的投资期望模型的修正的基础上，构建了模型（5-1）用以衡量非国有资本控股混合所有制改革企业的投资效率。

$$Inv_{i,t} = \alpha_1 + \alpha_2 \times Growth_{i,t-1} + \alpha_3 \times Size_{i,t-1} + \alpha_4 \times Lev_{i,t-1} + \alpha_5 \times Roa_{i,t-1} + \alpha_6 \times Cash_{i,t-1} + \alpha_7 \times Age_{i,t-1} + \alpha_8 \times Inv_{i,t-1} + \sum Industry_{i,t-1} + \sum Year_{i,t-1} + \varepsilon_{i,t}$$

(5-1)

其中，$Inv_{i,t}$为样本公司i在t年的投资支出/当期平均资产，该分数值的分子采用i企业t年度在固定资产、无形资产和长期投资方面增加的投资额之和，分母则用i企业t年总资产的期初值和期末值的平均数进行衡量；$Growth_{i,t-1}$代表样本公司i在$t-1$年的企业成长性，用公司i在$t-1$年的销售收入增长率进行衡量；$Size_{i,t-1}$为样本公司i在$t-1$年的企业规模，用该企业在$t-1$年末总资产的自然对数进行衡量；$Lev_{i,t-1}$表示样本公司i在$t-1$年的资产负债率，用该公司在$t-1$年的期末总负债金额和期末资产总额的比值进行衡量；$Roa_{i,t-1}$为样本公司i在$t-1$年的总资产报酬率，用该公司在$t-1$年的利润总额和利息支出之和与平均总资产的比值进行衡量；$Cash_{i,t-1}$代表样本公司i在$t-1$年的现金及现金等价物的持有量情况，计算公式为样本公司i在$t-1$年的期末现金持有量/样本公司i在$t-1$年的平均资产；$Age_{i,t-1}$代表样本公司i在$t-1$年已经成立的时间，本书用样本公司i在$t-1$年已成立时间的自然对数进行衡量；$Inv_{i,t-1}$代表样本公司i在$t-1$年的投资支出水平，$Industry_{i,t-1}$和$Year_{i,t-1}$分别为行业和年度哑变量，用以对样本公司i在$t-1$年的行业效应和年度效应进行控制；$\varepsilon_{i,t}$则表示该回归模型的误差项。

按照李延喜等（2015）的方法，将上述模型回归后生成的残差依据如下标准进行判断：回归残差值大于零的代表样本公司i在t年存在过度投资现象；回归残差值小于零的代表样本公司i在t年存在投资不足的现象。参照谢伟峰和陈省宏（2016）的方法，将上述模型回归后获得的残差的绝对值乘以-1，用以衡量非国有资本控股混合所有制改革企业的投资效率，如若该值越大则说明对应的样本公司i在t年的投资效率越高。

按照上述方法计算出来的非国有资本控股混合所有制改革样本企业的投资效率，见附录E。

③资本配置效率。对资本配置效率的定义参照第四章。

（4）控制变量。梳理现有研究文献，不难发现影响企业价值、融资约束、投资效率和资本配置效率的因素较多。为了确保本书对非国有资本控股混合所有制企业改革机理的实证检验有效,本书参考李正(2006)、贾兴平等(2016)及王燕妮和郭瑞(2020)的方法,在分析政治关联对企业价值的直接影响以及融资约束、投资效率和资本配置效率在该影响中的中介效应时,对企业规模、资产负债率、企业成长性、总资产报酬率以及股权集中度等常规变量进行了控制,同时对行业虚拟变量和年度虚拟变量进行了控制;在分析政治关联对融资约束的影响时,参照潘越等(2019)、窦超等(2020)和李桂子(2020)的方法,对企业规模、资产负债率、总资产报酬率、企业成长性、两职合一、经营活动现金流、资产有形性以及股权集中度等常规变量进行了控制,同时对行业虚拟变量和年度虚拟变量进行了控制;在检验政治关联对投资效率的影响时,参考李延喜等(2015)、谢伟峰和陈省宏(2016)、袁振超和饶品贵(2018)的方法,对企业规模、资产负债率、总资产报酬率、企业成长性、独立董事比例、管理费用率、企业年龄以及自由现金流量等常规变量进行了控制,同时对行业虚拟变量和年度虚拟变量进行了控制;在检验政治关联对资本配置效率的影响时,借鉴潘红波和余明桂(2014)、李明娟和金海钰(2020)的方法,对企业规模、资产负债率、总资产报酬率、两职合一、资本性支出、股权集中度等常规变量进行了控制,同时对行业虚拟变量和年度虚拟变量进行了控制。

本部分所用到的主要变量及其定义,如表5-2所示。

表5-2 主要变量及其定义

变量类型	变量名称	变量符号	变量定义
被解释变量	企业价值	Tobin's Q	(流通股×每股价格+非流通股×每股净资产+净债务市值)/期末企业总资产
解释变量	政治关联	Pc	前十大股东中国有资本股东持股比例之和与非国有资本股东持股比例之和的比值

续表

变量类型	变量名称	变量符号	变量定义
中介变量	融资约束	Kz	参照公式 b 计算出公司的融资约束程度，该值越大，说明融资约束程度越高
	投资效率	Eff	采用模型（5-1）回归运算后的残差绝对值的负数表示，该值越大表明企业的投资效率越高
	资本配置效率	Cae	（公司当年固定资产的增加额+在建工程的增加额+当年折旧+当年减值准备）/期初总资产
控制变量	企业规模	$Size$	期末总资产的自然对数
	资产负债率	Lev	期末总负债/期末总资产
	企业成长性	$Growth$	销售收入增长率
	总资产报酬率	Roa	（利润总额+利息支出）/平均总资产
	股权集中度	$Top10$	前十大股东持股比例之和
	企业年龄	Age	上市公司成立年限的自然对数
	资产有形性	$Tang$	（资产总额-无形资产净值-商誉净额）/总资产
	独立董事比例	Dir	独立董事人数占董事会总人数的比例
	两职合一	$Dual$	若董事长和总经理由同一人兼任，则取值为 0，否则取值为 1
	资本性支出	Cap	Ln（经营租赁所支付的现金+购建固定资产、无形资产和其他长期资产所支付的现金-处置固定资产、无形资产和其他长期资产而收回的现金金额）
	管理费用率	Atm	管理费用/营业收入
	自由现金流量	Fcf	自由现金流量/期末总资产
	经营活动现金流	Cfo	经营活动净现金流/总资产
	行业虚拟变量	$Industry$	根据《证监会行业代码与分类》进行划分和判断，当具体样本公司属于某个行业时，该变量取值为 1；否则取值为 0
	年度虚拟变量	$Year$	当样本公司属于年度 t 时，该变量取值为 1；否则取值为 0

2. 模型构建

为了检验国有资本进入非国有资本控股混合所有制改革企业后，政治关联对企业价值的影响，本书构建了模型（5-2）：

$$Tobin's\ Q_{i,t} = \alpha_1 + \alpha_2 \times Pc_{i,t} + \alpha_3 \times Size_{i,t} + \alpha_4 \times Lev_{i,t} +$$
$$\alpha_5 \times Growth_{i,t} + \alpha_6 \times Roa_{i,t} + \alpha_7 \times Top10_{i,t} + \quad (5-2)$$
$$\sum Industry_{i,t} + \sum Year_{i,t} + \varepsilon_{i,t}$$

为了检验国有资本进入非国有资本控股混合所有制改革企业后，政治关联对融资约束程度的影响，构建了模型（5-3）：

$$Kz_{i,t} = \beta_1 + \beta_2 \times Pc_{i,t} + \beta_3 \times Size_{i,t} + \beta_4 \times Lev_{i,t} + \beta_5 \times Roa_{i,t} +$$
$$\beta_6 \times Growth_{i,t} + \beta_7 \times Dual_{i,t} + \beta_8 \times Cfo_{i,t} + \beta_9 \times Tang_{i,t} + \quad (5-3)$$
$$\beta_{10} \times Top10_{i,t} + \sum Industry_{i,t} + \sum Year_{i,t} + \varepsilon_{i,t}$$

为了检验国有资本进入非国有资本控股混合所有制改革企业后，政治关联对投资效率的影响，构建了模型（5-4）：

$$Eff_{i,t} = \eta_1 + \eta_2 \times Pc_{i,t} + \eta_3 \times Size_{i,t} + \eta_4 \times Lev_{i,t} + \eta_5 \times Roa_{i,t} +$$
$$\eta_6 \times Growth_{i,t} + \eta_7 \times Dir_{i,t} + \eta_8 \times Atm_{i,t} + \eta_9 \times Age_{i,t} + \quad (5-4)$$
$$\eta_{10} \times Fcf_{i,t} + \sum Industry_{i,t} + \sum Year_{i,t} + \varepsilon_{i,t}$$

为了检验国有资本进入非国有资本控股混合所有制改革企业后，政治关联对资本配置效率的影响，构建了模型（5-5）：

$$Cae_{i,t} = \chi_1 + \chi_2 \times Pc_{i,t} + \chi_3 \times Size_{i,t} + \chi_4 \times Lev_{i,t} +$$
$$\chi_5 \times Roa_{i,t} + \chi_6 \times Dual_{i,t} + \chi_7 \times Cap_{i,t} + \quad (5-5)$$
$$\chi_8 \times Top10_{i,t} + \sum Industry_{i,t} + \sum Year_{i,t} + \varepsilon_{i,t}$$

为了检验国有资本进入非国有资本控股混合所有制改革企业后，融资约束在政治关联对企业价值的影响中的中介效应，构建了模型（5-6）：

$$Tobin's\ Q_{i,t} = \delta_1 + \delta_2 \times Pc_{i,t} + \delta_3 \times Kz_{i,t} + \delta_4 \times Size_{i,t} +$$
$$\delta_5 \times Lev_{i,t} + \delta_6 \times Growth_{i,t} + \delta_7 \times Roa_{i,t} + \quad (5-6)$$
$$\delta_8 \times Top10_{i,t} + \sum Industry_{i,t} + \sum Year_{i,t} + \varepsilon_{i,t}$$

为了检验国有资本进入非国有资本控股混合所有制改革企业后，投资效率在政治关联对企业价值的影响中的中介效应，构建了模型 (5-7)：

$$\begin{aligned} Tobin's\ Q_{i,t} =\ & \gamma_1 + \gamma_2 \times Pc_{i,t} + \gamma_3 \times Fff_{i,t} + \gamma_4 \times Size_{i,t} + \\ & \gamma_5 \times Lev_{i,t} + \gamma_6 \times Growth_{i,t} + \gamma_7 \times Roa_{i,t} + \\ & \gamma_8 \times Top10_{i,t} + \sum Industry_{i,t} + \sum Year_{i,t} + \varepsilon_{i,t} \end{aligned} \quad (5-7)$$

为了检验国有资本进入非国有资本控股混合所有制改革企业后，资本配置效率在政治关联对企业价值的影响中的中介效应，构建了模型 (5-8)：

$$\begin{aligned} Tobin's\ Q_{i,t} =\ & \lambda_1 + \lambda_2 \times Pc_{i,t} + \lambda_3 \times Cae_{i,t} + \lambda_4 \times Size_{i,t} + \\ & \lambda_5 \times Lev_{i,t} + \lambda_6 \times Growth_{i,t} + \lambda_7 \times Roa_{i,t} + \\ & \lambda_8 \times Top10_{i,t} + \sum Industry_{i,t} + \sum Year_{i,t} + \varepsilon_{i,t} \end{aligned} \quad (5-8)$$

第三节 实证分析

一 描述性统计

表5-3报告了本部分主要变量的描述性统计分析结果。据表5-3可知，非国有资本控股混合所有制改革企业在样本期间企业价值的平均值为2.258，最小值为0.854，最大值为18.348，标准差为1.982，说明不同样本公司之间的企业价值存在较大差异，和现实情况一致，表明本部分所选择的样本公司具有较好的代表性。政治关联的平均值为0.427，标准差为0.259，最小值为0.071，最大值为1.519，表明非国有资本控股混合所有制改革样本企业整体混改力度较大，基于产权制度层面的政治关联程度较高。融资约束的平均值为2.252，标准差为1.669，说明所选择样本企业的融资约束程度一般，且样本公司之间存在较大的差异。

投资效率的平均值为-0.040，标准差为0.016，最小值为-0.104，最大值为-0.001，表明样本企业投资效率的整体水平较高。资本配置效率的平均值为0.033，最小值为-0.348，最大值为1.268，说明样本企业资本配置效率的整体水平较低，有待进一步提高。企业规模的最小值为19.446，最大值为26.537，标准差为1.217，平均值为22.503，说明非国有资本控股混合所有制改革样本公司的企业规模整体较大，且存在较大的差异。资产负债率平均值为0.443，表明样本企业的整体负债水平不太高。企业成长性的平均值为0.303，标准差为1.810，最小值为-0.840，最大值为33.072，表明样本企业整体的销售收入增长率水平较高，说明发展能力还不错，但样本公司之间差异性极其明显。总资产报酬率的平均值为0.051，说明样本企业的整体盈利能力一般，有待进一步提高。股权集中度的平均值为0.587，表明样本企业的股权集中度整体较高，有58.7%的股份为前十大股东所持有。企业年龄的平均值为3.028，表明大部分样本企业成立的时间在21年左右，经历了较长的发展时期。资产有形性的平均值为0.910，最小值为0.536，最大值为1.000，表明大部分样本企业中无形资产净值和商誉净额占总资产的比例较低。独立董事比例的平均值为0.365，最小值为0.250，最大值为0.625，说明大部分企业独立董事比例的设置符合相关法规，满足1/3的要求，但仍有少数公司未达到相关规定要求。两职合一的平均值为0.785，最小值为0，最大值为1.000，说明有将近79%的样本企业中的董事长和总经理并非由同一人担任。资本性支出的平均值为18.660，最小值为10.777，最大值为23.147，标准差为1.804，说明样本企业资本性支出的整体水平较高，且样本企业之间在资本性支出方面存在较大的差异。管理费用率的最小值为0.002，最大值为3.850，说明不同样本公司之间的管理水平存在较大差异。自由现金流量和经营活动现金流的平均值分别为0.009和0.047，说明样本企业在现金流方面的整体水平不高，有待提高。

表 5–3　变量的描述性统计

变量	样本数	平均值	标准差	最小值	最大值
Tobin's Q	470	2.258	1.982	0.854	18.348
Pc	470	0.427	0.259	0.071	1.519
Kz	470	2.252	1.669	-2.510	9.110
Eff	470	-0.040	0.016	-0.104	-0.001
Cae	470	0.033	0.090	-0.348	1.268
Size	470	22.503	1.217	19.446	26.537
Lev	470	0.443	0.210	0.037	1.412
Growth	470	0.303	1.810	-0.840	33.072
Roa	470	0.051	0.116	-1.838	0.380
Top10	470	0.587	0.139	0.214	0.875
Age	470	3.028	0.259	1.992	3.638
Tang	470	0.910	0.092	0.536	1.000
Dir	470	0.365	0.054	0.250	0.625
Dual	470	0.785	0.411	0.000	1.000
Cap	470	18.660	1.804	10.777	23.147
Atm	470	0.127	0.268	0.002	3.850
Fcf	470	0.009	0.120	-0.929	0.323
Cfo	470	0.047	0.073	-0.260	0.341

二　相关性分析

表 5–4 是变量的相关性分析。表 5–4 中，政治关联与企业价值显著正相关，初步验证了 H1。政治关联与融资约束显著负相关，H2 被初步验证。政治关联与投资效率显著正相关，H3 也被初步验证。政治关联与资本配置效率显著正相关，初步验证了 H4。其他控制变量与本部分主要研究变量相关性的显著性及符号与现有研究文献基本一致。

表5-4 相关性分析

	Tobin's Q	Pc	Kz	Eff	Cae	Size	Lev	Growth	Roa	Top10	Age	Tang	Dir	Dual	Cap	Atm	Fcf	Cfo
Tobin's Q	1.000																	
Pc	0.034**	1.000																
Kz	-0.087***	-0.014**	1.000															
Eff	0.367***	0.040***	-0.336***	1.000														
Cae	0.047***	0.020***	-0.150***	0.118***	1.000													
Size	-0.508***	0.134***	0.203***	0.663***	-0.032***	1.000												
Lev	-0.346***	0.036***	0.772***	0.541***	0.167***	0.492***	1.000											
Growth	0.065***	0.030***	0.018***	-0.040***	0.033***	-0.031***	-0.035***	1.000										
Roa	0.014	-0.015	-0.372***	-0.141***	-0.633***	0.092***	-0.281***	0.061***	1.000									
Top10	-0.154***	-0.101***	0.044***	0.069***	0.083*	0.209***	0.132***	0.099***	0.060***	1.000								
Age	-0.046***	0.076***	-0.036***	0.444***	-0.102***	0.098***	0.065***	-0.009	0.042***	-0.035***	1.000							
Tang	0.045***	-0.006	-0.030***	0.048***	-0.024***	-0.042***	0.026***	0.024***	0.055***	-0.050***	0.076***	1.000						
Dir	0.130***	-0.086***	0.109***	0.141***	0.045***	0.109***	0.043***	0.033***	-0.074***	0.096***	0.164***	-0.033***	1.000					
Dual	0.014	-0.044***	-0.095***	0.011	-0.013	-0.060***	-0.128***	-0.029***	-0.008	-0.003	0.092***	0.046***	-0.057***	1.000				
Cap	-0.311***	0.223***	0.032***	0.164***	0.115***	0.605***	0.241***	-0.035***	0.115***	0.067***	-0.055***	-0.224***	0.027***	-0.073***	1.000			
Atm	0.663***	-0.055***	0.134***	-0.139***	0.025***	-0.347***	-0.218***	-0.051***	-0.196***	-0.153***	0.039***	0.028***	0.176***	-0.010	-0.279***	1.000		
Fcf	-0.078***	0.061***	-0.057***	0.076***	-0.341***	0.081*	0.014	-0.212***	0.384***	-0.030***	0.040***	-0.052***	-0.057***	-0.033***	0.042***	-0.074***	1.000	
Cfo	-0.088***	0.046***	-0.635***	-0.061***	-0.058***	0.024***	-0.195***	-0.098***	0.282***	0.024***	0.068***	-0.018***	-0.183***	-0.007	0.185***	-0.232***	0.191***	1.000

注：对角线左下角为Pearson相关性检验系数，为双侧检验；"*""**""***"分别表示在10%、5%、1%水平下显著。

三 多重共线性检验

回归模型中各变量之间如若存在严重的多重共线性问题,将影响模型回归结果的准确性,因此本部分对所有回归模型中自变量的方差膨胀因子进行了有效测算,发现所有模型中自变量的 VIF 值及平均 VIF 值都远小于 10 并在 3.49(含)以内,表明本部分构建的所有回归模型均不存在严重的多重共线性问题。本部分所有模型的多重共线性检验结果如表 5-5 所示。

表 5-5 多重共线性检验

变量	模型 (5-2) VIF	模型 (5-3) VIF	模型 (5-4) VIF	模型 (5-5) VIF	模型 (5-6) VIF	模型 (5-7) VIF	模型 (5-8) VIF
Pc	1.04	1.04	1.04	1.07	1.04	1.04	1.04
Kz					3.06		
Eff						2.29	
Cae							1.13
$Size$	1.55	1.56	1.72	2.18	1.61	2.45	1.55
Lev	1.61	1.67	1.70	1.63	3.49	1.66	1.61
$Growth$	1.05	1.10	1.13		1.08	1.05	1.05
Roa	1.23	1.44	1.46	1.20	1.38	1.37	1.34
$Top10$	1.09	1.09		1.08	1.09	1.10	1.11
Age			1.05				
$Tang$		1.03					
Dir			1.13				
$Dual$		1.03		1.02			
Cap				1.68			
Atm			1.47				
Fcf			1.14				
Cfo		1.26					
Mean VIF	1.26	1.25	1.31	1.41	1.82	1.57	1.26

四 实证检验

由于变量的极端值会对模型的回归结果造成不利影响,因此本部分在对各模型进行回归前,对所有连续性变量进行了上下1%分位数的缩尾处理。同时,由于本部分研究样本属于短面板数据,为了消除异方差和自相关对模型回归结果的影响,本部分采用聚类稳健标准差的固定效应对各模型进行了回归。所有模型的回归结果如表5-6所示。

表5-6 实证检验回归结果

变量	模型(5-2) Tobin's Q	模型(5-3) Kz	模型(5-4) Eff	模型(5-5) Cae	模型(5-6) Tobin's Q	模型(5-7) Tobin's Q	模型(5-8) Tobin's Q
Pc	0.162** (2.16)	-0.313* (-1.83)	0.002** (1.96)	0.041** (2.43)	0.372** (2.16)	0.168** (2.15)	0.125** (2.06)
Kz					-0.450*** (-4.34)		
Eff						18.377*** (3.02)	
Cae							0.929** (2.38)
Size	-1.753*** (-7.62)	-0.429*** (-3.35)	-0.002 (-0.80)	0.001 (0.03)	-1.602*** (-7.75)	-1.585*** (-6.81)	-1.766*** (-7.51)
Lev	-0.504 (-0.57)	5.774*** (12.82)	0.024*** (2.97)	0.064 (1.54)	-3.024*** (-2.92)	-0.063 (-0.07)	-0.557 (-0.63)
Growth	-0.074* (-1.79)	-0.103** (-2.20)	-0.001 (-0.36)		-0.030 (-0.52)	-0.082 (-1.64)	-0.084* (-1.92)
Roa	2.333** (2.21)	-0.409 (-0.71)	-0.011 (-0.76)	-0.282*** (-3.40)	3.047*** (2.83)	1.684* (1.72)	2.611** (2.31)
Top10	2.581** (2.08)	0.867 (1.25)		0.122** (2.07)	2.042* (1.90)	2.003 (1.63)	2.474** (1.98)
Age			0.068*** (8.24)				
Tang		-1.380** (-2.06)					

续表

变量	模型(5-2)	模型(5-3)	模型(5-4)	模型(5-5)	模型(5-6)	模型(5-7)	模型(5-8)
	Tobin's Q	Kz	Eff	Cae	Tobin's Q	Tobin's Q	Tobin's Q
Dir			-0.021 (-1.52)				
Dual		-0.033 (-0.31)		-0.008 (-1.06)			
Cap				0.018*** (4.12)			
Atm			0.003 (0.31)				
Fcf			0.002 (0.36)				
Cfo		-10.050*** (-17.35)					
Constant	40.307*** (8.15)	10.512*** (3.33)	-0.201*** (-4.29)	-0.376*** (3.32)	37.370*** (8.08)	35.996*** (7.21)	40.643*** (8.05)
Year	控制	控制	控制	控制	控制	控制	控制
Industry	控制	控制	控制	控制	控制	控制	控制
N	470	470	470	470	470	470	470
R^2	0.321	0.760	0.433	0.201	0.374	0.322	0.324
F值	13.93	61.68	15.94	6.62	13.14	10.64	11.26
Prob > F	0.000	0.000	0.000	0.000	0.000	0.000	0.000
估计方法	固定效应+聚类稳健标准差	固定效应+聚类稳健标准差	固定效应+聚类稳健标准差	固定效应+聚类稳健标准差	固定效应+聚类稳健标准差	固定效应+聚类稳健标准差	固定效应+聚类稳健标准差

注:"*""**""***"分别表示在10%、5%、1%的水平下显著(双尾),括号内数值为t值。

1. 政治关联与企业价值

在表5-6中,模型(5-2)的回归结果表明,政治关联对企业价值的影响系数为0.162,在5%水平下显著,表明在非国有资本控股混合所有制改革企业中,基于产权制度层面的政治关联每提高1个单位,会使企业价值相应地提高0.162个单位,非国有资本控股混合所有制改革企业中的政治关联与企业价值显著正相关,表明政治关联程度越高,企业价值越大。因此,H1 被验证。

2. 政治关联与融资约束

在表 5-6 中,模型 (5-3) 的回归结果表明,政治关联对融资约束的影响系数为 -0.313,在 10% 水平下显著,表明在非国有资本控股混合所有制改革企业中,基于产权制度层面的政治关联每提高 1 个单位,会使融资约束相应地降低 0.313 个单位,非国有资本控股混合所有制改革企业中的政治关联与融资约束显著负相关,表明政治关联程度越高,融资约束程度越低。因此,H2 被验证。

3. 政治关联与投资效率

在表 5-6 中,模型 (5-4) 的回归结果表明,政治关联对投资效率的影响系数为 0.002,在 5% 水平下显著,表明在非国有资本控股混合所有制改革企业中,基于产权制度层面的政治关联每提高 1 个单位,会使投资效率相应地提高 0.002 个单位,非国有资本控股混合所有制改革企业中的政治关联与投资效率显著正相关,表明政治关联程度越高,投资效率越高。因此,H3 被验证。

4. 政治关联与资本配置效率

在表 5-6 中,模型 (5-5) 的回归结果表明,政治关联对资本配置效率的影响系数为 0.041,在 5% 水平下显著,表明在非国有资本控股混合所有制改革企业中,基于产权制度层面的政治关联每提高 1 个单位,会使资本配置效率相应地提高 0.041 个单位,非国有资本控股混合所有制改革企业中的政治关联与资本配置效率显著正相关,表明政治关联程度越高,资本配置效率越高。因此,H4 被验证。

5. 政治关联、融资约束与企业价值

在表 5-6 中,模型 (5-6) 的回归结果表明,政治关联对企业价值的影响系数为 0.372,在 5% 水平下显著;融资约束对企业价值的影响系数为 -0.450,在 1% 水平下显著。

第五章 "国民共进"混合所有制改革实证分析二

本部分参照温忠麟和叶宝娟（2014）的方法，对融资约束在政治关联对企业价值的影响中的中介效应做如下检验。

第一步：模型（5-2）的系数 α_2（t=2.16）在5%水平下显著，说明可以进行第二步检验。

第二步：模型（5-3）的系数 β_2（t=-1.83）在10%水平下显著，模型（5-6）的系数 δ_3（t=-4.34）在1%水平下显著，表明间接效应显著，说明能够直接对模型（5-6）中系数 δ_2 的显著性进行检验。

第三步：模型（5-6）的系数 δ_2（t=2.16）在5%水平下显著，表明直接效应也显著。

第四步：由于 $\beta_2 \delta_3 =（-0.313）×（-0.450）=0.1409$，$\delta_2=0.372$，$\beta_2 \delta_3$ 与 δ_2 的符号相同，说明融资约束在政治关联对企业价值的影响中存在部分中介效应，且该中介效应占总效应的比例为 $\beta_2 \delta_3 / \alpha_2 = 0.1409/0.162 = 86.98\%$。

上述分析说明，融资约束在政治关联对企业价值的影响中存在部分中介效应，即政治关联对企业价值的影响中有86.98%是通过融资约束影响企业价值的。因此，H5得以验证。

6. 政治关联、投资效率与企业价值

在表5-6中，模型（5-7）的回归结果表明，政治关联对企业价值的影响系数为0.168，在5%水平下显著；投资效率对企业价值的影响系数为18.377，在1%水平下显著。

本部分参照温忠麟和叶宝娟（2014）的方法，对投资效率在政治关联对企业价值的影响中的中介效应做如下检验。

第一步：模型（5-2）的系数 α_2（t=2.16）在5%水平下显著，说明可以进行第二步检验。

第二步：模型（5-4）的系数 η_2（t=1.96）在5%水平下显著，模型（5-7）的系数 γ_3（t=3.02）在1%水平下显著，表明间接效应显著，说明能够直接对模型（5-7）中系数 γ_2 的显著性进行检验。

第三步：模型（5-7）的系数 γ_2（t=2.15）在5%水平下显著，表明直接效应也显著。

第四步：由于 $\eta_2\gamma_3=0.002\times18.377=0.0368$，$\gamma_2=0.168$，$\eta_2\gamma_3$ 与 γ_2 的符号相同，说明投资效率在政治关联对企业价值的影响中存在部分中介效应，且该中介效应占总效应的比例为 $\eta_2\gamma_3/\alpha_2=0.0368/0.162=22.72\%$。

上述分析说明，投资效率在政治关联对企业价值的影响中存在部分中介效应，即政治关联对企业价值的影响中有22.72%是通过投资效率影响企业价值的。因此，H6得以验证。

7. 政治关联、资本配置效率与企业价值

在表5-6中，模型（5-8）的回归结果表明，政治关联对企业价值的影响系数为0.125，在5%水平下显著；资本配置效率对企业价值的影响系数为0.929，在5%水平下显著。

本部分参照温忠麟和叶宝娟（2014）的方法，对资本配置效率在政治关联对企业价值的影响中的中介效应做如下检验。

第一步：模型（5-2）的系数 α_2（t=2.16）在5%水平下显著，说明可以进行第二步检验。

第二步：模型（5-5）的系数 χ_2（t=2.43）在5%水平下显著，模型（5-8）的系数 λ_3（t=2.38）在5%水平下显著，表明间接效应显著，说明能够直接对模型（5-8）中系数 λ_2 的显著性进行检验。

第三步：模型（5-8）的系数 λ_2（t=2.06）在5%水平下显著，表明直接效应也显著。

第四步：由于 $\chi_2\lambda_3=0.041\times0.929=0.0381$，$\lambda_2=0.125$，$\chi_2\lambda_3$ 与 λ_2 的符号相同，说明资本配置效率在政治关联对企业价值的影响中存在部分中介效应，且该中介效应占总效应的比例为 $\chi_2\lambda_3/\alpha_2=0.0381/0.162=23.52\%$。

上述分析说明，资本配置效率在政治关联对企业价值的影响中存在部分中介效应,即政治关联对企业价值的影响中有 23.52% 是通过资本配置效率影响企业价值的。因此,H6 得以验证。

五 稳健性检验

本部分研究对象是非国有资本控股混合所有制改革企业,上文对政治关联的衡量是基于前十大股东中国有资本股东持股比例之和与非国有资本股东持股比例之和的比值,并未能完全考虑国有资本进入非国有资本控股混合所有制改革企业带来的基于产权制度层面的政治关联效应,且未考虑到政治关联对各变量的影响的时间滞后性问题。因此,本部分将国有资本比例(即前十大股东中国有资本股东持股比例之和)作为政治关联的替代变量,将上文政治关联对各变量的影响滞后一年(即 $t-1$ 年的政治关联对 t 年的融资约束、投资效率、资本配置效率以及企业价值的影响),分别进行回归检验。

1. 将国有资本比例作为政治关联的替代变量

(1) 描述性统计。

表 5-7 是第一种稳健性检验下主要变量的描述性统计分析结果。政治关联的平均值为 0.164,标准差为 0.082,最小值为 0.056,最大值为 0.604,表明非国有资本控股混合所有制改革企业中基于产权制度层面的政治关联程度较高,与前文分析结果一致。其他变量的描述性统计结果和前文相同。

表 5-7 稳健性检验 (1) 中变量的描述性统计

变量	样本数	平均值	标准差	最小值	最大值
Tobin's Q	470	2.258	1.982	0.854	18.348
Pc	470	0.164	0.082	0.056	0.604
Kz	470	2.252	1.669	-2.510	9.110
Eff	470	-0.040	0.016	-0.104	-0.001

续表

变量	样本数	平均值	标准差	最小值	最大值
Cae	470	0.033	0.090	-0.348	1.268
Size	470	22.503	1.217	19.446	26.537
Lev	470	0.443	0.210	0.037	1.412
Growth	470	0.303	1.810	-0.840	33.072
Roa	470	0.051	0.116	-1.838	0.380
Top10	470	0.587	0.139	0.214	0.875
Age	470	3.028	0.259	1.992	3.638
Tang	470	0.910	0.092	0.536	1.000
Dir	470	0.365	0.054	0.250	0.625
Dual	470	0.785	0.411	0.000	1.000
Cap	470	18.660	1.804	10.777	23.147
Atm	470	0.127	0.268	0.002	3.850
Fcf	470	0.009	0.120	-0.929	0.323
Cfo	470	0.047	0.073	-0.260	0.341

(2) 相关性分析。

表5-8是第一种稳健性检验下变量的相关性分析。表5-8中，政治关联与企业价值显著正相关，初步验证了H1。政治关联与融资约束显著负相关，H2得以初步验证。政治关联与投资效率显著正相关，H3也被初步验证。政治关联与资本配置效率显著正相关，初步验证了H4。其他控制变量与本部分主要研究变量相关性的显著性及符号与现有研究文献基本一致，且同上文实证检验部分基本相同。

(3) 多重共线性检验。

表5-9是第一种稳健性检验下的多重共线性检验结果，所有模型中自变量的VIF值及平均VIF值都远小于10并在3.50（含）以内，和上文实证分析部分的结果基本一致，表明所有回归模型均不存在多重共线性问题。

表 5-8 稳健性检验（1）中变量的相关性分析

	Tobin's Q	Pc	Kz	Eff	Cae	Size	Lev	Growth	Roa	Top10	Age	Tang	Dir	Dual	Cap	Atm	Fcf	Cfo
Tobin's Q	1.000																	
Pc	0.082*	1.000																
Kz	-0.087**	-0.008*	1.000															
Eff	0.367***	0.063**	-0.336***	1.000														
Cae	0.047	0.011***	-0.150***	0.118***	1.000													
Size	-0.508***	0.179***	0.203***	0.663***	-0.032	1.000												
Lev	-0.346***	0.083***	0.772***	0.541***	0.167***	0.492***	1.000											
Growth	0.065	0.005	0.018	-0.040	0.033	-0.031	-0.035	1.000										
Roa	0.014	0.009	-0.372***	-0.141***	-0.633***	0.092**	-0.281***	0.061	1.000									
Top10	-0.154***	0.360***	0.044	0.069	0.083***	0.209***	0.132***	0.099***	0.060	1.000								
Age	-0.046	0.092***	-0.036	0.445***	-0.102***	0.098***	0.065	-0.009	0.042	-0.035	1.000							
Tang	0.045	0.017	-0.030	0.048	-0.024	-0.042	0.026	0.024	0.055	-0.050	0.076*	1.000						
Dir	0.130***	0.142***	0.109***	0.141***	0.045	0.109***	0.043	0.033	-0.074	0.096***	0.164***	-0.033	1.000					
Dual	0.014	-0.064	-0.095***	0.011	-0.013	-0.060	-0.128***	-0.029	-0.008	-0.003	0.092***	0.046	-0.057	1.000				
Cap	-0.311***	0.229***	0.032	0.164***	0.115***	0.605***	0.241***	-0.035	0.115***	0.067	-0.055	-0.224***	0.027	-0.073	1.000			
Atm	0.663***	-0.121***	0.134***	-0.139***	0.025	-0.347***	-0.218***	-0.051	-0.196***	-0.153***	0.039	0.028	0.176***	-0.010	-0.279***	1.000		
Fcf	-0.078**	0.050	-0.057	0.076	-0.341***	0.081**	0.014	-0.212***	0.384***	-0.030	0.040	-0.052	-0.057	-0.033	0.042	-0.074	1.000	
Cfo	-0.088***	0.095***	-0.635***	-0.061	-0.058	0.024	-0.195***	-0.098***	0.282***	0.024	0.068	-0.018	-0.183***	-0.007	0.185***	-0.232***	0.191***	1.000

注：对角线左下角为 Pearson 相关性检验系数，为双侧检验；"*"、"**"、"***"分别表示在10%、5%、1%水平下显著。

表5-9 稳健性检验（1）中变量的多重共线性检验

变量	模型(5-2) VIF	模型(5-3) VIF	模型(5-4) VIF	模型(5-5) VIF	模型(5-6) VIF	模型(5-7) VIF	模型(5-8) VIF
Pc	1.17	1.19	1.08	1.22	1.17	1.17	1.17
Kz					3.06		
Eff						2.28	
Cae							1.13
Size	1.52	1.54	1.71	2.18	1.59	2.41	1.52
Lev	1.60	1.67	1.69	1.63	3.50	1.66	1.60
Growth	1.05	1.10	1.13		1.08	1.05	1.05
Roa	1.23	1.44	1.46	1.20	1.38	1.37	1.34
Top10	1.21	1.22		1.22	1.21	1.22	1.24
Age			1.05				
Tang			1.04				
Dir			1.15				
Dual		1.03		1.03			
Cap				1.69			
Atm			1.49				
Fcf			1.13				
Cfo		1.27					
Mean VIF	1.30	1.28	1.32	1.45	1.86	1.60	1.29

（4）稳健性检验结果分析。

表5-10是第一种稳健性检验下的回归结果，各变量回归系数的符号和显著性与前文实证分析结果基本一致，H1、H2、H3及H4均得到了验证。

现对H5、H6和H7进行如下验证。

a. 对H5的检验

在表5-10中，模型（5-6）的回归结果表明，政治关联对企业价值的影响系数为0.904，在5%水平下显著；融资约束对企业价值的影响系数为-0.450，在1%水平下显著。

本部分参照温忠麟和叶宝娟（2014）的方法，对融资约束在政治关联对企业价值的影响中的中介效应做如下检验。

第一步：模型（5-2）的系数 α_2（t = 2.10）在5%水平下显著，说明可以进行第二步检验。

第二步：模型（5-3）的系数 β_2（t = -2.73）在1%水平下显著，模型（5-6）的系数 δ_3（t = -4.32）在1%水平下显著，表明间接效应显著，说明能够直接对模型（5-6）中系数 δ_2 的显著性进行检验。

第三步：模型（5-6）的系数 δ_2（t = 2.19）在5%水平下显著，表明直接效应也显著。

第四步：由于 $\beta_2\delta_3$ = (-0.148) × (-0.450) = 0.0666，δ_2 = 0.904，$\beta_2\delta_3$ 与 δ_2 的符号相同，说明融资约束在政治关联对企业价值的影响中存在部分中介效应，且该中介效应占总效应的比例为 $\beta_2\delta_3/\alpha_2$ = 0.0666/0.091 = 73.19%。

上述分析说明，融资约束在政治关联对企业价值的影响中存在部分中介效应，即政治关联对企业价值的影响中有73.19%是通过融资约束影响企业价值的。因此，H5得以验证。

在第一种稳健性检验下，虽然融资约束在政治关联对企业价值的影响中的部分中介效应得到验证，但产生的中介效应程度相比上文的实证分析结果要小很多。

b. 对H6的检验

在表5-10中，模型（5-7）的回归结果表明，政治关联对企业价值的影响系数为0.104，在5%水平下显著；投资效率对企业价值的影响系数为18.392，在1%水平下显著。

本部分参照温忠麟和叶宝娟（2014）的方法，对投资效率在政治关联对企业价值的影响中的中介效应做如下检验。

第一步：模型（5-2）的系数 α_2（t = 2.10）在5%水平下显著，说明可以进行第二步检验。

第二步：模型（5-4）的系数 η_2（t=2.02）在5%水平下显著，模型（5-7）的系数 γ_3（t=3.00）在1%水平下显著，表明间接效应显著，说明能够直接对模型（5-7）中系数 γ_2 的显著性进行检验。

第三步：模型（5-7）的系数 γ_2（t=2.12）在5%水平下显著，表明直接效应也显著。

第四步：由于 $\eta_2\gamma_3 = 0.001 \times 18.392 = 0.0184$，$\gamma_2 = 0.104$，$\eta_2\gamma_3$ 与 γ_2 的符号相同，说明投资效率在政治关联对企业价值的影响中存在部分中介效应，且该中介效应占总效应的比例为 $\eta_2\gamma_3/\alpha_2 = 0.0184/0.091 = 20.22\%$。

上述分析说明，投资效率在政治关联对企业价值的影响中存在部分中介效应，即政治关联对企业价值的影响中有20.22%是通过投资效率影响企业价值的。因此，H6得以验证。

在第一种稳健性检验下，投资效率在政治关联对企业价值的影响中的部分中介效应得到验证，产生的中介效应程度和上文的实证分析结果差别不大。

c. 对H7的验证

在表5-10中，模型（5-8）的回归结果表明，政治关联对企业价值的影响系数为0.075，在5%水平下显著；资本配置效率对企业价值的影响系数为0.964，在5%水平下显著。

本部分参照温忠麟和叶宝娟（2014）的方法，对资本配置效率在政治关联对企业价值的影响中的中介效应做如下检验。

第一步：模型（5-2）的系数 α_2（t=2.10）在5%水平下显著，说明可以进行第二步检验。

第二步：模型（5-5）的系数 χ_2（t=3.36）在1%水平下显著，模型（5-8）的系数 λ_3（t=2.44）在5%水平下显著，表明间接效应显著，说明能够直接对模型（5-8）中系数 λ_2 的显著性进行检验。

第三步：模型（5-8）的系数 λ_2（t=2.09）在5%水平下显著，表明直接效应也显著。

第四步：由于 $\chi_2\lambda_3 = 0.024 \times 0.964 = 0.0231$，$\lambda_2 = 0.075$，$\chi_2\lambda_3$ 与 λ_2 的符号相同，说明资本配置效率在政治关联对企业价值的影响中存在部分中介效应，且该中介效应占总效应的比例为 $\chi_2\lambda_3/\alpha_2 = 0.0231/0.091 = 25.38\%$。

上述分析说明，资本配置效率在政治关联对企业价值的影响中存在部分中介效应，即政治关联对企业价值的影响中有 25.38% 是通过资本配置效率影响企业价值的。因此，H7 得以验证。

在第一种稳健性检验下，资本配置效率在政治关联对企业价值的影响中的部分中介效应得到验证，产生的中介效应程度和上文的实证分析结果差别不大。

表 5-10 稳健性检验（1）中回归模型的回归结果分析

变量	模型 (5-2)	模型 (5-3)	模型 (5-4)	模型 (5-5)	模型 (5-6)	模型 (5-7)	模型 (5-8)
	Tobin's Q	Kz	Eff	Cae	Tobin's Q	Tobin's Q	Tobin's Q
Pc	0.091** (2.10)	-0.148*** (-2.73)	0.001** (2.02)	0.024*** (3.36)	0.904** (2.19)	0.104** (2.12)	0.075** (2.09)
Kz					-0.450*** (-4.32)		
Eff						18.392*** (3.00)	
Cae							0.964** (2.44)
Size	-1.753*** (-7.61)	-0.433*** (-3.37)	-0.002 (-0.79)	0.001 (0.07)	-1.601*** (-7.75)	-1.586*** (-6.78)	-1.768*** (-7.50)
Lev	-0.513 (-0.58)	5.776*** (12.83)	0.024*** (3.01)	0.063 (1.53)	-3.036*** (-2.94)	-0.074 (-0.09)	-0.567 (-0.64)
Growth	-0.075* (-1.78)	-0.100** (-2.09)	-0.001 (-0.38)		-0.032 (-0.55)	-0.082 (-1.62)	-0.084* (-1.90)
Roa	2.393** (2.25)	-0.315 (-0.55)	-0.012 (-0.85)	-0.292*** (-3.55)	3.075*** (2.85)	1.777* (1.80)	2.690** (2.36)
Top10	2.626** (2.14)	0.666 (0.93)		0.145** (2.54)	2.206** (2.08)	2.031* (1.66)	2.491** (2.02)

续表

变量	模型 (5-2) Tobin's Q	模型 (5-3) Kz	模型 (5-4) Eff	模型 (5-5) Cae	模型 (5-6) Tobin's Q	模型 (5-7) Tobin's Q	模型 (5-8) Tobin's Q
Age			0.068*** (8.22)				
Tang		-1.415** (-2.14)					
Dir			-0.022 (-1.56)				
Dual		-0.034 (-0.32)		-0.008 (-1.04)			
Cap				0.018*** (4.13)			
Atm			0.003 (0.27)				
Fcf			0.002 (0.41)				
Cfo		-10.047*** (-17.52)					
Constant	40.238*** (8.15)	10.631*** (3.34)	-0.200*** (-4.28)	-0.387*** (3.37)	37.241*** (8.09)	35.914*** (7.17)	40.597*** (8.05)
Year	控制	控制	控制	控制	控制	控制	控制
Industry	控制	控制	控制	控制	控制	控制	控制
N	470	470	470	470	470	470	470
R^2	0.323	0.763	0.432	0.195	0.413	0.323	0.323
F值	13.53	65.88	16.19	7.61	13.04	10.48	10.98
Prob>F	0.000	0.000	0.000	0.000	0.000	0.000	0.000
估计方法	固定效应 +聚类稳健标准差	固定效应 +聚类稳健标准差	固定效应 +聚类稳健标准差	固定效应 +聚类稳健标准差	固定效应 +聚类稳健标准差	固定效应 +聚类稳健标准差	固定效应 +聚类稳健标准差

注:"*""**""***"分别表示在10%、5%、1%的水平下显著(双尾),括号内数值为t值。

2. 将政治关联滞后1年进行检验

(1) 描述性统计。

表5-11报告了第二种稳健性检验下主要变量的描述性统计分析结

果。据表 5-11 可知,非国有资本控股混合所有制改革企业在样本期间企业价值的平均值为 2.053,最小值为 0.854,最大值为 18.348,标准差为 1.811,说明不同样本公司之间的企业价值存在较大差异,和现实情况一致,表明本部分所选择的样本公司具有较好的代表性。政治关联的平均值为 0.421,标准差为 0.259,最小值为 0.071,最大值为 1.519,表明非国有资本控股混合所有制改革样本企业整体混改力度较大,基于产权制度层面的政治关联程度较高。融资约束的平均值为 2.175,标准差为 1.659,最小值为 -2.510,最大值为 9.110,说明所选择样本企业的融资约束程度一般,且样本公司之间存在较大的差异。投资效率的平均值为 -0.038,标准差为 0.016,最小值为 -0.080,最大值为 -0.001,表明样本企业投资效率的整体水平较高。资本配置效率的平均值为 0.033,最小值为 -0.135,最大值为 1.268,说明样本企业资本配置效率的整体水平较低,有待进一步提高。企业规模的最小值为 19.446,最大值为 26.537,标准差为 1.225,平均值为 23.570,说明非国有资本控股混合所有制改革样本公司的企业规模整体较大,且存在较大的差异。资产负债率平均值为 0.443,表明样本企业的整体负债水平不太高。企业成长性的平均值为 0.305,标准差为 1.844,最小值为 -0.840,最大值为 33.072,表明样本企业整体的销售收入增长率水平较高,说明发展能力还不错,但样本公司之间差异极其明显。总资产报酬率的平均值为 0.049,说明样本企业的整体盈利能力一般,有待进一步提高。股权集中度的平均值为 0.587,表明样本企业的股权集中度水平整体较高,有 58.7% 的股份为前十大股东所持有。企业年龄的平均值为 3.054,表明大部分样本企业成立的时间在 21 年左右,经历了较长的发展时期。资产有形性的平均值为 0.909,最小值为 0.582,最大值为 1.000,表明大部分样本企业中无形资产净值和商誉净额占总资产的比例较低。独立董事比例的平均值为 0.365,最小值为 0.250,最大值为 0.625,说明大部分企业独立董事比例的设置符合相关法规,满足 1/3 的要求,但仍有少数公司未达到相关规定要求。两职合一的平均值为 0.790，最小值为 0，最大值为 1.000，说明有将近 79% 的样本企业中董事长和总经理并非由同一人担任。资本性支出的平均值为 18.684，最小值为 10.777，最大值为 23.147，标准差为 1.808，说明样本企业资本性支出的整体水平较高，且样本企业之间在资本性支出方面存在较大的差异。管理费用率的最小值为 0.002，最大值为 3.850，说明不同样本公司之间的管理水平存在较大差异。自由现金流量和经营活动现金流的平均值分别为 0.012 和 0.049，说明样本企业在现金流方面的整体水平不高，有待提高。

表 5 – 11　稳健性检验（2）中变量的描述性统计

变量	样本数	平均值	标准差	最小值	最大值
Tobin's Q	376	2.053	1.811	0.854	18.348
Pc	376	0.421	0.259	0.071	1.519
Kz	376	2.175	1.659	-2.510	9.110
Eff	376	-0.038	0.016	-0.080	-0.001
Cae	376	0.033	0.093	-0.135	1.268
Size	376	22.570	1.225	19.446	26.537
Lev	376	0.443	0.212	0.037	1.412
Growth	376	0.305	1.844	-0.840	33.072
Roa	376	0.049	0.126	-1.838	0.380
Top10	376	0.587	0.136	0.214	0.874
Age	376	3.054	0.247	2.120	3.638
Tang	376	0.909	0.091	0.582	1.000
Dir	376	0.365	0.055	0.250	0.625
Dual	376	0.790	0.408	0.000	1.000
Cap	376	18.684	1.808	10.777	23.147
Atm	376	0.123	0.281	0.002	3.850
Fcf	376	0.012	0.115	-0.929	0.266
Cfo	376	0.049	0.072	-0.260	0.341

（2）相关性分析。

表 5 – 12 是第二种稳健性检验下主要变量的相关性分析。表 5 – 12

第五章 "国民共进"混合所有制改革实证分析二

表 5-12 稳健性检验（2）中变量的相关性分析

	Tobin's Q	Pc	Kz	Eff	Cae	Size	Lev	Growth	Roa	Top10	Age	Tang	Dir	Dual	Cap	Atm	Fcf	Cfo
Tobin's Q	1.000																	
Pc	0.039***	1.000																
Kz	-0.032*	-0.022**	1.000															
Eff	0.345***	0.053***	-0.394***	1.000														
Cae	0.019*	0.015	-0.189***	0.108***	1.000													
Size	-0.487***	0.145***	0.232***	0.680***	-0.053	1.000												
Lev	-0.347***	0.054***	0.804***	0.570***	0.189***	0.483***	1.000											
Growth	0.111**	0.037	-0.019	-0.001	0.042	-0.046	-0.068	1.000										
Roa	-0.002	0.020	-0.369***	-0.102***	-0.700***	0.116***	-0.285***	0.064	1.000									
Top10	-0.147***	-0.104***	0.043	0.111***	0.062	0.241***	0.121***	0.067	0.076	1.000								
Age	-0.014	0.058	-0.014	0.407***	-0.088*	0.088*	0.072	0.052	0.059	0.017	1.000							
Tang	0.091*	-0.023	-0.031	0.026	-0.066	-0.068	0.003	0.009	0.053	-0.051	0.107***	1.000						
Dir	0.166***	0.112***	0.145***	0.133***	0.080	0.094*	0.032	0.023	-0.092**	0.128***	0.161***	-0.012	1.000					
Dual	0.003	0.047	-0.081	-0.037	0.013	-0.054	-0.121**	0.029	0.003	0.034	0.100*	0.056	-0.085*	1.000				
Cap	-0.304***	0.208***	0.054	0.208***	0.080	0.616***	0.234***	-0.043	0.118***	0.085	-0.037	-0.238***	-0.003	-0.050	1.000			
Atm	0.687***	-0.044***	0.145***	-0.149***	0.041	-0.330***	-0.183***	-0.042	-0.210***	-0.149***	0.038	0.029	0.210***	-0.034	-0.250***	1.000		
Fcf	-0.035	0.007	-0.057	0.042	-0.376***	0.089*	-0.028	-0.189***	0.459***	-0.055	0.034	-0.031	-0.070	-0.054	0.047	-0.037	1.000	
Cfo	-0.081	0.086**	-0.634***	-0.093**	-0.068	0.010	-0.213***	-0.040	0.271***	0.031	0.048	-0.032	-0.263***	-0.050	0.183***	-0.236***	0.146***	1.000

注：对角线左下角为 Pearson 相关性检验系数，为双侧检验；"*""**""***"分别表示在10%、5%、1%水平下显著。

中，政治关联与企业价值显著正相关，初步验证了 H1。政治关联与融资约束显著负相关，H2 得以初步验证。政治关联与投资效率显著正相关，H3 也被初步验证。政治关联与资本配置效率显著正相关，初步验证了 H4。其他控制变量与本部分主要研究变量相关性的显著性及符号与现有研究文献基本一致，且同上文实证检验部分结果基本相同。

（3）多重共线性检验。

表 5-13 是第二种稳健性检验下的多重共线性检验结果，所有模型中自变量的 VIF 值及平均 VIF 值都远小于 10 并在 3.93（含）以内，和上文实证分析部分的结果基本一致，表明所有回归模型均不存在多重共线性问题。

表 5-13　稳健性检验（2）中变量的多重共线性检验

变量	模型(5-2) VIF	模型(5-3) VIF	模型(5-4) VIF	模型(5-5) VIF	模型(5-6) VIF	模型(5-7) VIF	模型(5-8) VIF
Pc	1.05	1.06	1.04	1.07	1.05	1.05	1.05
Kz					3.24		
Eff						2.24	
Cae							2.05
$Size$	1.53	1.54	1.58	2.22	1.61	2.29	1.53
Lev	1.54	1.62	1.60	1.57	3.93	1.72	1.55
$Growth$	1.02	1.02	1.08		1.02	1.02	1.03
Roa	1.20	1.27	1.66	1.20	1.24	1.22	2.29
$Top10$	1.10	1.10		1.09	1.10	1.11	1.12
Age			1.05				
$Tang$			1.02				
Dir			1.12				
$Dual$		1.03		1.02			
Cap				1.67			
Atm			1.27				
Fcf			1.38				
Cfo		1.13					
Mean VIF	1.24	1.20	1.31	1.41	1.89	1.52	1.52

(4) 稳健性检验结果分析。

表 5-14 是第二种稳健性检验下的回归结果，各变量回归系数的符号和显著性与前文实证分析结果基本一致，H1、H2、H3 及 H4 均得到了验证。

现对 H5、H6 和 H7 进行如下验证。

a. 对 H5 的检验

在表 5-14 中，模型（5-6）的回归结果表明，政治关联对企业价值的影响系数为 0.139，在 5% 水平下显著；融资约束对企业价值的影响系数为 -0.261，在 1% 水平下显著。

本部分参照温忠麟和叶宝娟（2014）的方法，对融资约束在政治关联对企业价值的影响中的中介效应做如下检验。

第一步：模型（5-2）的系数 α_2（t=2.07）在 5% 水平下显著，说明可以进行第二步检验。

第二步：模型（5-3）的系数 β_2（t=-2.26）在 5% 水平下显著，模型（5-6）的系数 δ_3（t=-3.48）在 1% 水平下显著，表明间接效应显著，说明能够直接对模型（5-6）中系数 δ_2 的显著性进行检验。

第三步：模型（5-6）的系数 δ_2（t=2.44）在 5% 水平下显著，表明直接效应也显著。

第四步：由于 $\beta_2\delta_3$ = (-0.054) × (-0.261) = 0.0141，δ_2 = 0.139，$\beta_2\delta_3$ 与 δ_2 的符号相同，说明融资约束在政治关联对企业价值的影响中存在部分中介效应，且该中介效应占总效应的比例为 $\beta_2\delta_3/\alpha_2$ = 0.0141/0.231 = 6.10%。

上述分析说明，融资约束在政治关联对企业价值的影响中存在部分中介效应，即政治关联对企业价值的影响中有 6.10% 是通过融资约束影响企业价值的。因此，H5 得以验证。

在第二种稳健性检验下，虽然融资约束在政治关联对企业价值的影响中的部分中介效应得到验证，但产生的中介效应程度相比上文的实证分析结果要小很多。

b. 对 H6 的检验

在表 5-14 中，模型（5-7）的回归结果表明，政治关联对企业价值的影响系数为 0.240，在 5% 水平下显著；投资效率对企业价值的影响系数为 13.689，在 5% 水平下显著。

本部分参照温忠麟和叶宝娟（2014）的方法，对投资效率在政治关联对企业价值的影响中的中介效应做如下检验。

第一步：模型（5-2）的系数 α_2（t=2.07）在 5% 水平下显著，说明可以进行第二步检验。

第二步：模型（5-4）的系数 η_2（t=1.98）在 5% 水平下显著，模型（5-7）的系数 γ_3（t=2.32）在 5% 水平下显著，表明间接效应显著，说明能够直接对模型（5-7）中系数 γ_2 的显著性进行检验。

第三步：模型（5-7）的系数 γ_2（t=2.04）在 5% 水平下显著，表明直接效应也显著。

第四步：由于 $\eta_2 \gamma_3 = 0.007 \times 13.689 = 0.0958$，$\gamma_2 = 0.240$，$\eta_2 \gamma_3$ 与 γ_2 的符号相同，说明投资效率在政治关联对企业价值的影响中存在部分中介效应，且该中介效应占总效应的比例为 $\eta_2 \gamma_3 / \alpha_2 = 0.0958/0.231 = 41.47\%$。

上述分析说明，投资效率在政治关联对企业价值的影响中存在部分中介效应，即政治关联对企业价值的影响中有 41.47% 是通过投资效率影响企业价值的。因此，H6 得以验证。

在第二种稳健性检验下，投资效率在政治关联对企业价值的影响中的部分中介效应得到验证，产生的中介效应程度比上文的实证分析结果大很多。

c. 对 H7 的验证

在表 5-14 中，模型（5-8）的回归结果表明，政治关联对企业价值的影响系数为 0.184，在 5% 水平下显著；资本配置效率对企业价值的影响系数为1.241，在1%水平下显著。

本部分参照温忠麟和叶宝娟（2014）的方法，对资本配置效率在政治关联对企业价值的影响中的中介效应做如下检验。

第一步：模型（5-2）的系数α_2（t=2.07）在5%水平下显著，说明可以进行第二步检验。

第二步：模型（5-5）的系数χ_2（t=2.08）在5%水平下显著，模型（5-8）的系数λ_3（t=2.72）在1%水平下显著，表明间接效应显著，说明能够直接对模型（5-8）中系数λ_2的显著性进行检验。

第三步：模型（5-8）的系数λ_2（t=2.18）在5%水平下显著，表明直接效应也显著。

第四步：由于$\chi_2\lambda_3=0.029\times1.241=0.0360$，$\lambda_2=0.184$，$\chi_2\lambda_3$与$\lambda_2$的符号相同，说明资本配置效率在政治关联对企业价值的影响中存在部分中介效应，且该中介效应占总效应的比例为$\chi_2\lambda_3/\alpha_2=0.0360/0.231=15.58\%$。

上述分析说明，资本配置效率在政治关联对企业价值的影响中存在部分中介效应，即政治关联对企业价值的影响中有15.58%是通过资本配置效率影响企业价值的。因此，H7得以验证。

在第二种稳健性检验下，资本配置效率在政治关联对企业价值的影响中的部分中介效应得到验证，产生的中介效应程度和上文的实证分析结果差别不大。

表5-14 稳健性检验（2）中回归模型的回归结果分析

变量	模型（5-2）	模型（5-3）	模型（5-4）	模型（5-5）	模型（5-6）	模型（5-7）	模型（5-8）
	Tobin's Q	Kz	Eff	Cae	Tobin's Q	Tobin's Q	Tobin's Q
Pc	0.231** (2.07)	-0.054** (-2.26)	0.007** (1.98)	0.029** (2.08)	0.139** (2.44)	0.240** (2.04)	0.184** (2.18)
Kz					-0.261*** (-3.48)		

混合所有制改革及效应

续表

变量	模型(5-2) Tobin's Q	模型(5-3) Kz	模型(5-4) Eff	模型(5-5) Cae	模型(5-6) Tobin's Q	模型(5-7) Tobin's Q	模型(5-8) Tobin's Q
Eff						13.689** (2.32)	
Cae							1.241*** (2.72)
Size	-1.852*** (-7.17)	-0.363** (-2.11)	-0.010*** (-3.16)	0.007 (0.21)	-1.768*** (-7.43)	-1.859*** (-7.26)	-1.892*** (-7.25)
Lev	0.695 (0.60)	5.827*** (9.30)	0.040*** (3.63)	0.107* (1.66)	-0.927 (-0.86)	1.320 (1.22)	0.622 (0.54)
Growth	-0.028 (-0.44)	-0.115** (-2.12)	-0.001 (-0.77)		0.012 (0.17)	-0.036 (-0.64)	-0.053 (-0.74)
Roa	2.393** (2.00)	-0.464 (-0.63)	0.015 (0.99)	-0.322** (-2.41)	2.386** (1.98)	2.261** (2.09)	2.903** (2.36)
Top10	2.356*** (2.59)	1.193 (1.47)		0.101 (0.81)	2.041** (2.45)	1.953** (2.07)	2.246** (2.41)
Age			0.079*** (7.82)				
Tang		-1.305* (-1.68)					
Dir			-0.024 (-1.25)				
Dual		-0.027 (-0.24)		-0.008 (-0.82)			
Cap				0.015** (2.22)			
Atm				0.017* (1.87)			
Fcf				0.001 (0.29)			
Cfo		-10.227*** (-16.11)					
Constant	42.100*** (7.85)	8.855*** (2.27)	-0.615*** (-3.96)	-0.495*** (3.72)	40.473*** (8.16)	41.715*** (7.77)	43.017*** (7.94)
Year	控制	控制	控制	控制	控制	控制	控制

续表

变量	模型 (5-2)	模型 (5-3)	模型 (5-4)	模型 (5-5)	模型 (5-6)	模型 (5-7)	模型 (5-8)
	Tobin's Q	Kz	Eff	Cae	Tobin's Q	Tobin's Q	Tobin's Q
Industry	控制	控制	控制	控制	控制	控制	控制
N	376	376	376	376	376	376	376
R^2	0.307	0.849	0.422	0.174	0.312	0.328	0.318
F 值	12.45	55.38	11.45	3.86	11.49	11.70	11.10
Prob > F	0.000	0.000	0.000	0.001	0.000	0.000	0.000
估计方法	固定效应+聚类稳健标准差	固定效应+聚类稳健标准差	固定效应+聚类稳健标准差	固定效应+聚类稳健标准差	固定效应+聚类稳健标准差	固定效应+聚类稳健标准差	固定效应+聚类稳健标准差

注："*""**""***"分别表示在10%、5%、1%的水平下显著（双尾），括号内数值为 t 值。

第四节 研究结论与启示

本部分基于非国有资本控股混合所有制改革企业的视角，分析了在实施混合所有制改革的非国有企业中政治关联对企业价值的影响机理，并以平衡面板样本数据对两者之间的关系进行了实证分析和稳健性检验。研究发现：在非国有资本控股混合所有制改革企业中，①政治关联对企业价值存在着显著的正向影响；②融资约束、投资效率和资本配置效率在政治关联对企业价值的影响中，均存在显著的中介效应。

基于上文的理论分析、实证回归和稳健性检验，结合以往学者的相关研究成果，不难得出以下结论和启示。

（1）国有资本进入实施混合所有制改革的非国有企业后，因其具有产权制度层面的政治关联属性，能显著提升企业价值。在实施混合所有制改革的非国有企业中，因国有资本的进入，实现了产权制度层面的政治关联，一方面能够为其发展带来更多的经济资源和政策优惠；另一方面因不同所有制资本的相互融合，非国有企业要承担国有资本本应承担的社会责任，会相应地带来社会声誉机制，从而可作为公司发展良好的正向信号传递至外部投资者，对塑造企业形象和形成品牌效应产生积极作用。而这两方面都有利于非国有资本控股混合所有制改革企业实现价值创造。因此，对于实施混合所有制改革的非国有企业，应充分考虑国有资本基于产权制度层面的政治关联为其带来的各种利好。

（2）非国有资本控股混合所有制改革企业中的国有资本基于产权制度层面的政治关联能够降低企业的融资约束程度、提高企业的投资效率和资本配置效率。首先，实施混合所有制改革的非国有企业，在成功引进国有资本后，实现了股权的多元化，通过借助国有资本基于产权制度层面的政治关联，能提高其在资本市场和社会的认可度，充分发挥政府层面的保障作用，最终可以有效缓解企业的融资约束；其次，非国有资本控股混合所有制改革企业中国有资本的进入，为其带来了基于产权制度层面的政治关联效应，可以有效缓解企业的融资约束，保证企业不会因为资金不足而放弃预期收益较高的投资项目，从而可以有效提高企业的投资效率；最后，国有资本进入实施混合所有制改革的非国有企业后，因其带来的基于产权制度层面的政治关联效应，一方面可以为其资本配置提供坚实的资金基础和有效的信息支持，另一方面会因受到来自政府层面的监管而不得不提高资本的配置效率，在这两重影响下，最终实现了资本配置效率的提高。因此，拟实行混合所有制改革的非国有资本控股企业可以通过引进国有资本实现基于产权制度层面的政治关联效应，最终实现有效缓解其融资约束、进一步提高企业投资效率和资本配置效率的目标。

（3）非国有资本控股混合所有制改革企业中的国有资本基于产权制度层面的政治关联对企业价值的影响，存在直接效应和间接效应，其间接效应通过融资约束、投资效率和资本配置效率作为中介变量得以体现。在国有资本进入非国有资本控股混合所有制改革企业后，因其具有基于产权制度层面的政治关联，一方面可以对企业价值产生直接影响，另一方面会通过融资约束、投资效率和资本配置效率对企业价值产生间接影响。主要体现在：首先，非国有资本控股混合所有制改革企业中的国有资本因其具有产权制度层面的政治关联，提高了银行等金融机构对企业的信任程度，有助于放宽贷款条件和提高贷款额度，并在债务融资中实现一定的抵税效应，通过降低融资成本和实现企业的规模扩张和技术创新，最终实现企业的价值创造；其次，非国有资本控股混合所有制改革企业中的国有资本因其具有产权制度层面的政治关联，有利于企业获得优质投资项目，从而加大研发投入，在提高投资效率后，进一步提高企业风险防御能力，从而产生相关抑制风险的机会收益，最终有利于企业价值的提高；最后，非国有资本控股混合所有制改革企业中的国有资本因其具有产权制度层面的政治关联，在促成企业资本配置效率提高的情况下，实现了企业内部监督制度的不断完善，进而降低了企业的各种代理成本，在提高企业利润的同时实现了企业价值的创造。因此，非国有企业在实施混合所有制改革的过程中，要善于利用国有资本基于产权制度层面的政治关联能有效缓解企业融资约束、提升企业投资效率和资本配置效率的影响机制以及三者对企业价值的影响机理，通过正确引入国有资本，实现非国有资本的价值创造。

| 第六章 |

"国民共进"混合所有制改革效应评价体系构建

本章依据混合所有制改革的动因和目的,分析其改革效应构成要素。基于利益相关者理论,对社会效应构成要素进行分析;通过梳理和分析经济效益、企业价值、公司治理和投资效率与经济效应之间的关系,筛选经济效应的构成要素。依据系统性、科学性、可获取、可量化、动态性等原则,以可量化的财务指标为主、其他非财务指标为辅,构建混合所有制改革效应的评价指标体系。

第一节 混合所有制改革效应的构成要素

一 混合所有制改革社会效应构成要素

2013年党的十八届三中全会审议通过了《中共中央关于全面深化改革若干重大问题的决定》,提出积极发展混合所有制经济,并强调国有资本、集体资本、非公有资本等交叉持股、相互融合的混合所有制经济是基本经济制度的重要实现形式。该文件对混合所有制改革起到统领全局的作用。混合所有制改革主要在七个行业(电力、石油、天然气、铁路、民航、电信、军工)展开。李维安(2014)曾认为混合所有制改革是一个模糊的概念。黄速建（2014）对我国混合所有制工业企业的类型、数量、资产、收入和利润等数据进行了研究分析，发现混合所有制经济对我国经济十分重要，并且明确了其制度的合法性及意义与高度。企业的混合所有制改革主要是指在项目和业务上推行混改，针对一些垄断性的、资源性的、过去不开放的项目和业务，通过混合所有制来引进民间资本，以"优化治理、加强激励、突出主业、提高效率"为目标，最终实现"国民共进"。

企业是社会经济的承载主体，同时是社会责任的承担主体。制度健全、发展良好的社会环境是企业赖以生存的基础，企业的发展离不开社会各界的消费及关注，而企业在维系自身运行、稳健发展的同时也应该回馈社会，即带来社会效应。外国学者 Spicer 早年研究发现，企业社会责任和企业社会价值两者之间呈正相关的关系。田钊平（2004）和骆九连（2011）先后指出，企业必须积极主动承担社会责任，增强中国企业核心竞争力，实现企业可持续发展，充分体现社会主义制度的优越性。陶林（2018）认为企业积极履行社会责任，有利于企业的良好发展。总之，企业具有承担社会责任的必要性。

我国学者曾对社会责任的本质与功能进行了理论分析和实证探讨（李正，2006；马力、齐善鸿，2005；陈玉清、马丽丽，2005）。徐尚昆和杨汝岱（2007）曾构建了符合我国国情的 CSR（Corporate Social Responsibility）指标体系综合评价企业的社会责任，该体系涵盖就业、客户导向、以人为本、经济责任、法律责任、公益事业、商业道德、环境保护及社会的稳定和进步。熊勇清和周理（2008）基于利益相关者的视角构建了企业社会责任评价体系，并分别对指标赋予权重进行研究。王晓巍和陈慧（2011）基于利益相关者理论，定性分析了 11 个社会责任指标和 2 个企业价值指标，发现企业价值和企业承担的社会责任呈正相关关系。但总体而言，就实证研究情况来看，目前有关企业社会效应的研究还有待进一步完善。比如有些学者对社会效应的测量简单地采取单个指标或替代性指标进行处理，或只局限于社会责任这一整体层面，而忽略了企业可能带来的不同社会效应，因此无法客观、准确地解释社会效应的功效。另外，简单地基于财务指标进行衡量也会影响检验的结果，因为财务指标可能被人为操纵。因此，本书拟从公司社会效应的多维度评测指标出发，用财务及非财务指标衡量企业的社会效应，通过社会调查的方法收集充分的数据，进而有效地揭示社会效应的客观价值和创造功效。

一方面，本书分析的社会效应评价指标体系基于"考克斯商业原则"利益相关者的视角。"考克斯圆桌企业原则"是由欧美和日本工商业企业的非正式组织"考克斯圆桌会议"提出的。该原则提出的利益相关者有顾客、雇员、投资者、供应商、竞争者、社区。认可利益相关者理论的学者认为，企业所拥有的大部分资源由利益相关者提供，利益相关者有权参与企业的利润分配，保证自身的利益，从长远角度出发，企业要高度重视每个利益相关者的利益，积极履行保障他们权利的社会责任，从而让利益相关者更积极地为企业服务，创造更大的价值。1991年公布的经济伦理准则，强调道德在商业决策中的价值，旨在"建立一个可以对商业行为进行衡量的世界性标准"。因此，需要综合考虑在混改制度下的企业发展背景中，企业对不同利益相关者带来的社会效应。

另一方面，本书基于利益相关者理论构成要素，结合新时期企业混合所有制改革诉求，围绕"放大国有资本功能、实现国有资本保值增值"的终极目标，提出了我国混合所有制改革社会效应的社会责任主体：股东、债权人、职工、客户、供应商、政府、社区。

1. 股东

股东是股份公司或者有限公司中持有股份的人，有权出席股东大会并有表决权，是企业存在的根本。企业如果要正常运营，就必须有充足的资本，这就需要股东投入资金。因此，股东是企业的最大利益相关者。

股东投入资本的同时，也会要求有利润回报。在这个过程中，会涉及战略投资者、中小股民等投资者之间的利益及利益平衡问题，因此企业能给投资者带来的利益也成了衡量企业社会效益的重点。

2. 债权人

债权人是指银行等金融机构贷款人和供应商。他们或者给予了企业贷款，或者为其提供了存货物资和设备。债权人最关心的是能否按时收到贷款本息或收到货款。在混合所有制改革背景下，企业仍要保证自身资金安全，即保护债权人的合法权益。

3. 职工

人力资源管理是企业亘古不变的话题，职工最基本的权利就是求偿权。职工通过劳动换取报酬，企业根据相关法规按时按量支付报酬，只有保证职工最基本的权利，才能获得职工对企业的信任和归属感，充分调动起职工主观能动性，以此提高经济效率，这样企业才能进入人力资源管理的良性循环。

4. 客户

随着市场竞争的加剧，客户作为最终的消费者、代理人或供应链内的中间人，其地位逐步提升。只有企业赢得了客户的满意，才能占据市场份额，获得更好的经济效益。在消费环节，客户一旦对企业有良好的评价，就很容易提高该品牌的销售量，这是企业发展中一个重要的资本。因此，应从客户的立场出发，考虑消费者在消费过程中注重的产品及服务两个维度。高性价比的产品及高质量的服务是获得消费者青睐的主要因素。

5. 供应商

对于供应商来说，他们向企业提供的商品或劳务的成本和质量，将直接影响到企业的效益。尤其是在现代经济社会中，大型企业与很多大的供应商之间结成了战略联盟，一些核心企业周边遍布着很多配套供应商的工厂，如此一来加快了产品生产速度，提高了经济效率。

而企业和供应商之间能否建立战略盟友的关系，除去供应商自身因素外，企业的信用度则成为重中之重。企业如果能诚信地履行双方的商业合同，则为供应商带来了经济效益，也为双方的稳定合作建立了基石。因此，企业自身必须保证应付账款周转率、现金与应付账款比率在合理范围内。

6. 政府

企业在服从政府领导、维持自身正常经营生产的同时，履行其服务社会的职责，如依法纳税。税收取之于民，用之于民，企业作为社会经济的主要载体，应当依法纳税，保证税款的正常缴纳。可通过资产纳税率及纳税增长率衡量企业对政府税收的贡献。

7. 社区

企业在社区内经营的同时，有可能引起交通拥堵、噪声污染等问题，企业有责任确保其活动不过度干扰社区，还应该积极承担起相应的社会责任和道德责任。首先，提高当地的就业人数、进行慈善捐助、组织员工参与社会服务；其次，保护生态环境是全人类的共同话题，企业应该走可持续发展的道路，提高资源的利用率。

二　混合所有制改革经济效应构成要素

2013年11月，党的十八届三中全会勾勒了新时期国企改革的路线图，提出国有资产监管要实现从"管人管事管资产"到"管资本"的转变，实现政企分开、政资分开。积极发展混合所有制经济，国有资本和非国有资本交叉持股、相互融合的混合所有制经济，是我国基本经济制度的重要实现形式。2020年9月，国务院国有企业改革领导小组第四次会议及全国国有企业改革三年行动动员部署电视电话会议提出，国有资本首先必须发挥经济功能，创造市场价值。落实董事会职权，健全市场化经营机制，积极稳妥深化混合所有制改革。2020年以来，无论是国有企业还是民营企业，都持续不断在深化混合所有制改革上发力。"国民共进"的混合所有制改革激发了各类市场主体的活力,进而凝聚发展合力、培育经济新动能,在企业内外部发展的多个方面产生了经济效应影响。因此,本书从企业经济效益、企业价值、公司治理、投资效率几方面对"国民共进"混合所有制改革经济效应进行分析。

1. 经济效益

企业经济效益对于企业自身,乃至国家的发展有着十分重要的意义。企业经济效益的提高,意味着更多的产品、更多的服务来满足人们不断增长的物质、文化需求;意味着企业盈利、国家收入的增加,促进国民经济的发展;意味着资源利用效率的提高,缓解社会资源与需求不匹配的矛盾,提高经济发展的持续性。本部分主要从宏观和微观两个角度来分析"国民共进"混合所有制改革对企业经济效益的影响。

从宏观角度来看。政府部门作为国家权力的行使机构,需履行相应的行政管理职能,包括实现经济目标、政治目标以及社会目标。其职能的综合性以及广泛性导致政府经济政策偏向社会发展的总体目标,强化了维持社会稳定、促进社会就业以及确保经济总增长等方面,在此过程中势必会弱化国有企业的经济职能。政府通过行使其经济管理职能,长期以来干预和控制了国有企业的管理方式以及经营决策,"政企不分"的现象普遍存在。混合所有制改革后,国有资本和非国有资本交叉持股,坚持"政企分开、政资分开"的原则,政府部门只在宏观政策上对企业进行管控和引导,增强了国有企业自主经营的权力,提高了其经营管理水平和综合竞争力。

从微观角度来看,代理成本较高一直是国有企业面临的主要经济问题,严重影响着国有企业的经济效益,其首要原因是国有资本股权的高度集中,公司治理结构与监管机制不完善,导致了多环节的代理行为。混合所有制改革加快了企业产权制度的改革,完善了公司治理结构和内部监管机制,规范了企业的经营行为,有效降低了代理成本,缓解了国有企业管理者的代理问题。此外,国有企业普遍缺乏创新活力。政府部门需要实现拉动地方经济增长、提供就业岗位、缓解财政压力等政治目标和社会目标，导致国有企业偏向于选择风险较低的非创新性投资活动。混合所有制改革提高了非国有资本的占比，将更多的自由资金投入创新性、收益性较高的项目，从而有利于企业经营效率和企业价值的提高，减少企业的非效率投资。

2. 企业价值

对于国有企业和民营企业，"国民共进"混合所有制改革产生的价值主要在于增强了国有资本的流动性，降低了国有资本的持股比例，使国有资本股权分布、股东性质与股东背景的配置更为合理，带动了企业利润的增长，同时优化了企业的股权结构。

此外，混合所有制改革有助于发挥各种不同所有制资本的协同效应，帮助企业实现融资渠道多元化，对国有企业和民营企业改善投融资结构、降低财务杠杆以及优化资本结构等发挥了积极的作用，使国有资本和非国有资本能充分发挥自身的优势，最终实现不同所有制资本之间的优势互补以提高企业的经济效益。

企业价值最大化是公司所有者和管理者的共同目标。"国民共进"的混合所有制改革优化了企业的财务结构，有助于企业管理者在确保公司持续性价值创造的基础上为全体股东创造最大化财富，从而提升国有资本与非国有资本共同参股企业的企业价值。因此，在分析"国民共进"混合所有制改革带来的经济效应时，应关注其对公司企业价值的影响。

3. 公司治理

公司治理对混合所有制改革起着至关重要的作用。一方面，大股东对企业的控制及其对中小股东利益的侵占不仅是现代公司治理研究中的核心问题，也是现代公司治理下财务决策所关注的焦点（薄仙慧、吴联生，2009）。长期以来，由于国有资本占主导地位，在国有企业中形成"一股独大"的股权结构，重大决策与人员任免都由大股东决定，股东会、董事会、监事会等公司管理、监管部门难以独立发挥作用，进而使公司治理陷入困局。另一方面，公司治理结构是企业规范化运营、可持续发展的制度保障，只有在合适的治理环境下，机构投资者的积极治理效应才能得以充分发挥（叶松勤、徐经长，2013）。

"国民共进"混合所有制改革有助于优化混合所有制改革企业的公司治理结构，使产权结构变得更为明晰，股东会、董事会、监事会以及管理层等构成的公司治理结构将更为完善，能够有效发挥各职能机构的监督管理职能和完善股权激励机制，促使混合所有制改革企业经营管理决策兼顾不同利益相关方利益，降低企业相关代理成本。各种不同所有制资本在产生积极协同效应的同时，也为实行混合所有制改革的企业带来了先进的经营管理、决策理念和更加完善、高效的生产技术，丰富了企业的人力资源。因此，在倡导国有资本、非国有资本共同发展的同时，还应重视"国民共进"混合所有制改革对企业公司治理的影响。

4. 投资效率

在我国经济转型背景下，政府部门扮演着社会事务管理者的角色。政府为了促进就业、保障基础服务和维护社会稳定等，往往会促使国有企业将资金更多地投入到一些净现值为负的建设性项目，导致企业的非效率投资。投资效率低下、经营成本偏高、国有资本资产流失等现象，是制约国有企业发展的主要因素。而民营企业则受到资源约束，诸如存在融资约束和进入壁垒等问题，导致其出现严重的投资不足问题，最终使其投资效率低下。

混合所有制改革是国有企业和民营企业提高投资效率的契机与保障。首先，混合所有制改革有助于国有企业不断完善各类国有资产的管理体制、监管体制与经营体制，建立起互相制衡的管理经营结构，进而提高国有企业的资本运营能力；而民营企业在参与混合所有制改革的过程中，由于国有资本存在基于产权制度层面的政治关联，最终会缓解民营企业的融资约束，将有更多的资金被投入到净现值大于零的项目，最终提高企业的投资效率。其次，混合所有制改革将非国有资本引入了国有企业的经营活动与经营决策中，促进多种不同所有制资本的共同发展，有效降低了非国有资本在部分国有资本垄断行业的准入门槛，优化了行业结构，有助于建立起完全竞争的市场环境，促进信息的流动，在激发国有企业发展活力的同时，为非国有资本的发展提供了更多的资源和平台。最后，混合所有制改革通过引入多种不同所有制资本，促使股权多元化发展，能使企业经营目标和政府发展目标实现先"异位"后"整合"，有助于改善政企关系，完善国有企业公司治理结构，进而缓解了软预算约束。因此，"国民共进"混合所有制改革有助于解决长期以来不同所有制企业部分非效率投资的问题，对于企业提升投资效率有积极的影响。

第二节 混合所有制改革效应评价指标体系构建原则

为保证对"国民共进"混合所有制改革企业社会效应和经济效应评价的准确性、科学性和实用性，在构建混合所有制改革效应评价指标体系时，应遵循以下原则。

（1）系统性原则。混合所有制改革是一个复杂的过程，其社会效应和经济效应的评价也是一个复杂的系统，由若干层级构成，在评价时，应分层次、分类别选取不同的指标，考虑有可能对其产生影响的各个因素。

（2）动态性原则。国有企业和民营企业的经营活动、财务成果、经营目标是不断发展变化的，评价时应选取连续经营期间内的具体数值指标进行指标构建，动态地分析社会效应和经济效应的变化。

（3）可获取、可量化、可操作原则。为了能更直观地反映混合所有制改革带来的社会效应和经济效应，评价时应充分考虑选取数据的可测性，确保评价体系在实际操作中的可应用性。

（4）科学性原则。充分研究考虑混合所有制改革的影响，分为经济效应和社会效应两大体系，在此基础上进行延伸分析，各个要素的选取应合理和科学。

（5）客观性原则。简单地以财务指标对社会效应进行衡量势必会影响检验结果的客观性，因为财务指标可能被人为操纵。本书从公司社会效应的多维度筛选评测指标，用财务及非财务指标来衡量企业的社会效应，进而有效地揭示社会效应的客观价值创造功效。

（6）准确性原则。应充分考虑数据的准确性，严谨地在权威网站收集原始数据，确保在研究过程中所用数据的真实性和准确性。

第三节 混合所有制改革效应评价指标体系构建

一 混合所有制改革社会效应评价指标体系构建

如何对企业承担和履行的社会责任进行有效衡量，一直以来是学术界研究的热点和难点问题（李国平、韦晓茜，2014）。企业社会责任概念起源于20世纪初的美国，自鲍恩于1953年提出企业社会责任这一理论以来，受到了广泛的关注。国外学者大多采用声誉指数法和内容分析法来衡量企业社会责任。企业的社会声誉是声誉指数法的评价标准（Moskowitz and Liu，1972）；内容分析是客观、系统和定量地描述传播内容的一种研究方法，即对企业披露的所有信息进行全面评价和分析。但两种方法都存在主观性干扰、可信度和应用性较差、指标难以量化等缺点（代飞，2018），因此社会责任评价仍是学界探讨的难点。20世纪80年代以来，随着利益相关者理论的诞生，学者在利益相关者理论的基础上提出了不同的社会责任度量模型，如KLD指数法、内部利益相关者模型、外部利益相关者模型、RADP模型、财富指数法、道琼斯可持续发展指数法等（代飞，2018）。因此，这些方法的提出为企业社会责任评价提供了新的视角,做出了巨大贡献。

本部分拟从公司社会效应的多维度筛选评测指标,用财务及非财务指标衡量企业的社会效应,进而有效地揭示社会效应的客观价值。基于利益相关者理论,从不同受益主体即利益相关者的责任出发,可将股东、债权人、职工、客户、供应商、政府及社区这些利益相关者主体纳入评价的范畴。综合考虑科学性、可行性、准确性、客观性等因素,划分出14个不同的指标对社会效应进行评估,最终构建出混合所有制改革企业社会效应评价指标体系,如表6-1所示。

表6-1 混合所有制改革企业社会效应评价指标体系

一级指标	二级指标	三级指标	四级指标
社会效应（Z1）	股东（X1）	股东权益（X11）	基本每股收益（X111）
			每股税前现金股利（X112）
			信息披露质量（X113）
		科技创新（X12）	研发费用率（X121）
	债权人（X2）	资金安全（X21）	流动比率（X211）
			速动比率（X212）
	职工（X3）	工资福利（X31）	工资支付率（X311）
			人均年收入（X312）
	客户（X4）	价格水平（X41）	营业成本率（X411）
	供应商（X5）	利益（X51）	应付账款周转率（X511）
			现金与应付账款比率（X512）
	政府（X6）	纳税（X61）	资产纳税率（X611）
			税费净额（X612）
	社区（X7）	就业（X71）	就业人数（X711）

1. 股东

利益相关者中的股东利益分别采用企业应承担的股东权益和科技创新来评价。其中股东权益采用基本每股收益、每股税前现金股利和信息披露质量衡量;科技创新采用研发费用率衡量。

（1）股东权益。①基本每股收益（EPS）：每股收益指税后利润与股本总数的比率。每股收益通常被用来反映企业的经营成果，衡量普通股的获利水平及投资风险。该指标值越大，表明混合所有制改革下企业保护股东权益程度越高。基本每股收益的计算公式如下：基本每股收益＝归属于普通股股东的当期净利润/当期发行在外普通股的加权平均数。②每股税前现金股利：公司税前现金股利与总股数的比值。该指标值越大，表明混合所有制改革下企业保护股东权益程度越高。③信息披露质量：用会计信息及时性指标来衡量，该指标在表中查询到的天数越少，表明混合所有制改革下企业保护股东权益程度越高。本书对信息披露质量这一指标用查询天数自然对数的负值进行衡量，该指标值越大，表明企业信息披露质量越高。

（2）科技创新。研发费用率：企业研发投入占营业收入的比例，该指标值越高，表明混合所有制改革下企业科技创新重视程度越高。

2. 债权人

利益相关者中的债权人利益采用企业应承担的资金安全责任来评价。①流动比率：流动资产与流动负债的比率。该指标值越高，表明混合所有制改革下企业对债权人的利益保护程度越高。②速动比率：速动资产（企业的流动资产减去存货和预付费用后的值）与流动负债的比值。该指标值越高，表明混合所有制改革下企业对债权人的利益保护程度越高。

3. 职工

利益相关者中的职工利益采用企业应承担的工资福利责任来评价。①工资支付率：企业工资支出与应付工资的比值。该指标值越高，表明混合所有制改革下企业对职工的利益保护程度越高。②人均年收入：企业工资总支出与总职工人数的比值。该指标值越高，表明混合所有制改革下企业对职工的利益保护程度越高。

4. 客户

利益相关者中的客户利益很大程度上来源于企业提供高性价比的产

品，可用营业成本率来衡量。营业成本率：企业当期营业成本与营业收入的比值。该指标值越高，表明混合所有制改革下企业对客户的利益维护程度越高。

5. 供应商

企业如果能诚信地履行双方的商业合同（准时付款、付款比例高、保证产品质量等），就为供应商带来了经济效益，有利于双方合作关系持续稳定地发展。①应付账款周转率：企业销售成本与平均应付账款的比值。该指标值越高，表明混合所有制改革下企业对供应商的利益保护程度越高。②现金与应付账款比率：经营活动现金净流量与应付账款平均余额的比值。该指标值越高，表明混合所有制改革下企业对供应商的利益保护程度越高。

6. 政府

利益相关者中的政府利益采用企业应承担的依法纳税责任来评价。①资产纳税率：企业实际上缴税费与资产总额的比值。该指标值越高，表明混合所有制改革下企业对政府的利益保护程度越高。②税费净额：支付的各项税费扣除返还给企业的税费的净额。该指标值越高，表明混合所有制改革下企业对政府的利益保护程度越高。

7. 社区

企业在社区内经营的同时，需积极承担起相应的社会责任。企业既为社会带来直接的经济效益，也间接解决了一部分人的就业问题，该企业责任用就业人员来衡量。就业人数：企业本年度员工总数。该指标值越高，表明混合所有制改革下企业对社区利益的维护程度越高。

二 混合所有制改革经济效应评价指标体系构建

"国民共进"混合所有制改革对经济效益、企业价值、公司治理以及投资效率四方面有着深远的影响，这四个方面并不互相独立，而是互相渗透、互相影响的。基于上文对混合所有制改革企业经济效应构成要素的分析，本部分从经济效益、企业价值、公司治理和投资效率四个维度共计 39 个指标，构建混合所有制改革企业经济效应评价指标体系，如表 6-2 所示。

表 6-2 混合所有制改革企业经济效应评价指标体系

一级指标	二级指标	三级指标	四级指标
经济效应（Z2）	经济效益（X1）	偿债能力（X11）	资产负债率（X111）
			流动比率（X112）
			所有者权益比率（X113）
			现金流动负债比率（X114）
		盈利能力（X12）	营业利润率（X121）
			总资产报酬率（X122）
			利润现金保障倍数（X123）
		获取现金能力（X13）	销售现金比率（X131）
			全部资产现金回收率（X132）
		资产质量状况（X14）	应收账款周转率（X141）
			存货周转率（X142）
			流动资产周转率（X143）
		经济增长状况（X15）	营业收入增长率（X151）
			资本保值增值率（X152）
			总资产增长率（X153）
	企业价值（X2）	管理绩效（X21）	技术投入比率（X211）
		财务绩效（X22）	净资产收益率（X221）
			每股收益（X222）
			每股净资产（X223）
			成本费用利润率（X224）
			净现金流量（X225）
	公司治理（X3）	股东会治理（X31）	股权集中度（X311）
			股权制衡度（X312）
			股东会会议次数（X313）
			流通股比例（X314）

续表

一级指标	二级指标	三级指标	四级指标
经济效应（Z2）	公司治理（X3）	董事会治理（X32）	董事会规模（X321）
			两职合一（X322）
			独立董事比例（X323）
			董事会会议次数（X324）
			董事薪酬水平（X325）
		监事会治理（X33）	监事会规模（X331）
			监事会会议次数（X332）
			外部监事比例（X333）
		管理层治理（X34）	高管薪酬（X341）
			代理成本（X342）
	投资效率（X4）	资本收益（X41）	托宾Q（X411）
			投资利润率（X412）
			每股营业收入（X413）
		技术创新（X42）	技术人员比例（X421）

1. 经济效益

经济效益采用偿债能力、盈利能力、获取现金能力、资产质量状况以及经济增长状况五个指标进行评价。

（1）偿债能力。①资产负债率：即期末总负债和期末总资产的比值。该指标又称举债经营比率，反映了债权人提供资金占企业全部资产的比重以及债权人向企业提供信贷资金的风险程度。该指标值越大，表明企业偿债能力越弱。②流动比率：流动资产/流动负债。该指标又称营运资金比率，用来衡量企业在短期债务到期之前，可以将流动资产变为现金用于偿债的能力。该指标值越大，表明企业的短期偿债能力越强，反之则越弱。值得注意的是，该指标值越高，可能也暗示着企业存货积压过多，或是现金持有太多，说明企业经营不善。③所有者权益比率：所有者权益总额与资产总额的比值。该比率是衡量企业长期偿债能力的重要财务指标，该指标值越高，说明由投资人投资而形成的资产占全部资产的比重越大，企业的长期偿债能力越强，债权人的利益也越有保障，企业的财务风险越小。但是，对于一个长期稳定、经营状况良好的企业来说，该比率如果过高，则会导致企业的融资成本提高，企业将无法充分利用债务带来的杠杆作用。④现金流动负债比率：年经营现金流量净额/年末流动负债。该比率从现金流量的角度反映了企业的短期偿债能力。一般来说，该指标值如果大于1，则表示企业有较好的流动负债偿还能力。但该指标值如果过大，则表明企业流动资金利用不充分，盈利能力不强。

（2）盈利能力。①营业利润率：营业利润/主营业务收入。该比率是衡量企业经营效率的指标，反映了在不考虑非营业成本的前提下，企业管理者通过自身经营管理获取利润的能力。该指标值越大，表明每百元商品销售额带来的营业利润越多，说明企业盈利能力越强；反之，说明企业盈利能力越弱。②总资产报酬率：息税前利润/平均总资产。该值又称总资产利润率，是评价企业运营效益的重要指标。该指标值越大，说明企业在提高收入、节约资金等方面取得了良好的效果，企业有较高的经营管理水平。③利润现金保障倍数：经营现金净流量与净利润的比值。该指标值是反映企业利润质量的重要指标，从现金流入和流出的角度，对企业盈余的质量进行评价。该指标值越大，表明企业利润可靠性较高。一般而言，当企业的净利润大于0时，该指标应大于1。此外，由于分母变动较大，应根据企业实际效益状况对该指标值进行分析。

（3）获取现金能力。①销售现金比率：经营活动现金流量净额与销售收入的比值。该指标值反映了企业每元销售收入带来的现金流量净额，可用来评价企业销售质量的高低。该指标值越大，表明企业收入质量越高，资金利用效果越好。此外，企业的赊销政策也会影响到该指标值的高低，如果企业有虚假收入，也会导致该指标过低。②全部资产现金回收率：经营活动现金流量净额与平均总资产的比值。该指标值反映了企业全部资产带来现金的能力，该指标值越大，表明企业整体获取现金的能力越强，企业的经营管理水平越高。

（4）资产质量状况。①应收账款周转率：主营业务收入净额与应收账款年初年末余额平均值的比值。该指标是一个正数值，指标值越大，表明企业应收账款的变现能力越强，企业的财务管理水平越高。②存货周转率：营业成本与存货平均余额的比值。该比率是反映企业一年中存货流动速度的指标。该指标值越大，则表明企业存货流动性越强，企业变现能力也就越强。③流动资产周转率：主营业务收入净额与平均流动资产总额的比值。该指标值可反映企业全部流动资产利用的效率。该指标值越大，则表明企业流动资产利用效果越好。流动资产流动速度快，表明企业在资金节约方面取得了良好的效果，有利于增强企业的盈利能力。

（5）经济增长状况。①营业收入增长率：（本期营业收入－上期同期营业收入）/上期同期营业收入。该指标值是评价企业成长状况和发展能力的重要指标。该指标值大于零，则表明企业的营业收入较上期有所增长，指标值越高，则说明企业持续发展能力越强，市场前景越好。②资本保值增值率：本期期末所有者权益/本期期初所有者权益。该比率是根据资本保全原则而设置的，反映了企业资本的运营效益和安全状况，能及时、有效地体现所有者权益的增减情况。该指标值越大，则说明企业所有者权益增长越快，企业的发展前景越好。③总资产增长率：（本期期末总资产－上期期末总资产）/上期期末总资产。该指标值是反映、分析企业当期资本累积能力和发展能力的重要指标。该指标值越大，则表明企业在一定时期内资产经营规模扩张的速度越快，企业的持续发展能力越好。但使用该指标值进行分析时，需关注扩张资产的质量，考虑由于企业盲目扩张带来的负面影响对数据的干扰。

2. 企业价值

企业价值主要采用管理绩效和财务绩效指标进行评价。管理绩效包括技术投入比率；财务绩效包括净资产收益率、每股收益、每股净资产、成本费用利润率和净现金流量。

（1）管理绩效。技术投入比率：年度科技支出合计与本年度营业收入净额的比值。该指标反映了企业在新技术中的投入程度，从技术创新层面分析了企业的发展潜力、创新能力以及可持续发展能力。技术创新能力是企业在激烈的市场竞争中保持核心竞争力、不断发展壮大的前提。该指标值越大，说明企业对市场适应能力越强，发展前景越好。

（2）财务绩效。①净资产收益率：净利润与平均净资产的比值。该比值反映了企业自有资本获得净收益的能力，即企业所有者权益的投资报酬率，具有很强的综合性。一般认为，该指标值越高，自有资本获取净收益的能力越强，企业的运营效益越好。②每股收益：企业税后利润/企业总股数。该指标反映了企业的经营成果，是评价企业盈利能力、发展潜力的重要指标，也是投资者投资决策行为的重要参考指标。该指标值越大，说明企业财务绩效越好。③每股净资产：企业股东权益/企业总股数。该指标反映了企业每股股票的资产现值，是支撑股票市场价格的重要基础。该指标值越高，表明股东所拥有的每股资产价值越多。一般认为，该指标值越大，企业的财务绩效越好。④成本费用利润率：企业营业利润/成本费用总额。该指标反映了企业经营耗费所带来的经营成果，体现了企业每付出一元成本费用可获得的利润。该指标值越大，说明利润越大，企业的经济效益越好。⑤净现金流量：企业现金流入 - 现金流出。该指标反映了企业当期净增加、净减少的现金及现金等价物的数额。该指标值越大，说明企业财务绩效越好。

3. 公司治理

对公司治理的评价主要从股东会、董事会、监事会以及管理层四个层面的治理进行。

（1）股东会治理。①股权集中度：即第一大股东持股数/公司总股数。该指标是反映企业股权分布情况的主要指标，并用来衡量公司稳定性。我国上市公司股权分布的主要特征就是股权主要集中在少数股东手中。股权的高度集中,不利于公司治理效益的提升,混合所有制改革有助于改善这一状况。该指标值越小,则说明企业股东会治理越好。②股权制衡度:第二至第五大股东持股比例之和/第一大股东持股比例。该比值反映了股东会的内部牵制程度,良好的股权制衡既能保持住股权相对集中的优势,又能有效控制大股东由于个人利益而做出有损于公司利益的决策行为。股权制衡度越高,说明企业外部股东的监督能力和动机越强,控股股东侵害公司利益的能力越弱,企业股东会治理越好。③股东会会议次数:企业在当年举行股东大会的会议次数。该指标反映了股东会对企业经营管理、内部沟通的重视程度。该指标值越大,说明企业凝聚力越强,发展目标越明晰,公司治理水平越高。④流通股比例:流通股股数/企业总股数。流通股是指企业在交易所可供交易流通的股份数量。流通股比例越高,企业经营活力越强,经营质量越高,赢利机会也就越多,说明企业股东会治理越好。

(2)董事会治理。①董事会规模:企业中董事会的董事总人数。企业董事会规模与公司治理水平并非单纯的线性关系。在特定条件下,可能存在董事会的最优规模,目前普遍认为,相较于规模较小的董事会,规模较大的董事会更有利于公司的治理。②两职合一:董事长和总经理是否为同一人,当为同一人时,取值为0,否则为1。在两职合一的企业中,总经理可能以自身利益优先,导致公司发生过度投资的行为。该指标值为1时,说明企业董事会治理较好。③独立董事比例:独立董事人数占董事会总人数比例。独立董事不在公司内部任职,但对公司事务做出独立的判断。一般认为,企业独立董事的规模反映了企业经营决策的客观性、合理性,独立董事比例越高,说明企业独立董事行使权力越有保障,企业董事会治理越好。④董事会会议次数:企业在当年举行董事会的会议次数。该指标值越大,表示企业对公司治理的积极性与重视程度越高。虽然有法律规定的次数,但并非所有企业都按时按量完成董事会会议的职责,该指标值越大,则表明企业对管理效率、公司治理水平要求越高，董事会治理越好。⑤董事薪酬水平：董事薪酬排在前三名的薪酬总额/董监高前三名薪酬总额。董事薪酬由多方面构成，包括基本年薪、绩效以及中长期激励。该指标值越高，说明企业绩效越好，公司经营决策、管理越有效，董事会治理越好。

（3）监事会治理。①监事会规模：企业中监事会的监事总人数。监事会规模越大，说明企业董事、经理等人员的行为更加规范，有助于提高公司治理水平。②监事会会议次数：企业当年举行监事会的会议次数。该指标值越大，说明企业监事会行动力越强，监事会实权越大，越能切实保障监事会在公司治理方面的责任和义务。③外部监事比例：企业中未领取薪酬的监事比例。外部监事与公司经营管理层之间不存在任何关系，该指标值越高，说明企业监事会的客观性和独立性越强，企业监事会治理越好。

（4）管理层治理。①高管薪酬：企业中薪酬排在前三名的高管薪酬总额占董监高前三名薪酬总额的比例。高管薪酬作为一种激励手段，可以为企业吸引到能为股东创造价值的优秀经理人。该指标值越大，说明企业对管理的重视程度越高，投入越大，企业管理层治理水平越高。②代理成本：企业年度管理费用/年度总营业收入。该指标值反映了企业因代理问题所产生的管理费用以及为了解决代理问题所发生的成本。该指标值越小，表明企业在解决信息不对称及管理经理人工作目标方面取得的效果越高，企业管理层治理效果越好。

4. 投资效率

投资效率主要采用资本收益和技术创新两个指标进行评价。

（1）资本收益。①托宾 Q：企业市场价值/（总资产－无形资产－商誉净额）。该指标是反映公司绩效表现与公司成长性的重要指标。当该指标值等于 1 时，表示企业投资与企业资本成本达到了动态均衡。一般认为，该指标值越大，企业的资本收益越高。②投资利润率：息税前利润与总投资的比值。该指标通常被用来与企业所在行业的标准投资率进行比较，若该指标值大于或等于行业标准投资利润率，则表示该投资项目是有利可图的。一般认为，该指标值越大，企业资本收益越高。

③每股营业收入：企业当期营业收入与当期总股数的比值。该比值反映了企业每单位股票对企业营业收入的影响。通常认为，该值越高，企业的资本收益越高。

（2）技术创新。技术人员比例：企业本期所拥有的技术人员人数占企业本期员工总数的比例。该指标直观反映了企业在技术方面的实力、对创新意识的重视程度以及将新概念投入实践的能力。一般认为，该指标值越大，企业技术创新能力越强。

第四节　评价方法选择与评价模型构建

一　评价方法选择

对于多指标评价体系的考核，属于综合评价方法。现代综合评价方法体系主要包括模糊评价法、DEA 评价法和主成分分析法。综合评价方法的核心思想是根据各评价指标重要性的相对程度对其赋权，以确定权重大小。现有赋权方法又分为客观赋权法、主观赋权法和客主观相结合的组合赋权法。现有的主观赋权法中，多采用专家打分法和德尔菲法等，该方法因充分依赖专家的经验和判断而出名。但由于我国新时期的混合所有制改革还处于试水区阶段，对混合所有制改革效应的评价，并没有丰富的经验可以借鉴，因此本书为了保证对混合所有制改革效应评价的真实性和准确性，拟采用客观赋权法对各级指标进行赋权。在客观赋权法中，主要有主成分分析法和变异系数法。为了充分考虑混合所有制改革效应评价体系中各指标的初始信息以及消除各项指标测度值由于量纲不同而对整体评价造成的负面影响，本书采取变异系数加权法对混合所有制改革效应进行综合评价。

二 评价模型构建

本书拟采用四级指标构建混合所有制改革效应评价指标体系，基于不同所有制资本控股混合所有制改革企业样本，采用变异系数法确定各项指标的权重，并用变异系数－加权法生成效应评价综合指数。因此，以如下思路构建混合所有制改革效应评价模型。

第一步：根据四级指标的标准差和平均值确定该级指标的变异系数和权重，并通过加权计算的方法生成三级指标的指数值。在该步骤中，首先，采用模型（6－1）计算四级指标的变异系数；其次，应用模型（6－2）对四级指标进行赋权；最后，通过模型（6－3）生成三级指标的指数值。

$$V_{ijk} = \sigma_{ijk} / \overline{x_{ijk}} \quad (i=1,2,\cdots,m; j=1,2,\cdots,n; k=1,2,\cdots,p) \quad (6-1)$$

$$W_{ijk} = V_{ijk} / \sum_{k=1}^{p} V_{ijk} \quad (i=1,2,\cdots,m; j=1,2,\cdots,n; k=1,2,\cdots,p) \quad (6-2)$$

$$Z_{ij} = \sum_{k=1}^{p} W_{ijk} \times x_{ijk} \quad (i=1,2,\cdots,m; j=1,2,\cdots,n; k=1,2,\cdots,p) \quad (6-3)$$

在模型（6－1）、（6－2）和（6－3）中，V_{ijk}为混合所有制改革效应一级指标（社会效应或经济效应）下对应的第i项二级指标下的第j项三级指标对应的第k项四级指标的变异系数；W_{ijk}则为与第i项二级指标下的第j项三级指标相对应的第k项四级指标的权重；σ_{ijk}为与第i项二级指标下的第j项三级指标相对应的第k项四级指标观测值的标准差；$\overline{x_{ijk}}$则为与第i项二级指标下的第j项三级指标相对应的第k项四级指标观测值的平均数；x_{ijk}为与第i项二级指标下的第j项三级指标相对应的第k项四级指标的实际观测值；Z_{ij}则为对应的一级指标下与第i项二级指标相对应的第j项三级指标的评价指数值。

第二步：利用模型（6－4）、（6－5）和（6－6）计算出来的各项三级指标Z_{ij}的标准差和平均值，计算出各项三级指标的变异系数和权重，并通过加权法计算出二级指标的评价指数。首先，参照模型（6-4）计算出各项三级指标的变异系数；其次，使用模型（6-5）对各项三级指标进行赋权；最后，通过模型（6-6）生成各项二级指标指数。

$$V_{ij} = \sigma_{ij} / \overline{Z_{ij}} \quad (i = 1,2,\cdots,m; j = 1,2,\cdots,n) \tag{6-4}$$

$$W_{ij} = V_{ij} / \sum_{j=1}^{n} V_{ij} \quad (i = 1,2,\cdots,m; j = 1,2,\cdots,n) \tag{6-5}$$

$$Z_i = \sum_{j=1}^{n} W_{ij} \times Z_{ij} \quad (i = 1,2,\cdots,m; j = 1,2,\cdots,n) \tag{6-6}$$

在模型（6-4）、（6-5）和（6-6）中，V_{ij}为混合所有制改革效应一级指标（社会效应或经济效应）下对应的第i项二级指标下的第j项三级指标的变异系数；W_{ij}为与第i项二级指标相对应的第j项三级指标的权重；σ_{ij}为与第i项二级指标相对应的第j项三级指标的标准差；$\overline{Z_{ij}}$为与第i项二级指标相对应的第j项三级指标的平均数；Z_{ij}为与第i项二级指标相对应的第j项三级指标的具体评价指数；Z_i则为第i项二级指标的具体评价指数。

第三步：利用模型（6-7）、（6-8）和（6-9）计算出来的各项二级指标的指数Z_i的标准差和平均值，计算各项二级指标的变异系数和权重，并通过加权法计算出一级指标的评价指数。首先，依据模型（6-7）计算各项二级指标的变异系数；其次，通过模型（6-8）对各项二级指标赋权；最后，使用模型（6-9）生成一级指标的具体评价指数。

$$V_i = \sigma_i / \overline{Z_i} \quad (i = 1,2,\cdots,m) \tag{6-7}$$

$$W_i = V_i / \sum_{i=1}^{m} V_i \quad (i = 1,2,\cdots,m) \tag{6-8}$$

$$Z = \sum_{i=1}^{m} W_i \times Z_i \quad (i = 1,2,\cdots,m) \tag{6-9}$$

在模型（6-7）、（6-8）和（6-9）中，V_i为与一级指标相对应的

第 i 项二级指标的变异系数值；W_i 则为相对应的第 i 项二级指标的权重；σ_i 为第 i 项二级指标对应评价指数的标准差；$\overline{Z_i}$ 为第 i 项二级指标对应评价指数的平均数；Z_i 则为与一级指标相对应的第 i 项二级指标的具体评价指数；Z 为一级指标的综合评价指数。

| 第七章 |

"国民共进"混合所有制改革效应评价与分析一

——基于国有资本控股混合所有制改革企业的视角

本部分基于前文构建的混合所有制改革社会效应评价体系和经济效应评价体系,选取国有资本控股混合所有制改革企业作为研究样本,收集相应评价指标的数值,利用变异系数-加权法和Excel工具,在生成各级指标的变异系数后,对各级指标进行赋权,最终生成国有资本控股混合所有制改革样本企业的社会效应指数、经济效应指数和改革效应指数,并分别进行评价和分析。

第一节 国有资本控股混合所有制企业改革效应评价指标权重赋值

一 样本选择与数据来源

本部分主要以国有资本控股混合所有制改革企业的视角,研究非国有资本进入国有企业后带来的混合所有制改革效应。所选样本、数据来源同第四章，不再赘述。

二 国有资本控股混合所有制改革企业社会效应评价指标权重

根据第六章求解各级评价指标变异系数和权重的方法，计算出样本企业 14 项四级指标的平均值和标准差。以此为依据，依次计算出社会效应的四级、三级和二级指标的变异系数和权重，计算结果如表 7-1 和表 7-2 所示。

表 7-1 国有资本控股混合所有制改革企业社会效应评价指标变异系数

一级指标	二级指标	变异系数	三级指标	变异系数	四级指标	变异系数
社会效应（Z1）	股东（X1）	1.208	股东权益（X11）	1.144	基本每股收益（X111）	0.378
					每股税前现金股利（X112）	3.864
					信息披露质量（X113）	0.447
			科技创新（X12）	1.812	研发费用率（X121）	1.812
	债权人（X2）	0.892	资金安全（X21）	0.892	流动比率（X211）	0.783
					速动比率（X212）	1.025
	职工（X3）	0.336	工资福利（X31）	0.336	工资支付率（X311）	0.300
					人均年收入（X312）	1.035
	客户（X4）	0.235	价格水平（X41）	0.235	营业成本率（X411）	0.235
	供应商（X5）	9.313	利益（X51）	9.313	应付账款周转率（X511）	21.562
					现金与应付账款比率（X512）	0.032

155

续表

一级指标	二级指标	变异系数	三级指标	变异系数	四级指标	变异系数
社会效应 (Z1)	政府 (X6)	2.608	纳税 (X61)	2.608	资产纳税率 (X611)	1.110
					税费净额 (X612)	4.152
	社区 (X7)	2.634	就业 (X71)	2.634	就业人数 (X711)	2.634

从表7-2中国有资本控股混合所有制改革企业社会效应评价指标权重来看，二级指标中股东、债权人、职工和客户所占的权重较小，分别为7.0%、5.2%、1.9%和1.4%；而供应商、政府和社区所占的权重较大，分别为54.1%、15.1%和15.3%。二级指标之间的权重差异明显，在国有资本控股混合所有制改革企业社会效应评价体系中，供应商、政府和社区层面所占的权重较大，和国有企业的现实情况相一致。

四级指标中，每股税前现金股利、研发费用率、速动比率、人均年收入、营业成本率、应付账款周转率、税费净额和就业人数这些指标所占权重较大，对国有资本控股混合所有制改革企业社会效应的影响较大。

最终生成的国有资本控股混合所有制改革企业社会效应评价指数见附录F。

表7-2　国有资本控股混合所有制改革企业社会效应评价指标权重

一级指标	二级指标	权重	三级指标	权重	四级指标	权重
社会效应 (Z1)	股东 (X1)	0.070	股东权益 (X11)	0.387	基本每股收益 (X111)	0.081
					每股税前现金股利 (X112)	0.824
					信息披露质量 (X113)	0.095
			科技创新 (X12)	0.613	研发费用率 (X121)	1

续表

一级指标	二级指标	权重	三级指标	权重	四级指标	权重
社会效应（Z1）	债权人（X2）	0.052	资金安全（X21）	1	流动比率（X211）	0.433
					速动比率（X212）	0.567
	职工（X3）	0.019	工资福利（X31）	1	工资支付率（X311）	0.225
					人均年收入（X312）	0.775
	客户（X4）	0.014	价格水平（X41）	1	营业成本率（X411）	1
	供应商（X5）	0.541	利益（X51）	1	应付账款周转率（X511）	0.998
					现金与应付账款比率（X512）	0.002
	政府（X6）	0.151	纳税（X61）	1	资产纳税率（X611）	0.211
					税费净额（X612）	0.789
	社区（X7）	0.153	就业（X71）	1	就业人数（X711）	1

三 国有资本控股混合所有制改革企业经济效应评价指标权重

根据第六章求解各级评价指标变异系数和权重的方法，计算出样本企业39项四级指标的平均值和标准差。以此为依据，依次计算出经济效应的四级、三级和二级指标的变异系数和权重，计算结果如表7-3和表7-4所示。

表7-3 国有资本控股混合所有制改革企业经济效应评价指标变异系数

一级指标	二级指标	变异系数	三级指标	变异系数	四级指标	变异系数
经济效应（Z2）	经济效益（X1）	0.510	偿债能力（X11）	0.126	资产负债率（X111）	0.453

混合所有制改革及效应

续表

一级指标	二级指标	变异系数	三级指标	变异系数	四级指标	变异系数
经济效应（Z2）	经济效益（X1）	0.510	偿债能力（X11）	0.126	流动比率（X112）	0.877
					所有者权益比率（X113）	0.308
					现金流动负债比率（X114）	0.255
			盈利能力（X12）	0.059	营业利润率（X121）	0.048
					总资产报酬率（X122）	0.067
					利润现金保障倍数（X123）	0.161
			获取现金能力（X13）	0.162	销售现金比率（X131）	0.126
					全部资产现金回收率（X132）	0.202
			资产质量状况（X14）	4.014	应收账款周转率（X141）	19.198
					存货周转率（X142）	13.262
					流动资产周转率（X143）	0.944
			经济增长状况（X15）	1.001	营业收入增长率（X151）	2.754
					资本保值增值率（X152）	0.099
					总资产增长率（X153）	0.683
	企业价值（X2）	0.860	管理绩效（X21）	1.341	技术投入比率（X211）	1.341
			财务绩效（X22）	0.518	净资产收益率（X221）	0.034

续表

一级指标	二级指标	变异系数	三级指标	变异系数	四级指标	变异系数
经济效应（Z2）	企业价值（X2）	0.860	财务绩效（X22）	0.518	每股收益（X222）	0.399
					每股净资产（X223）	0.875
					成本费用利润率（X224）	0.101
					净现金流量（X225）	1.460
	公司治理（X3）	0.185	股东会治理（X31）	0.213	股权集中度（X311）	0.438
					股权制衡度（X312）	1.004
					股东会会议次数（X313）	0.826
					流通股比例（X314）	0.239
			董事会治理（X32）	0.184	董事会规模（X321）	0.446
					两职合一（X322）	0.339
					独立董事比例（X323）	0.585
					董事会会议次数（X324）	0.651
					董事薪酬水平（X325）	0.379
			监事会治理（X33）	0.399	监事会规模（X331）	0.634
					监事会会议次数（X332）	0.666
					外部监事比例（X333）	0.679

续表

一级指标	二级指标	变异系数	三级指标	变异系数	四级指标	变异系数
经济效应（Z2）	公司治理（X3）	0.185	管理层治理（X34）	0.459	高管薪酬（X341）	0.112
					代理成本（X342）	0.979
	投资效率（X4）	0.750	资本收益（X41）	0.735	托宾Q（X411）	1.249
					投资利润率（X412）	0.235
					每股营业收入（X413）	1.329
			技术创新（X42）	1.023	技术人员比例（X421）	1.023

表7-4 国有资本控股混合所有制改革企业经济效应评价指标权重

一级指标	二级指标	权重	三级指标	权重	四级指标	权重
经济效应（Z2）	经济效益（X1）	0.221	偿债能力（X11）	0.023	资产负债率（X111）	0.239
					流动比率（X112）	0.463
					所有者权益比率（X113）	0.163
					现金流动负债比率（X114）	0.135
			盈利能力（X12）	0.011	营业利润率（X121）	0.173
					总资产报酬率（X122）	0.242
					利润现金保障倍数（X123）	0.585
			获取现金能力（X13）	0.030	销售现金比率（X131）	0.383

续表

一级指标	二级指标	权重	三级指标	权重	四级指标	权重
经济效应（Z2）	经济效益（X1）	0.221	获取现金能力（X13）	0.030	全部资产现金回收率（X132）	0.617
			资产质量状况（X14）	0.749	应收账款周转率（X141）	0.575
					存货周转率（X142）	0.397
					流动资产周转率（X143）	0.028
			经济增长状况（X15）	0.187	营业收入增长率（X151）	0.779
					资本保值增值率（X152）	0.028
					总资产增长率（X153）	0.193
	企业价值（X2）	0.373	管理绩效（X21）	0.721	技术投入比率（X211）	1
			财务绩效（X22）	0.279	净资产收益率（X221）	0.012
					每股收益（X222）	0.139
					每股净资产（X223）	0.305
					成本费用利润率（X224）	0.035
					净现金流量（X225）	0.509
	公司治理（X3）	0.080	股东会治理（X31）	0.169	股权集中度（X311）	0.175
					股权制衡度（X312）	0.401
					股东会会议次数（X313）	0.329
					流通股比例（X314）	0.095

续表

一级指标	二级指标	权重	三级指标	权重	四级指标	权重
经济效应（Z2）	公司治理（X3）	0.080	董事会治理（X32）	0.147	董事会规模（X321）	0.186
					两职合一（X322）	0.141
					独立董事比例（X323）	0.244
					董事会会议次数（X324）	0.271
					董事薪酬水平（X325）	0.158
			监事会治理（X33）	0.318	监事会规模（X331）	0.320
					监事会会议次数（X332）	0.337
					外部监事比例（X333）	0.343
			管理层治理（X34）	0.366	高管薪酬（X341）	0.103
					代理成本（X342）	0.897
	投资效率（X4）	0.326	资本收益（X41）	0.418	托宾Q（X411）	0.444
					投资利润率（X412）	0.084
					每股营业收入（X413）	0.472
			技术创新（X42）	0.582	技术人员比例（X421）	1

从表7-4中国有资本控股混合所有制改革企业经济效应评价指标权重来看，二级指标中经济效益、企业价值和投资效率所占的权重较大，分别为22.1%、37.3%和32.6%；而公司治理层面所占的权重较小，仅为8.0%，比较符合国有企业的现实情况。

三级指标中，资产质量状况、管理绩效、监事会治理、管理层治理和技术创新等指标所占权重较大，对国有资本控股混合所有制改革企业经济效应的影响较大。

四级指标中，流动比率、利润现金保障倍数、全部资产现金回收率、应收账款周转率、营业收入增长率、净现金流量、股权制衡度、代理成本和托宾Q等指标所占权重较大，对国有资本控股混合所有制改革企业经济效应的影响较大。

最终生成的国有资本控股混合所有制改革企业经济效应评价指数见附录G。

第二节 国有资本控股混合所有制企业改革效应评价和分析

一 国有资本控股混合所有制改革企业社会效应评价与分析

1. 变量定义与模型构建

（1）变量定义。

①被解释变量。将社会效应作为被解释变量，用上文生成的社会效应综合评价指数进行衡量，见附录F。

②解释变量。本部分将股权混合度作为解释变量。首先计算出国有资本控股混合所有制改革样本企业前十大股东中非国有资本股东持股比例之和、国有资本股东持股比例之和，然后参照张文魁（2015）的方法，将非国有资本股东持股比例之和与国有资本股东持股比例之和的比值作为股权混合度的衡量值。

③控制变量。参照黄勇坚和刘佳（2020）、张涛涛等（2020）的方法，本部分对企业规模、资产负债率、总资产报酬率和股权集中度等常规变量进行了控制，同时对行业虚拟变量和年度虚拟变量进行了控制。

本部分所用到的主要变量及其定义，如表 7-5 所示。

表 7-5　主要变量及其定义

变量类型	变量名称	变量符号	变量定义
被解释变量	社会效应	Z1	按照上文计算的社会效应综合评价指数进行衡量
解释变量	股权混合度	Cmr	前十大股东中非国有资本股东持股比例之和与国有资本股东持股比例之和的比值
控制变量	企业规模	Size	期末总资产的自然对数
	资产负债率	Lev	期末总负债/期末总资产
	总资产报酬率	Roa	（利润总额+利息支出）/平均总资产
	股权集中度	Top10	前十大股东持股比例之和
	行业虚拟变量	Industry	根据《证监会行业代码与分类》进行划分和判断，当具体样本公司属于某个行业时，该变量取值为 1；否则取值为 0
	年度虚拟变量	Year	当样本公司属于年度 t 时，该变量取值为 1；否则取值为 0

(2) 模型构建。

为了评价非国有资本进入国有资本控股的混合所有制改革企业后的社会效应，本部分构建模型（7-1）进行评价：

$$Z_{i,t} = \alpha_1 + \alpha_2 \times Cmr_{i,t} + \alpha_3 \times Size_{i,t} + \alpha_4 \times Lev_{i,t} + \alpha_5 \times Roa_{i,t} + \alpha_6 \times Top10_{i,t} + \sum Industry_{i,t} + \sum Year_{i,t} + \varepsilon_{i,t} \qquad (7-1)$$

2. 描述性统计

表 7-6 报告了本部分主要变量的描述性统计分析结果。据表 7-6 可知，国有资本控股混合所有制改革企业在样本期间社会效应的平均值为 0.035，标准差为 0.033，最小值为 0.012，最大值为 0.585，说明样本公司社会效应整体水平不高。股权混合度的平均值为 0.676，标准差为 0.526，表明国有资本控股混合所有制改革样本企业整体混改力度较强。

企业规模的最小值为 20.281，最大值为 28.636，标准差高达 1.700，平均值为 23.535，说明国有资本控股混合所有制改革样本公司的企业规模整体较大，且存在较大的差异。资产负债率平均值为 0.500，表明样本企业的整体负债水平不太高，说明近年来国有企业降杠杆已见成效。总资产报酬率的平均值为 0.052，说明样本企业的整体盈利能力较低，有待提高。股权集中度的平均值为 0.649，表明样本企业的股权集中度整体较高，有 64.9% 的股份为前十大股东所持有。

表 7-6 变量的描述性统计

变量	样本数	平均值	标准差	最小值	最大值
Z1	970	0.035	0.033	0.012	0.585
Cmr	970	0.676	0.526	0.085	4.922
Size	970	23.535	1.700	20.281	28.636
Lev	970	0.500	0.200	0.057	1.150
Roa	970	0.052	0.071	-1.021	0.321
Top10	970	0.649	0.159	0.248	1.012

3. 相关性分析

表 7-7 是本部分主要变量的相关性分析结果。表 7-7 中，股权混合度与社会效应的相关系数为 0.018，在 5% 水平下显著正相关，初步说明非国有资本进入国有资本控股的混合所有制改革企业后能够提高其社会效应。

表 7-7 变量的相关性分析

	Z1	Cmr	Size	Lev	Roa	Top10
Z1	1.000					
Cmr	0.018**	1.000				
Size	0.436***	0.094***	1.000			
Lev	-0.024	0.039	0.468***	1.000		

续表

	Z1	Cmr	Size	Lev	Roa	Top10
Roa	0.069**	-0.005	0.101***	-0.263***	1.000	
Top10	0.251***	-0.080**	0.498***	0.091***	0.167***	1.000

注：对角线左下角为 Pearson 相关性检验系数，为双侧检验；"*""**""***"分别表示在 10%、5%、1% 水平下显著。

4. 多重共线性检验

回归模型中各变量之间若存在严重的多重共线性问题，将影响模型回归结果的准确性，因此本部分对模型（7-1）中自变量的方差膨胀因子进行了有效测算，发现模型中自变量的 VIF 值及平均 VIF 值都远小于 10 并在 1.80（含）以内，表明本部分构建的回归模型不存在严重的多重共线性问题。模型（7-1）的多重共线性检验结果如表 7-8 所示。

表 7-8 模型的多重共线性检验

变量	模型（7-1）	
	VIF	1/VIF
Cmr	1.04	0.958
Size	1.80	0.557
Lev	1.62	0.617
Roa	1.38	0.726
Top10	1.27	0.790
Mean VIF	1.42	

5. 实证检验

由于变量的极端值会对模型的回归结果造成不利影响，因此本部分在对模型（7-1）进行回归前，对所有连续性变量进行了上下 1% 分位数的缩尾处理。同时，由于本部分研究样本属于短面板数据，为了消除异方差和自相关对模型回归结果的影响，本部分采用聚类稳健标准差的固定效应对模型（7-1）进行了回归。实证检验回归结果如表 7-9 所示。

在表 7-9 中，模型（7-1）的回归结果表明，股权混合度对社会效应的影响系数为 0.004，在 5% 水平下显著，表明在国有资本控股混合所有制改革企业中，股权混合度每提高 1 个单位，会使社会效应相应地提高 0.004 个单位，股权混合度与社会效应显著正相关，表明股权混合度越高，社会效应越大。

表 7-9 实证检验回归结果

变量	模型（7-1）
	Z1
Cmr	0.004**
	(2.22)
Size	-0.008***
	(14.27)
Lev	-0.042***
	(-9.58)
Roa	-0.044***
	(-2.94)
Top10	-0.001
	(-0.21)
Constant	-0.146***
	(-12.21)
Year	控制
Industry	控制
N	970
R^2	0.191
F 值	51.57
Prob > F	0.000
估计方法	固定效应 + 聚类稳健标准差

注："*""**""***"分别表示在 10%、5%、1% 的水平下显著（双尾），括号内数值为 t 值。

6. 评价与分析

（1）2015~2019 年社会效应复合增长率。

图 7-1 是国有资本控股混合所有制改革企业在 2015~2019 年社会

效应复合增长率的统计情况，该图表明194家样本企业中，有54.64%的公司的社会效应复合增长率是大于零的，有45.36%的公司的社会效应复合增长率是小于零的，说明有一半以上的样本企业在引入非国有资本实施混合所有制改革后提高了其社会效应。

复合增长率小于0
45.36%

复合增长率大于0
54.64%

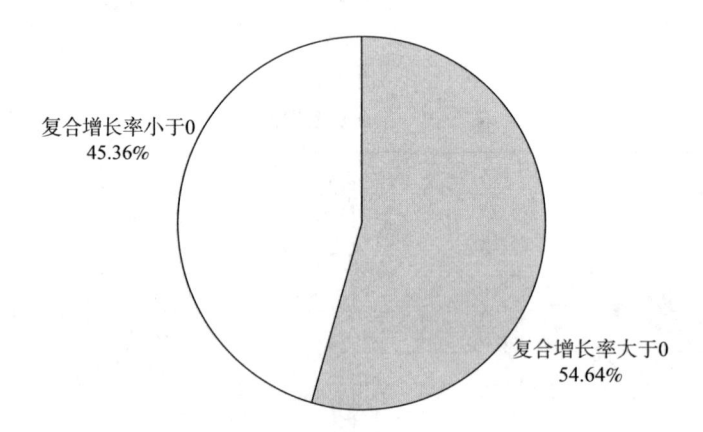

图7-1　2015~2019年国有资本控股混合所有制改革企业社会效应复合增长率

（2）2015~2019年股权混合度对社会效应的影响。

通过分析上文的实证回归结果，可以发现，在非国有资本进入国有资本控股混合所有制改革企业后，基于两种不同所有制资本的优势互补，最终实现了混合所有制改革的资本共生和价值创造效应，实现了实施混合所有制改革的国有企业的社会效应的增长，即随着股权混合度的提高，国有资本控股混合所有制改革企业的社会效应会相应地提高。

二　国有资本控股混合所有制改革企业经济效应评价与分析

1. 变量定义与模型构建

（1）变量定义。

①被解释变量。将经济效应作为被解释变量，用上文生成的经济效应综合评价指数进行衡量。

②解释变量。本部分将股权混合度作为解释变量。首先计算出国有

资本控股混合所有制改革样本企业前十大股东中非国有资本股东持股比例之和、国有资本股东持股比例之和，然后参照张文魁（2015）的方法，将非国有资本股东持股比例之和与国有资本股东持股比例之和的比值作为股权混合度的衡量值。

③控制变量。参照吴士健等（2017）、梁桂英和王湛（2019）的方法，本部分将企业规模、资产负债率、总资产报酬率和股权集中度等常规变量进行了控制，同时对行业虚拟变量和年度虚拟变量进行了控制。

本部分所用到的主要变量及其定义，如表7-10所示。

表7-10 主要变量及其定义

变量类型	变量名称	变量符号	变量定义
被解释变量	经济效应	Z2	按照上文计算的经济效应综合评价指数进行衡量
解释变量	股权混合度	Cmr	前十大股东中非国有资本股东持股比例之和与国有资本股东持股比例之和的比值
控制变量	企业规模	Size	期末总资产的自然对数
	资产负债率	Lev	期末总负债/期末总资产
	总资产报酬率	Roa	（利润总额+利息支出）/平均总资产
	股权集中度	Top10	前十大股东持股比例之和
	行业虚拟变量	Industry	根据《证监会行业代码与分类》进行划分和判断，当具体样本公司属于某个行业时，该变量取值为1；否则取值为0
	年度虚拟变量	Year	当样本公司属于年度 t 时，该变量取值为1；否则取值为0

（2）模型构建。

为了评价非国有资本进入国有资本控股的混合所有制改革企业后的经济效应，本部分构建模型（7-2）进行评价：

$$Z_{i,t} = \alpha_1 + \alpha_2 \times Cmr_{i,t} + \alpha_3 \times Size_{i,t} + \\ \alpha_4 \times Lev_{i,t} + \alpha_5 \times Roa_{i,t} + \alpha_6 \times Top10_{i,t} + \\ \sum Industry_{i,t} + \sum Year_{i,t} + \varepsilon_{i,t} \quad (7-2)$$

2. 描述性统计

表7-11报告了本部分主要变量的描述性统计分析结果。据表7-11可知，国有资本控股混合所有制改革样本企业在样本期间经济效应的平均值为0.098，标准差为0.050，最小值为0.038，最大值为0.461，说明样本企业经济效应的整体水平一般，经济效应最好的企业和最差的企业之间存在较大的差别，和现实情况一致。股权混合度的平均值为0.676，标准差为0.526，表明国有资本控股混合所有制改革样本企业整体混改力度较强。企业规模的最小值为20.281，最大值为28.636，标准差高达1.700，平均值为23.535，说明国有资本控股混合所有制改革样本公司的企业规模整体较大，且存在较大的差异。资产负债率平均值为0.500，表明样本企业的整体负债水平不太高，说明近年来国有企业降杠杆已见成效。总资产报酬率的平均值为0.052，说明样本企业的整体盈利能力较低，有待提高。股权集中度的平均值为0.649，表明样本企业的股权集中度整体较高，有64.9%的股份为前十大股东所持有。

表7-11 变量的描述性统计

变量	样本数	平均值	标准差	最小值	最大值
$Z2$	970	0.098	0.050	0.038	0.461
Cmr	970	0.676	0.526	0.085	4.922
$Size$	970	23.535	1.700	20.281	28.636
Lev	970	0.500	0.200	0.057	1.150
Roa	970	0.052	0.071	-1.021	0.321
$Top10$	970	0.649	0.159	0.248	1.012

3. 相关性分析

表7-12是本部分主要变量的相关性分析结果。表7-12中，股权混合度与经济效应的相关系数为0.042，在1%水平下显著正相关，初步说明非国有资本进入国有资本控股的混合所有制改革企业后能够提高其经济效应。

表 7-12　变量的相关性分析

	Z2	Cmr	Size	Lev	Roa	Top10
Z2	1.000					
Cmr	0.042***	1.000				
Size	-0.078**	0.094***	1.000			
Lev	-0.238***	0.039	0.468***	1.000		
Roa	0.055*	-0.005	0.101***	-0.263***	1.000	
Top10	-0.210	-0.080**	0.498***	0.091***	0.167***	1.000

注：对角线左下角为 Pearson 相关性检验系数，为双侧检验；"*""**""***"分别表示在 10%、5%、1% 水平下显著。

4. 多重共线性检验

回归模型中各变量之间若存在严重的多重共线性问题，将影响模型回归结果的准确性，因此本部分对模型（7-2）中自变量的方差膨胀因子进行了有效测算，发现模型中自变量的 VIF 值及平均 VIF 值都远小于 10 并在 1.80（含）以内，表明本部分构建的回归模型不存在严重的多重共线性问题。模型（7-2）的多重共线性检验结果如表 7-13 所示。

表 7-13　模型的多重共线性检验

变量	模型（7-2）	
	VIF	1/VIF
Cmr	1.04	0.958
Size	1.80	0.557
Lev	1.62	0.617
Roa	1.38	0.726
Top10	1.27	0.790
Mean VIF	1.42	—

5. 实证检验

由于变量的极端值会对模型的回归结果造成不利影响，因此本部分在对模型（7-2）进行回归前，对所有连续性变量进行了上下 1% 分位数的缩尾处理。同时，由于本部分研究样本属于短面板数据，为了消除异方差和自相关对模型回归结果的影响，本部分采用聚类稳健标准差的固定效应对模型（7-2）进行了回归。实证检验回归结果如表7-14所示。

在表7-14中，模型（7-2）的回归结果表明，股权混合度对经济效应的影响系数为0.003，在5%水平下显著，表明在国有资本控股混合所有制改革企业中，股权混合度每提高1个单位，会使经济效应相应地提高0.003个单位，股权混合度与经济效应显著正相关，表明股权混合度越高，经济效应越大。

表7-14 实证检验回归结果

变量	模型（7-2）
	$Z2$
Cmr	0.003** (2.14)
$Size$	-0.007*** (-2.70)
Lev	-0.029** (-2.10)
Roa	0.003 (0.18)
$Top10$	-0.019 (-1.19)
Constant	-0.185*** (-11.06)
$Year$	控制
$Industry$	控制
N	970
R^2	0.325
F值	22.78
Prob > F	0.000
估计方法	固定效应+聚类稳健标准差

注："*""**""***"分别表示在10%、5%、1%的水平下显著（双尾），括号内数值为t值。

6. 评价与分析

（1）2015~2019年经济效应复合增长率。

图7-2是国有资本控股混合所有制改革企业在2015~2019年经济效应复合增长率的统计情况，该图表明194家样本企业中，有62.37%的公司的经济效应复合增长率是大于零的，有37.63%的公司的经济效应复合增长率是小于零的，说明有大半以上的样本企业在引入非国有资本实施混合所有制改革后提高了其经济效应。

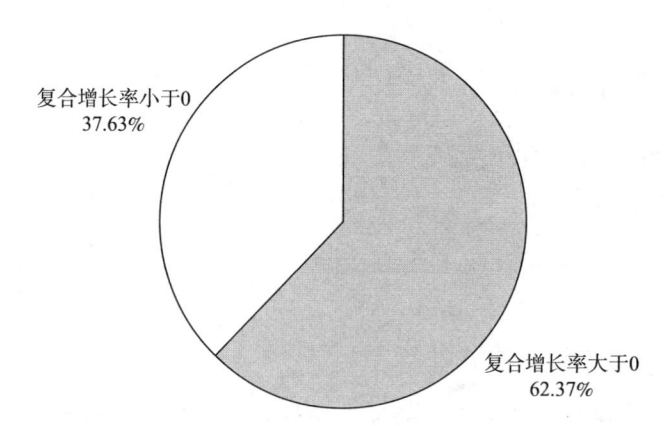

图7-2 2015~2019年国有资本控股混合所有制改革企业经济效应复合增长率

（2）2015~2019年股权混合度对经济效应的影响。

通过分析上文的实证回归结果，可以发现，在非国有资本进入国有资本控股混合所有制改革企业后，基于两种不同所有制资本的优势互补，最终实现了混合所有制改革的资本共生和价值创造效应，实现了实施混合所有制改革的国有企业经济效应的增长，即随着股权混合度的提高，国有资本控股混合所有制改革企业的经济效应会相应地提高。

| 第八章 |

"国民共进"混合所有制改革效应评价与分析二

——基于非国有资本控股混合所有制改革企业的视角

本章选取民营企业混合所有制改革样本,收集相应评价指标的数值,利用变异系数-加权法和 Excel 工具,对各级指标进行赋权,生成非国有资本控股混合所有制改革样本企业的社会效应指数、经济效应指数和改革效应指数,并分别进行评价和分析。

第一节 非国有资本控股混合所有制企业改革效应评价指标权重赋值

一 样本选择与数据来源

本部分主要以非国有资本控股混合所有制改革企业的视角,研究国有资本进入非国有企业后带来的混合所有制改革效应。所选样本、数据

第八章 "国民共进"混合所有制改革效应评价与分析二

来源同第五章，不再赘述。

二 非国有资本控股混合所有制改革企业社会效应评价指标权重

根据第六章求解各级评价指标变异系数和权重的方法，计算出样本企业14项四级指标的平均值和标准差。以此为依据，依次计算出社会效应的四级、三级和二级指标的变异系数和权重，计算结果如表8-1和表8-2所示。

表8-1 非国有资本控股混合所有制改革企业社会效应评价指标变异系数

一级指标	二级指标	变异系数	三级指标	变异系数	四级指标	变异系数
社会效应（Z1）	股东（X1）	0.830	股东权益（X11）	0.772	基本每股收益（X111）	0.094
					每股税前现金股利（X112）	1.567
					信息披露质量（X113）	0.898
			科技创新（X12）	1.346	研发费用率（X121）	1.346
	债权人（X2）	1.755	资金安全（X21）	1.755	流动比率（X211）	1.643
					速动比率（X212）	1.874
	职工（X3）	0.332	工资福利（X31）	0.332	工资支付率（X311）	0.221
					人均年收入（X312）	0.810
	客户（X4）	0.324	价格水平（X41）	0.324	营业成本率（X411）	0.324
	供应商（X5）	3.188	利益（X51）	3.188	应付账款周转率（X511）	6.834
					现金与应付账款比率（X512）	0.159

175

续表

一级指标	二级指标	变异系数	三级指标	变异系数	四级指标	变异系数
社会效应（Z1）	政府（X6）	1.085	纳税（X61）	1.085	资产纳税率（X611）	0.767
					税费净额（X612）	1.528
	社区（X7）	2.001	就业（X71）	2.001	就业人数（X711）	2.001

从表 8-2 中非国有资本控股混合所有制改革企业社会效应评价指标权重来看，二级指标中股东、职工和客户所占的权重较小，分别为 8.7%、3.5% 和 3.4%；而债权人、供应商、政府和社区所占的权重较大，分别为 18.4%、33.5%、11.4% 和 21.1%。二级指标之间的权重差异明显，在非国有资本控股混合所有制改革企业社会效应评价体系中，债权人、供应商、政府和社区层面所占的权重较大，和非国有企业的现实情况相一致。

四级指标中，每股税前现金股利、研发费用率、速动比率、人均年收入、营业成本率、应付账款周转率和就业人数等指标所占权重较大，对非国有资本控股混合所有制改革企业社会效应的影响较大。

最终生成的非国有资本控股混合所有制改革企业社会效应评价指数见附录 H。

表 8-2 非国有资本控股混合所有制改革企业社会效应评价指标权重

一级指标	二级指标	权重	三级指标	权重	四级指标	权重
社会效应（Z1）	股东（X1）	0.087	股东权益（X11）	0.365	基本每股收益（X111）	0.037
					每股税前现金股利（X112）	0.612
					信息披露质量（X113）	0.351

续表

一级指标	二级指标	权重	三级指标	权重	四级指标	权重
社会效应（Z1）	股东（X1）	0.087	科技创新（X12）	0.635	研发费用率（X121）	1
	债权人（X2）	0.184	资金安全（X21）	1	流动比率（X211）	0.467
					速动比率（X212）	0.533
	职工（X3）	0.035	工资福利（X31）	1	工资支付率（X311）	0.215
					人均年收入（X312）	0.785
	客户（X4）	0.034	价格水平（X41）	1	营业成本率（X411）	1
	供应商（X5）	0.335	利益（X51）	1	应付账款周转率（X511）	0.977
					现金与应付账款比率（X512）	0.023
	政府（X6）	0.114	纳税（X61）	1	资产纳税率（X611）	0.500
					税费净额（X612）	0.500
	社区（X7）	0.211	就业（X71）	1	就业人数（X711）	1

三 非国有资本控股混合所有制改革企业经济效应评价指标权重

根据第六章求解各级评价指标变异系数和权重的方法，计算出样本企业39项四级指标的平均值和标准差。以此为依据，依次计算出经济效应的四级、三级和二级指标的变异系数和权重，计算结果如表8-3和表8-4所示。

表8-3 非国有资本控股混合所有制改革企业经济效应评价指标变异系数

一级指标	二级指标	变异系数	三级指标	变异系数	四级指标	变异系数
经济效应（Z2）	经济效益（X1）	0.484	偿债能力（X11）	0.288	资产负债率（X111）	0.516
					流动比率（X112）	1.643
					所有者权益比率（X113）	.216
					现金流动负债比率（X114）	0.175
			盈利能力（X12）	0.049	营业利润率（X121）	0.059
					总资产报酬率（X122）	0.074
					利润现金保障倍数（X123）	0.056
			获取现金能力（X13）	0.171	销售现金比率（X131）	0.110
					全部资产现金回收率（X132）	0.238
			资产质量状况（X14）	3.555	应收账款周转率（X141）	6.813
					存货周转率（X142）	13.966
					流动资产周转率（X143）	1.094
			经济增长状况（X15）	0.557	营业收入增长率（X151）	1.321
					资本保值增值率（X152）	0.061
					总资产增长率（X153）	0.813
	企业价值（X2）	0.661	管理绩效（X21）	1.112	技术投入比率（X211）	1.112
			财务绩效（X22）	0.190	净资产收益率（X221）	0.066

第八章 "国民共进"混合所有制改革效应评价与分析二

续表

一级指标	二级指标	变异系数	三级指标	变异系数	四级指标	变异系数
经济效应（Z2）	企业价值（X2）	0.661	财务绩效（X22）	0.190	每股收益（X222）	0.110
					每股净资产（X223）	0.395
					成本费用利润率（X224）	0.056
					净现金流量（X225）	0.298
	公司治理（X3）	0.208	股东会治理（X31）	0.218	股权集中度（X311）	0.609
					股权制衡度（X312）	0.585
					股东会会议次数（X313）	0.842
					流通股比例（X314）	0.264
			董事会治理（X32）	0.168	董事会规模（X321）	0.431
					两职合一（X322）	0.233
					独立董事比例（X323）	0.471
					董事会会议次数（X324）	0.582
					董事薪酬水平（X325）	0.270
			监事会治理（X33）	0.432	监事会规模（X331）	0.424
					监事会会议次数（X332）	0.628
					外部监事比例（X333）	0.786
			管理层治理（X34）	0.490	高管薪酬（X341）	0.317

179

续表

一级指标	二级指标	变异系数	三级指标	变异系数	四级指标	变异系数
经济效应（Z2）	公司治理（X3）	0.208	管理层治理（X34）	0.490	代理成本（X342）	2.047
	投资效率（X4）	0.941	资本收益（X41）	0.995	托宾Q（X411）	1.278
					投资利润率（X412）	0.059
					每股营业收入（X413）	2.587
			技术创新（X42）	1.196	技术人员比例（X421）	1.196

表8-4 非国有资本控股混合所有制改革企业经济效应评价指标权重

一级指标	二级指标	权重	三级指标	权重	四级指标	权重
经济效应（Z2）	经济效益（X1）	0.211	偿债能力（X11）	0.062	资产负债率（X111）	0.202
					流动比率（X112）	0.644
					所有者权益比率（X113）	0.085
					现金流动负债比率（X114）	0.069
			盈利能力（X12）	0.011	营业利润率（X121）	0.312
					总资产报酬率（X122）	0.393
					利润现金保障倍数（X123）	0.295
			获取现金能力（X13）	0.037	销售现金比率（X131）	0.315
					全部资产现金回收率（X132）	0.685
			资产质量状况（X14）	0.770	应收账款周转率（X141）	0.311

续表

一级指标	二级指标	权重	三级指标	权重	四级指标	权重
经济效应（Z2）	经济效益（X1）	0.211	资产质量状况（X14）	0.770	存货周转率（X142）	0.639
					流动资产周转率（X143）	0.050
			经济增长状况（X15）	0.120	营业收入增长率（X151）	0.602
					资本保值增值率（X152）	0.028
					总资产增长率（X153）	0.370
	企业价值（X2）	0.288	管理绩效（X21）	0.854	技术投入比率（X211）	1
			财务绩效（X22）	0.146	净资产收益率（X221）	0.072
					每股收益（X222）	0.119
					每股净资产（X223）	0.427
					成本费用利润率（X224）	0.060
					净现金流量（X225）	0.322
	公司治理（X3）	0.090	股东会治理（X31）	0.166	股权集中度（X311）	0.265
					股权制衡度（X312）	0.254
					股东会会议次数（X313）	0.366
					流通股比例（X314）	0.115
			董事会治理（X32）	0.129	董事会规模（X321）	0.217
					两职合一（X322）	0.117

续表

一级指标	二级指标	权重	三级指标	权重	四级指标	权重
经济效应（Z2）	公司治理（X3）	0.090	董事会治理（X32）	0.129	独立董事比例（X323）	0.237
					董事会会议次数（X324）	0.293
					董事薪酬水平（X325）	0.136
			监事会治理（X33）	0.330	监事会规模（X331）	0.231
					监事会会议次数（X332）	0.342
					外部监事比例（X333）	0.427
			管理层治理（X34）	0.375	高管薪酬（X341）	0.134
					代理成本（X342）	0.866
	投资效率（X4）	0.411	资本收益（X41）	0.454	托宾Q（X411）	0.326
					投资利润率（X412）	0.015
					每股营业收入（X413）	0.659
			技术创新（X42）	0.546	技术人员比例（X421）	1

从表 8-4 中非国有资本控股混合所有制改革企业经济效应评价指标权重来看，二级指标中经济效益、企业价值和投资效率所占的权重较大，分别为 21.1%、28.8% 和 41.1%；而公司治理层面所占的权重较小，仅为 9.0%，比较符合民营企业的现实情况。

三级指标中，资产质量状况、管理绩效、监事会治理、管理层治理、资本收益和技术创新等指标所占权重较大，对非国有资本控股混合所有制改革企业经济效应的影响较大。

四级指标中，流动比率、全部资产现金回收率、存货周转率、营业收入增长率、代理成本、每股营业收入和技术人员比例等指标所占权重较大，对非国有资本控股混合所有制改革企业经济效应的影响较大。

最终生成的非国有资本控股混合所有制改革企业经济效应评价指数见附录 I。

第二节 非国有资本控股混合所有制企业改革效应评价和分析

一 非国有资本控股混合所有制改革企业社会效应评价与分析

1. 变量定义与模型构建

（1）变量定义。

①被解释变量。将社会效应作为被解释变量，用上文生成的社会效应综合评价指数进行衡量。

②解释变量。本部分将股权混合度作为解释变量。首先计算出非国有资本控股混合所有制改革样本企业前十大股东中国有资本股东持股比例之和、非国有资本股东持股比例之和，然后参照张文魁（2015）的方法，将国有资本股东持股比例之和与非国有资本股东持股比例之和的比值作为股权混合度的衡量值。

③控制变量。参照黄勇坚和刘佳（2020）、张涛涛等（2020）的方法，本部分对企业规模、资产负债率、总资产报酬率和股权集中度等常规变量进行了控制，同时对行业虚拟变量和年度虚拟变量进行了控制。

本部分所用到的主要变量及其定义，如表 8 - 5 所示。

表8-5 主要变量及其定义

变量类型	变量名称	变量符号	变量定义
被解释变量	社会效应	Z1	按照上文计算的社会效应综合评价指数进行衡量
解释变量	股权混合度	Cmr	前十大股东中国有资本股东持股比例之和与非国有资本股东持股比例之和的比值
控制变量	企业规模	Size	期末总资产的自然对数
	资产负债率	Lev	期末总负债/期末总资产
	总资产报酬率	Roa	（利润总额+利息支出）/平均总资产
	股权集中度	Top10	前十大股东持股比例之和
	行业虚拟变量	Industry	根据《证监会行业代码与分类》进行划分和判断，当具体样本公司属于某个行业时，该变量取值为1；否则取值为0
	年度虚拟变量	Year	当样本公司属于年度t时，该变量取值为1；否则取值为0

（2）模型构建。

为了评价国有资本进入非国有资本控股混合所有制改革企业后的社会效应，本部分构建模型（8-1）进行评价：

$$Z_{i,t} = \alpha_1 + \alpha_2 \times Cmr_{i,t} + \alpha_3 \times Size_{i,t} + \alpha_4 \times Lev_{i,t} + \alpha_5 \times Roa_{i,t} + \alpha_6 \times Top10_{i,t} + \sum Industry_{i,t} + \sum Year_{i,t} + \varepsilon_{i,t} \quad (8-1)$$

2. 描述性统计

表8-6报告了本部分主要变量的描述性分析结果。据表8-6可知，非国有资本控股混合所有制改革企业在样本期间社会效应的平均值为0.064，标准差为0.034，最小值为0.024，最大值为0.380，说明样本公司社会效应整体水平不高。股权混合度的平均值为0.427，标准差为0.259，说明非国有资本控股混合所有制改革样本企业整体混改力度一般。企业规模的最小值为19.446，最大值为26.537，标准差为1.217，平均值为22.503，说明非国有资本控股混合所有制改革样本公司的企业

规模整体较大，且存在一定的差异。资产负债率的平均值为 0.443，表明样本企业的整体负债水平不太高。总资产报酬率的平均值为 0.051，说明样本企业的整体盈利能力较低，有待提高。股权集中度的平均值为 0.587，标准差为 0.139，表明样本企业的股权集中度整体较高，有 58.7% 的股份为前十大股东所持有。

表 8-6　变量的描述性统计

变量	样本数	平均值	标准差	最小值	最大值
$Z1$	470	0.064	0.034	0.024	0.380
Cmr	470	0.427	0.259	0.071	1.519
$Size$	470	22.503	1.217	19.446	26.537
Lev	470	0.443	0.210	0.037	1.412
Roa	470	0.051	0.116	-1.838	0.380
$Top10$	470	0.587	0.139	0.214	0.875

3. 相关性分析

表 8-7 是本部分主要变量的相关性分析结果。表 8-7 中，股权混合度与社会效应的相关系数为 0.177，在 1% 水平下显著正相关，初步说明国有资本进入非国有资本控股混合所有制改革企业后能够提高其社会效应。

表 8-7　变量的相关性分析

	$Z1$	Cmr	$Size$	Lev	Roa	$Top10$
$Z1$	1.000					
Cmr	0.177***	1.000				
$Size$	0.276***	0.134***	1.000			
Lev	-0.120***	0.036	0.492***	1.000		
Roa	0.103**	-0.015	0.092**	-0.281***	1.000	
$Top10$	-0.003	-0.101**	0.209***	0.132***	0.060	1.000

注：对角线左下角为 Pearson 相关性检验系数，为双侧检验；"*""**""***"分别表示在 10%、5%、1% 水平下显著。

4. 多重共线性检验

回归模型中各变量之间若存在严重的多重共线性问题，将影响模型回归结果的准确性，因此本部分对模型（8-1）中自变量的方差膨胀因子进行了有效测算，发现模型中自变量的 VIF 值及平均 VIF 值都远小于 10 并在 1.55（含）以内，表明本部分构建的回归模型不存在严重的多重共线性问题。模型（8-1）的多重共线性检验结果如表 8-8 所示。

表 8-8 模型的多重共线性检验

变量	模型（8-1） VIF	1/VIF
Cmr	1.04	0.962
$Size$	1.50	0.668
Lev	1.55	0.647
Roa	1.18	0.847
$Top10$	1.07	0.936
Mean VIF	1.27	

5. 实证检验

由于变量的极端值会对模型的回归结果造成不利影响，因此本部分在对模型（8-1）进行回归前，对所有连续性变量进行了上下 1% 分位数的缩尾处理。同时，由于本部分研究样本属于短面板数据，为了消除异方差和自相关对模型回归结果的影响，本部分采用聚类稳健标准差的固定效应对模型（8-1）进行了回归。实证检验回归结果如表 8-9 所示。

在表 8-9 中，模型（8-1）的回归结果表明，股权混合度对社会效应的影响系数为 0.009，在 1% 水平下显著，表明在非国有资本控股混合所有制改革企业中，股权混合度每提高 1 个单位，会使社会效应相应地提高 0.009 个单位，股权混合度与社会效应显著正相关，表明股权混合度越高，社会效应越大。

表 8-9　实证检验回归结果

变量	模型（8-1）
	Z1
Cmr	0.009***
	(2.95)
Size	0.003***
	(8.53)
Lev	-0.022**
	(-6.60)
Roa	0.021
	(0.87)
Top10	-0.013
	(-0.65)
Constant	-0.195***
	(-6.36)
Year	控制
Industry	控制
N	470
R^2	0.167
F 值	11.15
Prob > F	0.000
估计方法	固定效应+聚类稳健标准差

注："*""**""***"分别表示在10%、5%、1%的水平下显著（双尾），括号内数值为 t 值。

6. 评价与分析

（1）2015~2019 年社会效应复合增长率。

图 8-1 是非国有资本控股混合所有制改革企业在 2015~2019 年社会效应复合增长率统计情况，该图表明 94 家样本企业中，有 61.70% 的公司的社会效应复合增长率是大于零的，有 38.30% 的公司的社会效应复合增长率是小于零的，说明有大半以上的样本企业在引入国有资本实施混合所有制改革后提高了其社会效应。

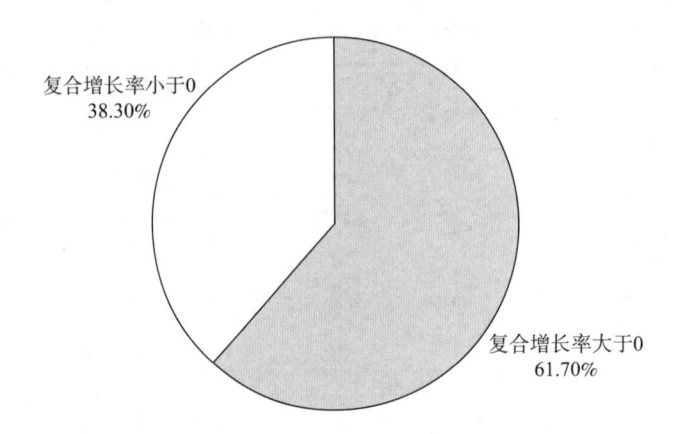

图 8-1 2015~2019 年非国有资本控股混合所有制
改革企业社会效应复合增长率

（2）2015~2019 年股权混合度对社会效应的影响。

通过分析上文的实证回归结果，可以发现，在国有资本进入非国有资本控股混合所有制改革企业后，基于两种不同所有制资本的优势互补，最终实现了混合所有制改革的资本共生和价值创造效应，实现了实施混合所有制改革的非国有企业社会效应的增长，即随着股权混合度的提高，非国有资本控股混合所有制改革企业的社会效应会相应地提高。

二 非国有资本控股混合所有制改革企业经济效应评价与分析

1. 变量定义与模型构建

（1）变量定义。

①被解释变量。将经济效应作为被解释变量，用上文生成的社会效应综合评价指数进行衡量。

②解释变量。本部分将股权混合度作为解释变量。首先计算出非国有资本控股混合所有制改革样本企业前十大股东中国有资本股东持股比例之和、非国有资本股东持股比例之和，然后参照张文魁（2015）的方法，将国有资本股东持股比例之和与非国有资本股东持股比例之和的比值作为股权混合度的衡量值。

③控制变量。参照吴士健等（2017）、梁桂英和王湛（2019）的方法，本部分对企业规模、资产负债率、总资产报酬率和股权集中度等常规变量进行了控制，同时对行业虚拟变量和年度虚拟变量进行了控制。

本部分所用到的主要变量及其定义，如表8-10所示。

表8-10 主要变量及其定义

变量类型	变量名称	变量符号	变量定义
被解释变量	经济效应	$Z2$	按照上文计算的经济效应综合评价指数进行衡量
解释变量	股权混合度	Cmr	前十大股东中国有资本股东持股比例之和与非国有资本股东持股比例之和的比值
控制变量	企业规模	$Size$	期末总资产的自然对数
	资产负债率	Lev	期末总负债/期末总资产
	总资产报酬率	Roa	（利润总额+利息支出）/平均总资产
	股权集中度	$Top10$	前十大股东持股比例之和
	行业虚拟变量	$Industry$	根据《证监会行业代码与分类》进行划分和判断，当具体样本公司属于某个行业时，该变量取值为1；否则取值为0
	年度虚拟变量	$Year$	当样本公司属于年度t时，该变量取值为1；否则取值为0

（2）模型构建。

为了评价国有资本进入非国有资本控股混合所有制改革企业后的经济效应，本部分构建模型（8-2）进行评价：

$$Z_{i,t} = \alpha_1 + \alpha_2 \times Cmr_{i,t} + \alpha_3 \times Size_{i,t} + \alpha_4 \times Lev_{i,t} + \alpha_5 \times Roa_{i,t} + \alpha_6 \times Top10_{i,t} + \sum Industry_{i,t} + \sum Year_{i,t} + \varepsilon_{i,t} \quad (8-2)$$

2. 描述性统计分析

表8-11报告了本部分主要变量的描述性统计分析结果。据表8-11

可知，非国有资本控股混合所有制改革样本企业在样本期间经济效应的平均值为 0.140，标准差为 0.079，最小值为 0.056，最大值为 0.536，说明样本企业经济效应的整体水平一般，经济效应最好的企业和最差的企业之间存在较大的差别，和现实情况一致。股权混合度的平均值为 0.427，标准差为 0.259，说明非国有资本控股混合所有制改革样本企业整体混改力度一般。企业规模的最小值为 19.446，最大值为 26.537，标准差为 1.217，平均值为 22.503，说明非国有资本控股混合所有制改革样本公司的企业规模整体较大，且存在一定的差异。资产负债率的平均值为 0.443，表明样本企业的整体负债水平不太高。总资产报酬率的平均值为 0.051，说明样本企业的整体盈利能力较低，有待提高。股权集中度的平均值为 0.587，标准差为 0.139，表明样本企业的股权集中度整体较高，有 58.7% 的股份为前十大股东所持有。

表 8–11　变量的描述性统计

变量	样本数	平均值	标准差	最小值	最大值
$Z2$	470	0.140	0.079	0.056	0.536
Cmr	470	0.427	0.259	0.071	1.519
$Size$	470	22.503	1.217	19.446	26.537
Lev	470	0.443	0.210	0.037	1.412
Roa	470	0.051	0.116	-1.838	0.380
$Top10$	470	0.587	0.139	0.214	0.875

3. 相关性分析

表 8–12 是本部分主要变量的相关性分析结果。表 8–12 中，股权混合度与经济效应的相关系数为 0.079，在 10% 水平下显著正相关，初步说明国有资本进入非国有资本控股混合所有制改革企业后能够提高其经济效应。

表 8-12 变量的相关性分析

	Z2	Cmr	Size	Lev	Roa	Top10
Z2	1.000					
Cmr	0.079*	1.000				
Size	-0.237***	0.134***	1.000			
Lev	-0.155***	0.036	0.492***	1.000		
Roa	-0.063	-0.015	0.092**	-0.281***	1.000	
Top10	-0.163***	-0.101**	0.209***	0.132***	0.060	1.000

注：对角线左下角为 Pearson 相关性检验系数，为双侧检验；" * "" ** "" *** "分别表示在 10%、5%、1% 水平下显著。

4. 多重共线性检验

回归模型中各变量之间若存在严重的多重共线性问题，将影响模型回归结果的准确性，因此本部分对模型（8-2）中自变量的方差膨胀因子进行了有效测算，发现模型中自变量的 VIF 值及平均 VIF 值都远小于 10 并在 1.55（含）以内，表明本部分构建的回归模型不存在严重的多重共线性问题。模型（8-2）的多重共线性检验结果如表 8-13 所示。

表 8-13 模型的多重共线性检验

变量	模型（8-2）	
	VIF	1/VIF
Cmr	1.04	0.962
Size	1.50	0.668
Lev	1.55	0.647
Roa	1.18	0.847
Top10	1.07	0.936
Mean VIF	1.27	

5. 实证检验

由于变量的极端值会对模型的回归结果造成不利影响，因此本部分在对模型（8-2）进行回归前，对所有连续性变量进行了上下 1% 分位数的缩尾处理。同时，由于本部分研究样本属于短面板数据，为了消除异方差和自相关对模型回归结果的影响，本部分采用聚类稳健标准差的固定效应对模型（8-2）进行了回归。实证检验回归结果如表8-14所示。

在表8-14中，模型（8-2）的回归结果表明，股权混合度对经济效应的影响系数为0.005，在10%水平下显著，表明在非国有资本控股混合所有制改革企业中，股权混合度每提高1个单位，会使经济效应相应地提高0.005个单位，股权混合度与经济效应显著正相关，表明股权混合度越高，经济效应越大。

表8-14 实证检验回归结果

变量	模型（8-2）
	Z2
Cmr	0.005 *
	(1.79)
Size	-0.006 ***
	(-2.84)
Lev	-0.017 **
	(-2.21)
Roa	-0.142 ***
	(-2.83)
Top10	-0.055 **
	(-2.15)
Constant	0.349 ***
	(3.85)
Year	控制
Industry	控制
N	470
R^2	0.191
F值	12.39
Prob > F	0.000
估计方法	固定效应 + 聚类稳健标准差

注："*""**""***"分别表示在10%、5%、1%的水平下显著（双尾），括号内数值为t值。

6. 评价与分析

（1）2015~2019年经济效应复合增长率。

图8-2是非国有资本控股混合所有制改革企业在2015~2019年经济效应复合增长率统计情况，该图表明94家样本企业中，有54.26%的公司的经济效应复合增长率是大于零的，有45.74%的公司的经济效应复合增长率是小于零的，说明有一半以上的样本企业在引入国有资本实施混合所有制改革后提高了其经济效应。

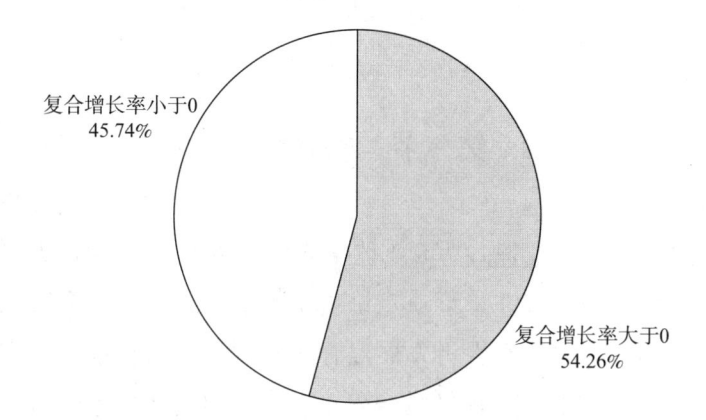

图8-2　2015~2019年非国有资本控股混合所有制
改革企业经济效应复合增长率

（2）2015~2019年股权混合度对经济效应的影响。

通过分析上文的实证回归结果，可以发现，在国有资本进入非国有资本控股混合所有制改革企业后，基于两种不同所有制资本的优势互补，最终实现了混合所有制改革的资本共生和价值创造效应，实现了实施混合所有制改革的非国有企业经济效应的增长，即随着股权混合度的提高，非国有资本控股混合所有制改革企业的经济效应会相应地提高。

| 第九章 |

研究结论与展望

第一节　研究结论

虽然我国国有企业混合所有制改革先后经历了40多年的发展，但至今对改革及效应的研究并未形成定论。党的十八届三中全会和党的十九大报告先后强调要积极和大力发展混合所有制经济，在推动国有资产管理由"管人管事管资产"向"管资本"转变的过程中，学界从宏观方面探讨了国有企业混合所有制改革的模式、路径和逻辑，业界在顶层设计的框架下进行了大量实践，但"国民共进"的混合所有制改革目标尚未实现，对混合所有制改革的机理分析和相关效应的评价过于宏观和片面，且鲜有文献研究基于非国有资本控股企业的混合所有制改革问题。

鉴于此，本书探索不同所有制资本通过微观层面的深度融合实现共同发展的混合所有制改革机理并构建可靠的改革效应评价体系对混合所有制改革效应进行评价。首先，在分析我国混合所有制改革发展历程和现状、新时期混合所有制改革动因和目的的基础上，提出"国民共进"微观视角下的混合所有制改革及效应研究框架；其次，基于资本异质性理论对国有资本与非国有资本的优劣势进行了深入分析，结合共生理论构建了生态学 Logistic 模型的资本共生模型并进行了分析，在此基础上基于国有资本控股和非国有资本控股不同混合所有制改革企业的视角，对

"国民共进"微观视角下的混合所有制改革机理分析的逻辑进行了梳理；再次，分别基于国有资本控股混合所有制改革企业和非国有资本控股混合所有制改革企业的视角，对"国民共进"混合所有制改革机理进行了理论分析并进行了实证检验；最后，在构建"国民共进"混合所有制改革效应评价体系的基础上，分别从国有资本控股和非国有资本控股不同混合所有制改革企业的视角，对"国民共进"混合所有制改革效应进行了评价和分析。

基于上述相关研究工作，本书得出如下研究结论。

（1）基于"国民共进"微观视角下混合所有制改革及效应研究框架的相关结论。我国混合所有制改革先后经历了初步探索阶段、制度创新阶段、推进阶段和全面深化改革新时期阶段，在这四个阶段的发展过程中，逐渐形成了混合所有制改革的理论和实践路径，混合所有制改革的优势凸显，但其突出的三大主要矛盾决定了当下混合所有制改革动因和目的。在基于这条主线进行相关梳理的基础上，本书认为我国当下关于混合所有制改革的理论研究和现实践行存在如下问题：首先，缺乏基于微观层面的混合所有制改革研究框架；其次，缺乏不同所有制资本通过深度融合、优势互补最终实现"国民共进"的共生机理分析；再次，缺乏对混合所有制改革效应的全面评价，现有指标的选取过于片面，且对指标的赋权存在一定的主观性，更多集中于国有企业混合所有制改革效应的评价；最后，以往研究混合所有制改革的层面，主要集中于国有企业，鲜有基于非国有企业层面探索混合所有制改革的机理和效应，党的十八大和十九大要求大力发展混合所有制经济，要真正实现"国民共进"必然需要考虑从国有企业和非国有企业两个层面去探索混合所有制改革的机理与效应，这样才能与新时期混合所有制改革的逻辑相一致。基于此，本书构建了"国民共进"微观视角下的混合所有制改革及效应研究的逻辑框架。

（2）基于共生理论的"国民共进"微观视角下的混合所有制改革机

理分析逻辑的相关结论。基于资本异质性理论，本书认为不同所有制资本存在不同的优劣势：比如国有资本因其和政府存在着天然的联系，在税收、融资、壁垒行业准入以及获取政府补贴等方面相比非国有资本存在明显的优势，但其在发展活力、资本流动性、资本利用率等方面存在一定的劣势；而非国有资本表现出市场化运营机制灵活、资本流动性强、资本配置效率较高以及发展活力较强等优势，但存在市场准入受限多、融资渠道较窄、享受的政策优惠少等劣势。基于共生理论，本书认为在"国民共进"微观视角下，国有资本和非国有资本存在资本共生系统，在基于生态学 Logistic 模型对两种不同所有制资本进行资本价值创造共生模型构建的基础上，分析发现两种资本存在对称互惠共生的关系。在此基础上，本书从公司治理水平和资本配置效率两方面提出了基于国有资本控股混合所有制企业改革机理分析的逻辑，并从融资约束、投资效率和资本配置效率三方面提出了基于非国有资本控股混合所有制企业改革机理分析的逻辑。

（3）基于不同所有制资本控股混合所有制改革企业实现"国民共进"的理论分析与实证检验的相关结论。基于国有资本控股混合所有制改革企业的视角，本书基于理论分析和实证检验发现：首先，非国有资本进入实施混合所有制改革的国有企业后，因股权混合度的提高，能显著提升企业价值；其次，国有资本控股混合所有制改革企业中的股权混合度能够提高公司治理水平和资本配置效率；最后，国有资本控股混合所有制改革企业中的股权混合度对企业价值的影响，存在直接效应和间接效应，其间接效应通过公司治理水平和资本配置效率作为中介变量得以体现。基于非国有资本控股混合所有制改革企业的视角，本书基于理论分析和实证检验发现：首先，国有资本进入实施混合所有制改革的非国有企业后，因其具有产权制度层面的政治关联属性，能显著提升企业价值；其次，非国有资本控股混合所有制改革企业中的国有资本基于产权制度层面的政治关联能够降低企业的融资约束程度、提高企业的投资效率和资本配置效率；最后，非国有资本控股混合所有制改革企业中的国有资本基于产权制度层面的政治关联对企业价值的影响，存在直接效应和间接效应，其间接效应通过融资约束、投资效率和资本配置效率作为中介变量得以体现。

（4）"国民共进"微观视角下的混合所有制改革效应评价体系构建与评价的相关结论。依据新时期混合所有制改革的动因和目的，构建"国民共进"微观视角下的混合所有制改革效应评价指标体系，并分别从国有资本控股和非国有资本控股混合所有制改革企业的视角对社会效应和经济效应进行了评价和分析。经实证检验发现，在2015~2019年两种不同视角下混合所有制改革企业的社会效应和经济效应的复合增长率有一半以上都得到了正向的增长，且股权混合度对社会效应和经济效应都有显著的正向影响，说明混合所有制改革的深入能够有利于混合所有制改革效应的提高。

第二节　研究展望

本书从"国民共进"微观视角对混合所有制改革机理及效应进行了研究，分别从国有资本控股混合所有制改革企业和非国有资本控股混合所有制改革企业的层面对混合所有制改革机理进行了理论分析和实证检验，并基于构建的混合所有制改革效应评价体系对两种层面的混合所有制改革企业进行了评价和分析，具有一定的理论价值和现实意义。但由于本人能力有限以及现实条件的限制，本研究存在一些不足之处，有待在下一步研究中进行完善，具体如下。

（1）在混合所有制改革进程中，由于国有资本进入非国有资本控股混合所有制改革企业中的样本太少，按照现在的股权混合度方法去衡量基于产权制度层面的政治关联，最终会使研究样本数量受限，不能更客观地展现非国有资本控股混合所有制改革企业的现实情况，后续研究将从改善股权混合度的衡量方法着手。

（2）对于"国民共进"微观视角下的混合所有制改革效应评价体系的构建，虽然在后续的评价过程中利用变异系数-加权法充分考虑了国有资本控股混合所有制改革企业和非国有资本控股混合所有制改革企业的不同性质和特征，但在评价指标体系构建时并未充分考虑两种性质企业的特性，后续研究有必要按不同层面的混合所有制改革企业分级构建改革效应评价指标体系。

（3）本书将上市公司前十大股东中同时满足单个国有资本股东和单个非国有资本股东持股比例均在5%及以上的公司视为混合所有制改革企业，并选定2015~2019年的状况进行了分析，未对每家混合所有制改革企业按照混改前后进行对比分析，只能看出整体混改后的趋势，但不能体现不同企业在混改前后的差异，后续研究将用双重差分法（DID）和倾向得分匹配法（PSM）进行深入研究。

参考文献

[1] 巴曙松,朱伟豪.产权性质、政治关联与企业税收负担[J].金融发展研究,2017(08):3-14.

[2] 包刚.混合所有制对公司绩效的影响:融资约束的中介效应[J].会计之友,2016(09):57-62.

[3] 薄仙慧,吴联生.国有控股与机构投资者的治理效应:盈余管理视角[J].经济研究,2009,44(02):81-91.

[4] 曹春方.政治权力转移与公司投资:中国的逻辑[J].管理世界,2013(01):143-155.

[5] 曹均锋,李春献.拓宽中小企业融资渠道研究[J].时代金融,2019(29):63-64.

[6] 曹玉姣,蒋惠园,汪浪.基于L-V模型的城市群物流与经济共生系统共生模式研究[J].经济体制改革,2015(05):52-58.

[7] 常修泽.中国混合所有制经济论纲[J].学术界,2017(10):16-35.

[8] 陈军.国企混改内在动力及核心问题研究[J].国有资产管理,2020(08):40-43.

[9] 陈军.国企混改内在动力及核心问题研究[J].国有资产管理,2020(08):40-43.

[10] 陈林,唐杨柳.混合所有制改革与国有企业政策性负担——基于早期国企产权改革大数据的实证研究 [J].经济学家,2014 (11):13-23.

[11] 陈林.自然垄断与混合所有制改革——基于自然实验与成本函数的分析 [J].经济研究,2018,53 (01):81-96.

[12] 陈晓珊,刘洪铎.机构投资者持股、高管超额薪酬与公司治理 [J].广东财经大学学报,2019,34 (02):46-59.

[13] 陈玉清,马丽丽.我国上市公司社会责任会计信息市场反应实证分析 [J].会计研究,2005 (11):76-81.

[14] 成晓毅.国有企业混合所有制改革影响价值创造力分析 [J].纳税,2020,14 (06):115-118.

[15] 程承坪,黄华.影响混合所有制企业发展的深层次因素分析 [J].华东经济管理,2017,31 (05):5-11.

[16] 程承坪,焦方辉.现阶段推进混合所有制经济发展的难点及措施 [J].经济纵横,2015 (01):51-55.

[17] 程瑶.并购财富效应与公司治理 [J].财会月刊,2020 (20):39-45.

[18] 崔静.会计信息质量、资本配置效率与市场价值 [J].财会通讯,2016 (21):39-42.

[19] 代飞.资本管理视角下央企混合所有制改革效应研究 [D].武汉理工大学,2018.

[20] 邓溪乐,郝颖,黄颖婕.混合所有制改革、治理路径与企业创新 [J].财会月刊,2020 (15):25-34.

[21] 董梅生,洪功翔.发展混合所有制经济的内在机制研究——基于效率和社会福利视角 [J].统计与信息论坛,2016,31 (12):46-53.

[22] 董梅生,洪功翔.中国混合所有制企业股权结构选择与绩效研究 [J].上海经济研究,2017 (03):71-77.

[23] 窦超,王乔菀,陈晓. 政府背景客户关系能否缓解民企融资约束问题?[J]. 财经研究,2020:1-17.

[24] 杜金环. 简述企业内部市场化运营机制的构建及实施[J]. 纳税,2019,13(16):290.

[25] 杜媛,孙莹,王苑琢. 混合所有制改革推动资本管理创新和营运资金管理发展——中国企业营运资金管理研究中心协同创新回顾及2014年论坛综述[J]. 会计研究,2015(01):93-95.

[26] 樊玲娟. 混合所有制改革下的国有企业公司治理对策[J]. 财会学习,2018(17):182-184.

[27] 方红星,金玉娜. 公司治理、内部控制与管理层决策视域[J]. 财务研究,2016(05):3-14.

[28] 方明月,孙鲲鹏. 国企混合所有制能治疗僵尸企业吗?——一个混合所有制类啄序逻辑[J]. 金融研究,2019(01):91-110.

[29] 冯延超. 中国民营企业政治关联与税收负担关系的研究[J]. 管理评论,2012,24(06):167-176.

[30] 冯媛媛. 自由现金流、公司治理与企业绩效——基于民营上市公司的数据[J]. 财会通讯,2014(27):35-37.

[31] 付钦太. 混合所有制经济性质辨析[J]. 河南大学学报(社会科学版),2016,56(04):40-46.

[32] 甘小军,潘永强,甘小武. 国有企业混合所有制改革研究[J]. 湖北社会科学,2018(08):81-86.

[33] 葛扬,尹紫翔. 70年所有制改革:实践历程、理论基础与未来方向[J]. 经济纵横,2019(10):9-15.

[34] 官兴国,李牧遥. 控股程度、非国有资本进入速度与治理效率——基于竞争性国有上市公司的证据[J]. 财会通讯,2020(06):23-28.

[35] 巩娜. 地方国有企业混合所有制改革模式、路径及政策建议[J]. 经济体制改革,2018(05):101-105.

[36] 顾钰民.混合所有制的制度经济学分析[J].福建论坛（人文社会科学版），2006（10）：16-20.

[37] 郭俊岑.中国特色社会主义市场经济体制发展问题研究[J].现代经济信息，2019（16）：10-16.

[38] 韩博婧.托宾Q值对于评价中国证券市场股票收益的有效性分析[J].山西财税，2017（10）：57-58.

[39] 韩沚清，许多.混合所有制改革影响国有企业绩效的基本逻辑与路径[J].财会通讯，2019（02）：3-8.

[40] 郝云宏，汪茜.混合所有制企业股权制衡机制研究——基于"鄂武商控制权之争"的案例解析[J].中国工业经济，2015（03）：148-160.

[41] 何平林，陈波，郝万禄.资本共生理论及其对军工产业发展作用机理研究[J].湖南师范大学社会科学学报，2008（03）：113-116.

[42] 何自力.混合所有制经济：性质、目的与根本方向[J].人民论坛·学术前沿，2014（09）：62-68.

[43] 贺小刚，张远飞，连燕玲，等.政治关联与企业价值——民营企业与国有企业的比较分析[J].中国工业经济，2013（01）：103-115.

[44] 胡迟.国企改革：四十年回顾与未来展望[J].经济纵横，2018（09）：18-27.

[45] 胡旭阳.民营企业的政治关联及其经济效应分析[J].经济理论与经济管理，2010（02）：74-79.

[46] 黄群慧，余菁，贺俊.新时期国有经济管理新体制初探[J].天津社会科学，2015（01）：114-121.

[47] 黄速建.中国国有企业混合所有制改革研究[J].经济管理，2014，36（07）：1-10.

[48] 黄一松. 政治关联程度、政治关联成本与企业税收优惠关系 [J]. 江西社会科学, 2018, 38 (02): 50–59.

[49] 黄勇坚, 刘佳. 董事长党员身份与企业社会责任 [J]. 财会通讯, 2020 (02): 70–74.

[50] 贾兴平, 刘益, 廖勇海. 利益相关者压力、企业社会责任与企业价值 [J]. 管理学报, 2016, 13 (02): 267–274.

[51] 江腾龙. 浅析国企混合所有制改革中的问题及解决策略 [J]. 财经界 (学术版), 2019 (27): 27–28.

[52] 江玮滢, 段丙蕾, 赵璨等. 经济新常态下的企业改革与资金管理——2015营运资金管理高峰论坛暨混合所有制与资本管理高峰论坛综述 [J]. 财务与会计, 2016 (03): 72–75.

[53] 姜凌, 许君如. 新时代我国国有企业混合所有制改革路径探究——基于全球化时代市场经济的视角 [J]. 四川大学学报 (哲学社会科学版), 2018 (05): 26–35.

[54] 姜巍. 公司治理、产品市场竞争与股票收益 [J]. 财经问题研究, 2019 (06): 50–57.

[55] 解楠楠. 深化国企改革面临的问题与路径选择 [J]. 企业技术开发, 2013, 32 (Z3): 35–37.

[56] 孔东民, 刘莎莎, 王亚男. 市场竞争、产权与政府补贴 [J]. 经济研究, 2013, 48 (02): 55–67.

[57] 孔龙, 李蕊. 政治关联对公司价值的影响:"援助之手"抑或"掠夺之手"? [J]. 经济研究参考, 2015 (69): 11–16.

[58] 黎翠梅. 论国企改制上市目标与现实的偏离 [J]. 湖南经济管理干部学院学报, 2000 (02): 19–22.

[59] 李秉祥, 雷艳, 李明敏. 股权混合度对国企混改绩效的影响路径研究——基于机构投资者的调节效应 [J]. 会计之友, 2020 (03): 145–153.

[60] 李成瑞. 关于我国目前公私经济比重的初步测算 [J]. 探索, 2006 (04): 190-192.

[61] 李春玲, 李瑞萌, 袁润森. 国有企业混合所有制改革的投资效率 [J]. 企业经济, 2017, 36 (04): 47-53.

[62] 李峰, 韩立民. 混合所有制改革视角下国有企业"管资本"研究: 内涵与体系 [J]. 山东大学学报（哲学社会科学版）, 2018 (03): 133-140.

[63] 李桂子. 盈余管理、无形资产信息披露与企业融资约束 [J]. 财会通讯, 2020 (18): 39-42.

[64] 李国平, 韦晓茜. 企业社会责任内涵、度量与经济后果——基于国外企业社会责任理论的研究综述 [J]. 会计研究, 2014 (08): 33-40.

[65] 李昊楠, 郭彦男. 国有资本改革能否提高国企投资效率？[J]. 经济评论, 2020: 1-14.

[66] 李建标, 王高阳, 李帅琦等. 混合所有制改革中国有和非国有资本的行为博弈——实验室实验的证据 [J]. 中国工业经济, 2016 (06): 109-126.

[67] 李磊. EVA考核、投资效率与上市公司价值提升 [J]. 中国注册会计师, 2016 (06): 74-78.

[68] 李利刚. 大型国有企业优化资本运作实践 [J]. 财会学习, 2020 (21): 157-158.

[69] 李梅. 新旧动能转换背景下扶持中小企业税收优惠政策研究 [J]. 经济研究导刊, 2019 (29): 117-118.

[70] 李旻晶, 徐家英. 论公有制实现形式与混合所有制的股份制 [J]. 武汉大学学报（哲学社会科学版）, 2007 (03): 376-381.

[71] 李明娟, 金海钰. 股权结构、公司治理与国有企业资本配置效率——基于混合所有制改革背景 [J]. 哈尔滨商业大学学报（社

会科学版），2020（03）：3-13.

[72] 李念，李春玲，李瑞萌. 国有企业混合所有制改革研究综述［J］. 财会通讯，2016（27）：98-104.

[73] 李维安. 分类治理：国企深化改革之基础［J］. 南开管理评论，2014，17（05）：1.

[74] 李维安. 深化国企改革与发展混合所有制［J］. 南开管理评论，2014，17（03）：1.

[75] 李延喜，曾伟强，马壮等. 外部治理环境、产权性质与上市公司投资效率［J］. 南开管理评论，2015，18（01）：25-36.

[76] 李正. 构建我国企业社会责任信息披露体系研究［J］. 经济经纬，2006（06）：56-59.

[77] 李正. 企业社会责任与企业价值的相关性研究——来自沪市上市公司的经验证据［J］. 中国工业经济，2006（02）：77-83.

[78] 李正图. 积极发展混合所有制经济：战略构想和顶层设计［J］. 经济学家，2014（11）：100-101.

[79] 李政，艾尼瓦尔. 新时代"国民共进"导向的国企混合所有制改革：内涵、机制与路径［J］. 理论学刊，2018（06）：49-57.

[80] 厉以宁. 中国股份制改革的历史逻辑［J］. 智慧中国，2018（09）：35-38.

[81] 梁毕明，邢丹. 国有企业产权结构七十年：发展轨迹与路径指向［J］. 财会月刊，2019（13）：140-145.

[82] 梁法院，丁胡，冯磊. 新一轮国有企业改革中发展混合所有制经济研究［J］. 未来与发展，2014，37（04）：72-75.

[83] 梁桂英，王湛. 社会责任报告的自愿鉴证、信息质量及经济效应［J］. 财会月刊，2019（16）：169-176.

[84] 廖红伟，杨良平. 以管资本为主新型监管体制下的国有企业深化改革研究［J］. 学习与探索，2018（12）：125-132.

[85] 廖红伟, 张楠. 混合所有制下国有企业绩效检验与改革构想 [J]. 学习与探索, 2016 (04): 108-114.

[86] 廖红伟, 张楠. 论新型国有资产的监管体制转型——基于"管资产"转向"管资本"的视角 [J]. 江汉论坛, 2016 (03): 11-16.

[87] 林向义, 罗洪云. 我国民营企业信誉缺失的成因及治理对策 [J]. 科技与管理, 2006 (04): 54-55.

[88] 凌峰. 关于进一步发挥基层国企监事会职能作用的思考 [J]. 企业改革与管理, 2020 (08): 22-24.

[89] 刘长庚, 张磊. 理解"混合所有制经济": 一个文献综述 [J]. 政治经济学评论, 2016, 7 (06): 25-41.

[90] 刘程, 王仁曾. 资本市场开放能够提高公司投资效率吗?——来自"沪港通"的经验证据 [J]. 证券市场导报, 2019 (04): 52-61.

[91] 刘剑民. 政府补贴对国有资本配置的双重效应 [J]. 中国社会科学院研究生院学报, 2017 (05): 52-59.

[92] 刘澜涛. 改革开放40年我国国有企业改革历程与未来展望 [J]. 价格月刊, 2018 (10): 35-38.

[93] 刘泉红, 王丹. 我国混合所有制经济的发展历程与展望 [J]. 经济纵横, 2018 (12): 51-60.

[94] 刘现伟, 李红娟, 石颖. 优化国有资本布局的思路与策略 [J]. 改革, 2020 (06): 71-86.

[95] 刘现伟. 以管资本为主推进国企分类监管的思路与对策 [J]. 经济纵横, 2017 (02): 33-39.

[96] 刘晔, 张训常, 蓝晓燕. 国有企业混合所有制改革对全要素生产率的影响——基于PSM-DID方法的实证研究 [J]. 财政研究, 2016 (10): 63-75.

[97] 刘银国, 朱龙. 公司治理与企业价值的实证研究 [J]. 管理评论, 2011, 23 (02): 45-52.

[98] 刘媛媛, 马建利. 政府干预视域的国有资本投资效率问题研究 [J]. 宏观经济研究, 2014 (06): 35-43.

[99] 柳学信, 曹晓芳. 混合所有制改革态势及其取向观察 [J]. 改革, 2019 (01): 141-149.

[100] 卢林. 混合所有制改革方式选择对 A 股上市公司股价和绩效的影响研究 [D]. 对外经济贸易大学, 2019.

[101] 罗党论, 刘晓龙. 政治关系、进入壁垒与企业绩效——来自中国民营上市公司的经验证据 [J]. 管理世界, 2009 (05): 97-106.

[102] 罗党论, 唐清泉. 政治关系、社会资本与政策资源获取: 来自中国民营上市公司的经验证据 [J]. 世界经济, 2009 (07): 84-96.

[103] 罗华伟, 干胜道. 顶层设计: "管资本"——国有资产管理体制构建之路 [J]. 经济体制改革, 2014 (06): 130-134.

[104] 骆九连. 国有企业社会责任的价值构建 (上) [J]. 中国远洋航务, 2011 (12): 72-75.

[105] 马力, 齐善鸿. 公司社会责任理论述评 [J]. 经济社会体制比较, 2005 (02): 138-141.

[106] 马连福, 王丽丽, 张琦. 混合所有制的优序选择: 市场的逻辑 [J]. 中国工业经济, 2015 (07): 5-20.

[107] 毛新述. 国有企业混合所有制改革: 现状与理论探讨 [J]. 北京工商大学学报 (社会科学版), 2020, 35 (03): 21-28.

[108] 冒天启. 国有企业改革深化的直接障碍: 政企不分 [J]. 改革, 1998 (01): 3-5.

[109] 梅慎实, 谭梓为. 皖通科技股东遭遇"开会"难题 [J]. 董事会, 2020 (08): 28-33.

[110] 聂辉华, 涂晓玲, 杨楠. 竞争还是产权——对国有企业激励机制的经验考察 [J]. 教学与研究, 2008 (01): 39-45.

[111] 牛彪, 汤颖梅, 王怀明. 国有资本、金融成长周期与民营企业研发投入 [J]. 广西社会科学, 2018 (04): 87-91.

[112] 潘福祥. 公司治理与企业价值的实证研究 [J]. 中国工业经济, 2004 (04): 107-112.

[113] 潘红波, 余明桂. 集团内关联交易、高管薪酬激励与资本配置效率 [J]. 会计研究, 2014 (10): 20-27.

[114] 潘克勤. 企业政治关联、银行贷款及投资效率——基于银根紧缩的实证研究 [J]. 财经理论与实践, 2013, 34 (02): 8-14.

[115] 潘妙丽, 邓舒文. 混改潮起: 养老金入市正当时 [N]. 上海证券报, 2015.

[116] 潘越, 宁博, 纪翔阁等. 民营资本的宗族烙印: 来自融资约束视角的证据 [J]. 经济研究, 2019, 54 (07): 94-110.

[117] 彭华岗. 持续推进国有企业与市场经济的深度融合 [J]. 经济导刊, 2018 (03): 76-81.

[118] 齐珊. 新时代国有企业改革发展面临的机遇与挑战 [J]. 思想理论教育导刊, 2019 (10): 58-62.

[119] 綦好东, 郭骏超. 以管资本为主 实现国资监管转型 [J]. 财务与会计, 2017 (20): 66-68.

[120] 沈根泉. 国有企业发展混合所有制经济的现实意义 [J]. 中国经贸导刊, 2016 (26): 4-6.

[121] 宋学勤, 卢国彬. 当代中国混合所有制改革的背景、现状及发展方向 [J]. 现代管理科学, 2017 (02): 94-96.

[122] 宋增基. 民营企业中的国有资本关联效果研究 [M]. 北京: 经济管理出版社, 2015.

[123] 苏方国, 卢宁, 罗旖顾等. "资源福音"还是"资源诅咒"——

政治关联、税收优惠对企业研发投入的影响［J］. 广西社会科学, 2017（10）：126-131.

[124] 粟立钟, 王峰娟, 赵婷婷. 国资管理体制: 文献回顾和未来设想［J］. 北京工商大学学报（社会科学版）, 2015, 30（03）：10-19.

[125] 孙建强, 吴晓梦. 资本配置视角下国企混改作用机理——以中粮集团为例［J］. 财会月刊, 2019（07）：119-125.

[126] 汤吉军, 戚振宇. 国有企业发展混合所有制的路径依赖研究［J］. 天津社会科学, 2018（05）：103-110.

[127] 陶林. 新时代国有企业社会责任的困境和突围［J］. 理论月刊, 2018（09）：134-142.

[128] 田国双, 李桐. 混改背景下股权结构与企业投资效率关系研究［J］. 会计之友, 2019（15）：154-160.

[129] 田钊平. 国有企业的社会责任成本分析［J］. 兰州学刊, 2004（02）：72-74.

[130] 佟健, 宋小宁. 混合所有制改革与国有企业治理［J］. 广东财经大学学报, 2016, 31（01）：45-51.

[131] 王绛. 积极稳妥推进国有资本经营授权改革［J］. 中国经济周刊, 2019（14）：104-106.

[132] 王劲松, 史晋川, 李应春. 中国民营经济的产业结构演进——兼论民营经济与国有经济、外资经济的竞争关系［J］. 管理世界, 2005（10）：82-93.

[133] 王晓巍, 陈慧. 基于利益相关者的企业社会责任与企业价值关系研究［J］. 管理科学, 2011, 24（06）：29-37.

[134] 王雪梅, 谭经伟. 国企混合所有制改革后控制权实现系数与优化路径［J］. 财会通讯, 2020：1-7.

[135] 王雪梅, 谭经伟. 国企混合所有制改革后控制权实现系数与优化路径［J］. 财会通讯, 2020：1-7.

［136］ 王燕妮，郭瑞．政府补助、R&D 会计政策选择与企业价值［J］．科研管理，2020，41（05）：60-68．

［137］ 王业雯，陈林．混合所有制改革是否促进企业创新？［J］．经济与管理研究，2017，38（11）：112-121．

［138］ 王瑜，綦好东．加强国有资本监管 促进国有资产保值增值［J］．财务与会计，2020（04）：80-81．

［139］ 王在全．谈国有企业改革从管资产到管资本的转变［J］．特区经济，2014（09）：43-46．

［140］ 王珍义，何胡琴，苏丽．政治关联、进入壁垒与中小高新技术企业技术创新［J］．华东经济管理，2014，28（03）：114-119．

［141］ 卫志民．从微观层次到宏观层次——论国有企业改革思路的调整［D］．陕西师范大学，2000．

［142］ 魏蒙蒙．政治关联对企业资本配置效率的影响研究［D］．湖南科技大学，2018．

［143］ 温忠麟，叶宝娟．中介效应分析：方法和模型发展［J］．心理科学进展，2014，22（05）：731-745．

［144］ 吴士健，王垒，刘新民．经理权力、战略行为与企业经济效应关系研究［J］．经济问题，2017（08）：56-62．

［145］ 吴振宇，张文魁．国有经济比重对宏观经济运行的影响——2000~2012 年的经验研究［J］．管理世界，2015（02）：12-16．

［146］ 夏冰，吴能全．国资监管体制变迁下公司治理水平对混合所有制企业高质量发展影响研究——基于资本属性视角［J］．预测，2020，39（04）：1-7．

［147］ 夏立军，方轶强．政府控制、治理环境与公司价值——来自中国证券市场的经验证据［J］．经济研究，2005（05）：40-51．

［148］ 谢伟峰，陈省宏．公司治理质量、债务期限与投资效率——来自中国上市公司的证据［J］．工业技术经济，2016，35（07）：104-111．

[149] 谢志华. 公司的本质——兼论国企混合所有制改革 [J]. 北京工商大学学报（社会科学版），2015，30（03）：1-9.

[150] 熊勇清，周理. 企业社会责任的分析与评价——以深交所制造业上市公司为例 [J]. 管理科学文摘，2008（Z1）：36-39.

[151] 徐丹丹，孙梦超. 混合所有制与国有资本运营效率研究综述 [J]. 商业经济研究，2015（17）：105-106.

[152] 徐婧芸，富静媛，韩雪忻. 我国上市公司股权制衡机制对投融资效率的影响 [J]. 中国证券期货，2013（06）：10.

[153] 徐尚昆，杨汝岱. 企业社会责任概念范畴的归纳性分析 [J]. 中国工业经济，2007（05）：71-79.

[154] 徐业坤，钱先航，李维安. 政治不确定性、政治关联与民营企业投资——来自市委书记更替的证据 [J]. 管理世界，2013（05）：116-130.

[155] 薛陆. 国企改革与非公有制经济发展研究 [J]. 商场现代化，2010（35）：204.

[156] 杨道广，潘红波，陈汉文. 政治关系、会计信息与银行信贷资本配置效率——来自中国民营上市公司的经验证据 [J]. 投资研究，2014，33（07）：26-40.

[157] 杨栋梁. 深化国资国企改革加快国有经济发展 [J]. 国有资产管理，2006（8）：7-10.

[158] 杨红英，童露. 论混合所有制改革下的国有企业公司治理 [J]. 宏观经济研究，2015（01）：42-51.

[159] 杨红英，童露. 论混合所有制改革下的国有企业公司治理 [J]. 宏观经济研究，2015（01）：42-51.

[160] 杨玲雅. 中小企业技术创新存在的问题与对策 [J]. 商业经济，2010（03）：55-56.

[161] 杨青，彭金鑫. 创业风险投资产业和高技术产业共生模式研究

[J]. 软科学, 2011, 25 (02): 11-14.

[162] 杨瑞龙. 国有企业改革逻辑与实践的演变及反思 [J]. 中国人民大学学报, 2018, 32 (05): 44-56.

[163] 杨松令, 刘亭立. 基于共生理论的上市公司股东行为研究——一个研究框架及设想 [J]. 会计研究, 2009 (01): 81-87.

[164] 杨松令, 刘亭立. 上市公司大小股东关系: 基于共生理论的研究 [M]. 中国经济出版社, 2012.

[165] 杨新铭, 杜江. 国有资本管理体制改革的基本逻辑与方案 [J]. 理论学刊, 2020 (04): 67-75.

[166] 杨新铭, 杜江. 国有资本管理体制改革的基本逻辑与方案 [J]. 理论学刊, 2020 (04): 67-75.

[167] 杨英. "政资不分"使国企营运偏离理性 [J]. 同舟共进, 2005 (04): 13-14.

[168] 杨志强, 石水平, 石本仁等. 混合所有制、股权激励与融资决策中的防御行为——基于动态权衡理论的证据 [J]. 财经研究, 2016, 42 (08): 108-120.

[169] 姚德权, 郑威涛. 政治关联、融资渠道与民营企业非效率投资研究 [J]. 财经理论与实践, 2013, 34 (06): 34-39.

[170] 姚震, 郑禹, 孙雪晴. 混合所有制改革、会计信息质量与投资效率 [J]. 财会月刊, 2020 (16): 60-68.

[171] 叶陈刚, 武剑锋, 彭斐. 董事会特征、股权结构与营运资本管理效率 [J]. 中国审计评论, 2015 (01): 11-24.

[172] 叶光亮, 王世强, 陈逸豪. 混合所有制改革与最优专利授权——基于不对称信息的寡头博弈 [J]. 管理科学学报, 2019, 22 (11): 54-68.

[173] 叶生新. 中小企业发展战略性新兴产业战略研究——基于战略性新兴产业进入壁垒的视角 [J]. 改革与战略, 2012, 28 (07):

108-111.

[174] 叶松勤,徐经长.大股东控制与机构投资者的治理效应——基于投资效率视角的实证分析 [J]. 证券市场导报, 2013 (05): 35-42.

[175] 殷军,皮建才,杨德才. 国有企业混合所有制的内在机制和最优比例研究 [J]. 南开经济研究, 2016 (01): 18-32.

[176] 于朝晖. 提升国有企业公司治理水平的路径探讨 [J]. 中国市场, 2015 (22): 134-139.

[177] 于蔚,汪淼军,金祥荣. 政治关联和融资约束: 信息效应与资源效应 [J]. 经济研究, 2012, 47 (09): 125-139.

[178] 余汉,杨中仑,宋增基. 国有股权、政治关联与公司绩效——基于中国民营控股上市公司的实证研究 [J]. 管理评论, 2017, 29 (04): 196-212.

[179] 余汉,杨中仑,宋增基. 国有股权、政治关联与公司绩效——基于中国民营控股上市公司的实证研究 [J]. 管理评论, 2017, 29 (04): 196-212.

[180] 余汉,杨中仑,宋增基. 国有股权能够为民营企业带来好处吗?——基于中国上市公司的实证研究 [J]. 财经研究, 2017, 43 (04): 109-119.

[181] 余明桂,回雅甫,潘红波. 政治联系、寻租与地方政府财政补贴有效性 [J]. 经济研究, 2010, 45 (03): 65-77.

[182] 俞嘉,王泽霞. 国有资产流失的途径与防范——以混合所有制改革背景下的 JZWF 公司为例 [J]. 会计之友, 2017 (14): 116-121.

[183] 袁纯清. 共生理论及其对小型经济的应用研究(上)[J]. 改革, 1998 (02): 100-104.

[184] 袁纯清. 共生理论及其对小型经济的应用研究(下)[J]. 改革,

1998（03）：75-85.

[185] 袁奋强,张涛.资本配置功能实现与成员企业价值创造——基于内部资本市场的视角[J].会计与经济研究,2016,30（04）：81-96.

[186] 袁惊柱.国有企业混合所有制改革的现状、问题及对策建议[J].北京行政学院学报,2019（01）：71-78.

[187] 袁振超,饶品贵.会计信息可比性与投资效率[J].会计研究,2018（06）：39-46.

[188] 曾宪奎.新中国成立以来我国国有企业的发展历程与经验[J].经济纵横,2019（08）：39-48.

[189] 张辉,黄昊,闫强明.混合所有制改革、政策性负担与国有企业绩效——基于1999—2007年工业企业数据库的实证研究[J].经济学家,2016（09）：32-41.

[190] 张涛,徐婷,邵群.混合所有制改革、国有资本与治理效率——基于我国工业企业数据的经验研究[J].宏观经济研究,2017（10）：113-126.

[191] 张涛涛,李秉祥,祝珊.股权质押、内部控制与企业社会责任[J].会计之友,2020（08）：80-86.

[192] 张天舒,陈信元,黄俊.政治关联、风险资本投资与企业绩效[J].南开管理评论,2015,18（05）：18-27.

[193] 张天舒,赵岩,高维纳.政治关联、社会责任与企业价值[J].河北经贸大学学报,2020,41（03）：88-98.

[194] 张伟,于良春.混合所有制企业最优产权结构的选择[J].中国工业经济,2017（04）：34-53.

[195] 张文魁.混合所有制的公司治理与公司业绩[M].清华大学出版社,2015.

[196] 张文魁.混合所有制的股权结构与公司治理[J].新视野,2017

(04): 11-19.

[197] 张文魁. 中国混合所有制企业的兴起及其公司治理研究 [M]. 经济科学出版社, 2010.

[198] 张卓元. 从"管企业为主"到"管资本为主": 国企改革的重大理论创新 [J]. 新视野, 2016 (03): 13-16.

[199] 张卓元. 积极推进国有企业混合所有制改革 [J]. 中国浦东干部学院学报, 2015, 9 (02): 11-14.

[200] 张卓元. 中国经济四十年市场化改革的回顾 [J]. 经济与管理研究, 2018, 39 (03): 3-15.

[201] 张卓元. 中国经济四十年市场化改革的回顾 [J]. 经济与管理研究, 2018, 39 (03): 3-15.

[202] 赵放, 刘雅君. 混合所有制改革对国有企业创新效率影响的政策效果分析——基于双重差分法的实证研究 [J]. 山东大学学报 (哲学社会科学版), 2016 (06): 67-73.

[203] 赵力斓, 于敬如. 我国民营资本参与国有企业混合所有制改革的障碍及政策建议 [J]. 对外经贸, 2016 (04): 101-103.

[204] 赵丽. 关于民营企业参与混合所有制经济的探讨 [J]. 技术经济与管理研究, 2018 (05): 51-55.

[205] 赵欣宇. 融资约束下财务弹性对企业价值的影响研究 [J]. 财会通讯, 2019 (20): 36-40.

[206] 甄伟丽. 混合所有制改革与国有企业创新升级 [J]. 人民论坛·学术前沿, 2019 (20): 116-119.

[207] 中国财政科学研究院国有企业改革评价及国企改革指数课题组, 文宗瑜, 谭静. 以"国有企业改革评价及国企改革指数"研究支持并推动国企改革持续深入 [J]. 财政研究, 2018 (02): 16-25.

[208] 周继雄. 盘活企业国有资产确保国有资本保值增值 [J]. 国有资

产管理，2007（10）：54－56.

［209］周娜，鲍晓娟. 国企混合所有制改革轨迹与现实例证［J］. 改革，2017（02）：77－87.

［210］朱小静，严楚弘，常荆莎. 新时代如何更好地坚持和实现公有制主体地位［J］. 决策与信息，2020（03）：13－19.

［211］庄序莹，丁珂. 混合所有制改革对经济增长的作用机制及效应分析［J］. 财政科学，2016（06）：98－105.

［212］邹俊，张芳. 建国70年来国有企业治理理论研究进展：文献回顾与改革展望［J］. 当代经济管理，2019，41（09）：10－15.

［213］邹颖，张超辉. 非国有股东持股与国有企业资本成本［J］. 会计之友，2020（13）：150－156.

［214］Boubakri, N., Ghoul, S. E., Saffar, W., Cash Holdings of Politically Connected Firms［J］. Journal of Multinational Financial Management, 2013, 23 (4): 338－355.

［215］Kaplan, S. N., Zingales, L., Do Investment-Cash Flow Sensitivities Provide Useful Measures of Financing Constraints?［J］. Quarterly Journal of Economics, 1997 (1): 169－215.

［216］Kausar, A., Shroff, N., White, H., Real Effects of the Audit Choice［J］. Journal of Accounting and Economics, 2016, 62 (1): 157－181.

［217］Moskowitz, N., Liu, J. C., Central Projections of the Spiral Ganglion of the Squirrel Monkey［J］. Journal of Comparative Neurology, 1972, 144 (3): 335.

［218］Odum, H. T., Efficiencies, Size of Organisms, and Community Structure［J］. Ecology, 1956, 37 (3): 592－597.

［219］Oguzhan, O., Sensoy, B. A., Ran, D., Costly External Finance, Corporate Investment, and the Subprime Mortgage Credit Crisis［J］.

Ssrn Electronic Journal, 2008.

[220] Richardson, S., Over-investment of Free Cash Flow [J]. Review of Accounting Studies, 2006, 11 (2-3): 159-189.

[221] Stein, J. C., Internal Capital Markets and the Competition for Corporate Resources [J]. The Journal of Finance, 1997, 52 (1): 111-133.

附　录

附录A　国有资本控股混合所有制改革样本企业代码

序号	企业代码	序号	企业代码	序号	企业代码	序号	企业代码
1	000002	19	000518	37	000898	55	002305
2	000008	20	000538	38	000906	56	002321
3	000016	21	000547	39	000921	57	002349
4	000021	22	000550	40	000938	58	002376
5	000025	23	000553	41	002059	59	002386
6	000030	24	000581	42	002100	60	002396
7	000061	25	000599	43	002106	61	002405
8	000063	26	000651	44	002112	62	002415
9	000069	27	000663	45	002114	63	002419
10	000100	28	000685	46	002125	64	002461
11	000156	29	000715	47	002167	65	002507
12	000158	30	000721	48	002186	66	002544
13	000402	31	000736	49	002230	67	002598
14	000420	32	000756	50	002258	68	002643
15	000428	33	000759	51	002267	69	002683
16	000429	34	000819	52	002281	70	002698
17	000488	35	000828	53	002297	71	002783
18	000501	36	000829	54	002304	72	002786

续表

序号	企业代码	序号	企业代码	序号	企业代码	序号	企业代码
73	300003	104	600262	135	600704	165	601238
74	300212	105	600298	136	600712	166	601333
75	300291	106	600320	137	600713	167	601368
76	300334	107	600323	138	600718	168	601390
77	300402	108	600332	139	600740	169	601588
78	600009	109	600354	140	600743	170	601600
79	600011	110	600362	141	600754	171	601618
80	600012	111	600378	142	600787	172	601717
81	600018	112	600379	143	600808	173	601727
82	600021	113	600392	144	600819	174	601766
83	600026	114	600429	145	600858	175	601800
84	600027	115	600510	146	600859	176	601801
85	600028	116	600517	147	600862	177	601808
86	600029	117	600519	148	600874	178	601857
87	600085	118	600529	149	600875	179	601866
88	600096	119	600543	150	600887	180	601880
89	600100	120	600549	151	600917	181	601888
90	600101	121	600585	152	600959	182	601898
91	600103	122	600593	153	600973	183	601899
92	600111	123	600617	154	600975	184	601919
93	600115	124	600619	155	600979	185	601991
94	600117	125	600624	156	600982	186	601992
95	600141	126	600628	157	601038	187	603025
96	600160	127	600633	158	601088	188	603026
97	600168	128	600649	159	601107	189	603100
98	600170	129	600651	160	601111	190	603111
99	600176	130	600658	161	601139	191	603199
100	600183	131	600661	162	601179	192	603227
101	600188	132	600679	163	601186	193	603369
102	600207	133	600683	164	601199	194	603698
103	600222	134	600688				

附录 B 国有资本控股混合所有制改革企业公司治理水平

企业代码	年份	CGI	企业代码	年份	CGI	企业代码	年份	CGI	企业代码	年份	CGI
000002	2015	0.519	002230	2018	0.527	600170	2016	0.385	600859	2018	0.410
000002	2016	0.538	002230	2019	0.524	600170	2017	0.488	600859	2019	0.505
000002	2017	0.503	002258	2015	0.499	600170	2018	0.487	600862	2015	0.467
000002	2018	0.496	002258	2016	0.473	600170	2019	0.491	600862	2016	0.487
000002	2019	0.491	002258	2017	0.462	600176	2015	0.486	600862	2017	0.486
000008	2015	0.492	002258	2018	0.357	600176	2016	0.493	600862	2018	0.486
000008	2016	0.515	002258	2019	0.378	600176	2017	0.479	600862	2019	0.484
000008	2017	0.525	002267	2015	0.486	600176	2018	0.483	600874	2015	0.485
000008	2018	0.465	002267	2016	0.480	600176	2019	0.478	600874	2016	0.488
000008	2019	0.445	002267	2017	0.385	600183	2015	0.527	600874	2017	0.484
000016	2015	0.534	002267	2018	0.478	600183	2016	0.509	600874	2018	0.496
000016	2016	0.491	002267	2019	0.498	600183	2017	0.489	600874	2019	0.487
000016	2017	0.493	002281	2015	0.482	600183	2018	0.509	600875	2015	0.376
000016	2018	0.491	002281	2016	0.484	600183	2019	0.471	600875	2016	0.487
000016	2019	0.490	002281	2017	0.382	600188	2015	0.520	600875	2017	0.487
000021	2015	0.432	002281	2018	0.380	600188	2016	0.505	600875	2018	0.528
000021	2016	0.439	002281	2019	0.480	600188	2017	0.507	600875	2019	0.497
000021	2017	0.439	002297	2015	0.487	600188	2018	0.501	600887	2015	0.531
000021	2018	0.449	002297	2016	0.410	600188	2019	0.499	600887	2016	0.528
000021	2019	0.433	002297	2017	0.504	600207	2015	0.506	600887	2017	0.551
000025	2015	0.467	002297	2018	0.502	600207	2016	0.525	600887	2018	0.511
000025	2016	0.475	002297	2019	0.502	600207	2017	0.507	600887	2019	0.513
000025	2017	0.476	002304	2015	0.503	600207	2018	0.507	600917	2015	0.500
000025	2018	0.496	002304	2016	0.493	600207	2019	0.507	600917	2016	0.496
000025	2019	0.482	002304	2017	0.505	600222	2015	0.453	600917	2017	0.495
000030	2015	0.516	002304	2018	0.497	600222	2016	0.428	600917	2018	0.497
000030	2016	0.513	002304	2019	0.492	600222	2017	0.432	600917	2019	0.488
000030	2017	0.513	002305	2015	0.566	600222	2018	0.305	600959	2015	0.530

续表

企业代码	年份	CGI	企业代码	年份	CGI	企业代码	年份	CGI	企业代码	年份	CGI
000030	2018	0.516	002305	2016	0.566	600222	2019	0.437	600959	2016	0.520
000030	2019	0.516	002305	2017	0.525	600262	2015	0.292	600959	2017	0.528
000061	2015	0.512	002305	2018	0.519	600262	2016	0.389	600959	2018	0.550
000061	2016	0.512	002305	2019	0.519	600262	2017	0.486	600959	2019	0.508
000061	2017	0.511	002321	2015	0.479	600262	2018	0.509	600973	2015	0.469
000061	2018	0.503	002321	2016	0.507	600262	2019	0.515	600973	2016	0.493
000061	2019	0.510	002321	2017	0.501	600298	2015	0.520	600973	2017	0.495
000063	2015	0.491	002321	2018	0.405	600298	2016	0.529	600973	2018	0.401
000063	2016	0.484	002321	2019	0.305	600298	2017	0.534	600973	2019	0.504
000063	2017	0.468	002349	2015	0.484	600298	2018	0.436	600975	2015	0.490
000063	2018	0.474	002349	2016	0.498	600298	2019	0.541	600975	2016	0.482
000063	2019	0.475	002349	2017	0.393	600320	2015	0.485	600975	2017	0.482
000069	2015	0.559	002349	2018	0.490	600320	2016	0.472	600975	2018	0.483
000069	2016	0.547	002349	2019	0.487	600320	2017	0.532	600975	2019	0.478
000069	2017	0.540	002376	2015	0.509	600320	2018	0.510	600979	2015	0.480
000069	2018	0.526	002376	2016	0.523	600320	2019	0.543	600979	2016	0.538
000069	2019	0.526	002376	2017	0.528	600323	2015	0.509	600979	2017	0.541
000100	2015	0.585	002376	2018	0.435	600323	2016	0.506	600979	2018	0.539
000100	2016	0.602	002376	2019	0.527	600323	2017	0.497	600979	2019	0.529
000100	2017	0.593	002386	2015	0.491	600323	2018	0.506	600982	2015	0.411
000100	2018	0.580	002386	2016	0.485	600323	2019	0.511	600982	2016	0.401
000100	2019	0.549	002386	2017	0.378	600332	2015	0.490	600982	2017	0.459
000156	2015	0.512	002386	2018	0.499	600332	2016	0.395	600982	2018	0.474
000156	2016	0.517	002386	2019	0.504	600332	2017	0.505	600982	2019	0.500
000156	2017	0.509	002396	2015	0.461	600332	2018	0.480	601038	2015	0.505
000156	2018	0.506	002396	2016	0.451	600332	2019	0.492	601038	2016	0.492
000156	2019	0.489	002396	2017	0.362	600354	2015	0.487	601038	2017	0.406
000158	2015	0.461	002396	2018	0.460	600354	2016	0.484	601038	2018	0.392
000158	2016	0.363	002396	2019	0.437	600354	2017	0.377	601038	2019	0.507
000158	2017	0.491	002405	2015	0.525	600354	2018	0.494	601088	2015	0.525

混合所有制改革及效应

续表

企业代码	年份	CGI	企业代码	年份	CGI	企业代码	年份	CGI	企业代码	年份	CGI
000158	2018	0.505	002405	2016	0.503	600354	2019	0.483	601088	2016	0.508
000158	2019	0.489	002405	2017	0.535	600362	2015	0.499	601088	2017	0.532
000402	2015	0.452	002405	2018	0.528	600362	2016	0.493	601088	2018	0.550
000402	2016	0.493	002405	2019	0.529	600362	2017	0.509	601088	2019	0.533
000402	2017	0.451	002415	2015	0.542	600362	2018	0.490	601107	2015	0.506
000402	2018	0.480	002415	2016	0.567	600362	2019	0.482	601107	2016	0.499
000402	2019	0.480	002415	2017	0.595	600378	2015	0.509	601107	2017	0.498
000420	2015	0.591	002415	2018	0.587	600378	2016	0.504	601107	2018	0.498
000420	2016	0.539	002415	2019	0.584	600378	2017	0.500	601107	2019	0.498
000420	2017	0.527	002419	2015	0.495	600378	2018	0.500	601111	2015	0.504
000420	2018	0.515	002419	2016	0.491	600378	2019	0.503	601111	2016	0.521
000420	2019	0.531	002419	2017	0.491	600379	2015	0.497	601111	2017	0.567
000428	2015	0.533	002419	2018	0.472	600379	2016	0.493	601111	2018	0.547
000428	2016	0.552	002419	2019	0.472	600379	2017	0.389	601111	2019	0.545
000428	2017	0.542	002461	2015	0.492	600379	2018	0.491	601139	2015	0.491
000428	2018	0.543	002461	2016	0.502	600379	2019	0.377	601139	2016	0.494
000428	2019	0.542	002461	2017	0.538	600392	2015	0.508	601139	2017	0.496
000429	2015	0.460	002461	2018	0.526	600392	2016	0.489	601139	2018	0.485
000429	2016	0.508	002461	2019	0.526	600392	2017	0.524	601139	2019	0.464
000429	2017	0.508	002507	2015	0.487	600392	2018	0.522	601179	2015	0.484
000429	2018	0.499	002507	2016	0.484	600392	2019	0.522	601179	2016	0.467
000429	2019	0.505	002507	2017	0.487	600429	2015	0.509	601179	2017	0.458
000488	2015	0.475	002507	2018	0.477	600429	2016	0.503	601179	2018	0.487
000488	2016	0.492	002507	2019	0.474	600429	2017	0.502	601179	2019	0.487
000488	2017	0.502	002544	2015	0.480	600429	2018	0.504	601186	2015	0.526
000488	2018	0.455	002544	2016	0.489	600429	2019	0.502	601186	2016	0.541
000488	2019	0.345	002544	2017	0.491	600510	2015	0.506	601186	2017	0.521
000501	2015	0.474	002544	2018	0.503	600510	2016	0.479	601186	2018	0.531
000501	2016	0.500	002544	2019	0.503	600510	2017	0.486	601186	2019	0.516
000501	2017	0.500	002598	2015	0.485	600510	2018	0.491	601199	2015	0.486

续表

企业代码	年份	CGI	企业代码	年份	CGI	企业代码	年份	CGI	企业代码	年份	CGI
000501	2018	0.513	002598	2016	0.484	600510	2019	0.485	601199	2016	0.493
000501	2019	0.407	002598	2017	0.487	600517	2015	0.486	601199	2017	0.495
000518	2015	0.344	002598	2018	0.497	600517	2016	0.489	601199	2018	0.495
000518	2016	0.358	002598	2019	0.494	600517	2017	0.488	601199	2019	0.495
000518	2017	0.574	002643	2015	0.509	600517	2018	0.486	601238	2015	0.464
000518	2018	0.372	002643	2016	0.489	600517	2019	0.482	601238	2016	0.514
000518	2019	0.559	002643	2017	0.482	600519	2015	0.520	601238	2017	0.527
000538	2015	0.479	002643	2018	0.507	600519	2016	0.508	601238	2018	0.513
000538	2016	0.495	002643	2019	0.483	600519	2017	0.540	601238	2019	0.512
000538	2017	0.499	002683	2015	0.535	600519	2018	0.551	601333	2015	0.479
000538	2018	0.500	002683	2016	0.522	600519	2019	0.550	601333	2016	0.481
000538	2019	0.519	002683	2017	0.428	600529	2015	0.402	601333	2017	0.478
000547	2015	0.600	002683	2018	0.528	600529	2016	0.454	601333	2018	0.482
000547	2016	0.619	002683	2019	0.516	600529	2017	0.464	601333	2019	0.482
000547	2017	0.595	002698	2015	0.577	600529	2018	0.460	601368	2015	0.480
000547	2018	0.592	002698	2016	0.565	600529	2019	0.465	601368	2016	0.475
000547	2019	0.598	002698	2017	0.553	600543	2015	0.461	601368	2017	0.488
000550	2015	0.496	002698	2018	0.550	600543	2016	0.519	601368	2018	0.487
000550	2016	0.496	002698	2019	0.580	600543	2017	0.439	601368	2019	0.487
000550	2017	0.495	002783	2015	0.535	600543	2018	0.545	601390	2015	0.566
000550	2018	0.488	002783	2016	0.534	600543	2019	0.407	601390	2016	0.549
000550	2019	0.480	002783	2017	0.597	600549	2015	0.477	601390	2017	0.498
000553	2015	0.485	002783	2018	0.674	600549	2016	0.475	601390	2018	0.513
000553	2016	0.482	002783	2019	0.551	600549	2017	0.440	601390	2019	0.518
000553	2017	0.505	002786	2015	0.494	600549	2018	0.366	601588	2015	0.472
000553	2018	0.520	002786	2016	0.494	600549	2019	0.474	601588	2016	0.464
000553	2019	0.420	002786	2017	0.492	600585	2015	0.511	601588	2017	0.482
000581	2015	0.479	002786	2018	0.489	600585	2016	0.507	601588	2018	0.474
000581	2016	0.478	002786	2019	0.499	600585	2017	0.504	601588	2019	0.480
000581	2017	0.470	300003	2015	0.573	600585	2018	0.519	601600	2015	0.491

续表

企业代码	年份	CGI	企业代码	年份	CGI	企业代码	年份	CGI	企业代码	年份	CGI
000581	2018	0.476	300003	2016	0.606	600585	2019	0.507	601600	2016	0.489
000581	2019	0.477	300003	2017	0.587	600593	2015	0.490	601600	2017	0.487
000599	2015	0.440	300003	2018	0.608	600593	2016	0.491	601600	2018	0.510
000599	2016	0.460	300003	2019	0.606	600593	2017	0.502	601600	2019	0.497
000599	2017	0.434	300212	2015	0.500	600593	2018	0.506	601618	2015	0.493
000599	2018	0.482	300212	2016	0.482	600593	2019	0.506	601618	2016	0.397
000599	2019	0.473	300212	2017	0.480	600617	2015	0.505	601618	2017	0.519
000651	2015	0.471	300212	2018	0.482	600617	2016	0.405	601618	2018	0.515
000651	2016	0.490	300212	2019	0.490	600617	2017	0.503	601618	2019	0.549
000651	2017	0.415	300291	2015	0.545	600617	2018	0.502	601717	2015	0.505
000651	2018	0.489	300291	2016	0.531	600617	2019	0.502	601717	2016	0.503
000651	2019	0.489	300291	2017	0.530	600619	2015	0.452	601717	2017	0.490
000663	2015	0.519	300291	2018	0.561	600619	2016	0.464	601717	2018	0.440
000663	2016	0.487	300291	2019	0.520	600619	2017	0.377	601717	2019	0.449
000663	2017	0.523	300334	2015	0.506	600619	2018	0.482	601727	2015	0.496
000663	2018	0.332	300334	2016	0.497	600619	2019	0.473	601727	2016	0.497
000663	2019	0.235	300334	2017	0.383	600624	2015	0.473	601727	2017	0.522
000685	2015	0.480	300334	2018	0.492	600624	2016	0.367	601727	2018	0.498
000685	2016	0.491	300334	2019	0.228	600624	2017	0.491	601727	2019	0.496
000685	2017	0.481	300402	2015	0.491	600624	2018	0.490	601766	2015	0.512
000685	2018	0.481	300402	2016	0.488	600624	2019	0.384	601766	2016	0.551
000685	2019	0.492	300402	2017	0.488	600628	2015	0.472	601766	2017	0.519
000715	2015	0.486	300402	2018	0.499	600628	2016	0.399	601766	2018	0.511
000715	2016	0.489	300402	2019	0.487	600628	2017	0.498	601766	2019	0.512
000715	2017	0.491	600009	2015	0.478	600628	2018	0.498	601800	2015	0.528
000715	2018	0.488	600009	2016	0.387	600628	2019	0.513	601800	2016	0.529
000715	2019	0.504	600009	2017	0.491	600633	2015	0.508	601800	2017	0.503
000721	2015	0.463	600009	2018	0.501	600633	2016	0.505	601800	2018	0.506
000721	2016	0.431	600009	2019	0.488	600633	2017	0.496	601800	2019	0.527
000721	2017	0.472	600011	2015	0.513	600633	2018	0.497	601801	2015	0.472

续表

企业代码	年份	CGI	企业代码	年份	CGI	企业代码	年份	CGI	企业代码	年份	CGI
000721	2018	0.457	600011	2016	0.513	600633	2019	0.497	601801	2016	0.480
000721	2019	0.461	600011	2017	0.519	600649	2015	0.493	601801	2017	0.480
000736	2015	0.493	600011	2018	0.534	600649	2016	0.497	601801	2018	0.506
000736	2016	0.491	600011	2019	0.533	600649	2017	0.468	601801	2019	0.487
000736	2017	0.390	600012	2015	0.517	600649	2018	0.479	601808	2015	0.526
000736	2018	0.482	600012	2016	0.516	600649	2019	0.468	601808	2016	0.513
000736	2019	0.490	600012	2017	0.516	600651	2015	0.486	601808	2017	0.544
000756	2015	0.482	600012	2018	0.516	600651	2016	0.487	601808	2018	0.526
000756	2016	0.485	600012	2019	0.527	600651	2017	0.483	601808	2019	0.519
000756	2017	0.484	600018	2015	0.530	600651	2018	0.458	601857	2015	0.524
000756	2018	0.381	600018	2016	0.518	600651	2019	0.493	601857	2016	0.512
000756	2019	0.494	600018	2017	0.520	600658	2015	0.512	601857	2017	0.519
000759	2015	0.522	600018	2018	0.521	600658	2016	0.513	601857	2018	0.545
000759	2016	0.539	600018	2019	0.526	600658	2017	0.530	601857	2019	0.562
000759	2017	0.547	600021	2015	0.499	600658	2018	0.510	601866	2015	0.506
000759	2018	0.546	600021	2016	0.501	600658	2019	0.508	601866	2016	0.505
000759	2019	0.554	600021	2017	0.503	600661	2015	0.507	601866	2017	0.505
000819	2015	0.468	600021	2018	0.505	600661	2016	0.503	601866	2018	0.530
000819	2016	0.466	600021	2019	0.491	600661	2017	0.580	601866	2019	0.517
000819	2017	0.367	600026	2015	0.486	600661	2018	0.612	601880	2015	0.529
000819	2018	0.466	600026	2016	0.523	600661	2019	0.603	601880	2016	0.497
000819	2019	0.466	600026	2017	0.523	600679	2015	0.492	601880	2017	0.294
000828	2015	0.547	600026	2018	0.510	600679	2016	0.378	601880	2018	0.493
000828	2016	0.524	600026	2019	0.513	600679	2017	0.378	601880	2019	0.410
000828	2017	0.519	600027	2015	0.493	600679	2018	0.367	601888	2015	0.473
000828	2018	0.537	600027	2016	0.501	600679	2019	0.378	601888	2016	0.497
000828	2019	0.548	600027	2017	0.492	600683	2015	0.539	601888	2017	0.513
000829	2015	0.517	600027	2018	0.471	600683	2016	0.499	601888	2018	0.532
000829	2016	0.516	600027	2019	0.495	600683	2017	0.485	601888	2019	0.531
000829	2017	0.523	600028	2015	0.514	600683	2018	0.517	601898	2015	0.512

续表

企业代码	年份	CGI	企业代码	年份	CGI	企业代码	年份	CGI	企业代码	年份	CGI
000829	2018	0.487	600028	2016	0.524	600683	2019	0.487	601898	2016	0.512
000829	2019	0.387	600028	2017	0.524	600688	2015	0.497	601898	2017	0.501
000898	2015	0.544	600028	2018	0.514	600688	2016	0.498	601898	2018	0.501
000898	2016	0.525	600028	2019	0.523	600688	2017	0.506	601898	2019	0.511
000898	2017	0.539	600029	2015	0.520	600688	2018	0.468	601899	2015	0.480
000898	2018	0.539	600029	2016	0.520	600688	2019	0.516	601899	2016	0.502
000898	2019	0.556	600029	2017	0.554	600704	2015	0.500	601899	2017	0.488
000906	2015	0.485	600029	2018	0.584	600704	2016	0.497	601899	2018	0.462
000906	2016	0.483	600029	2019	0.561	600704	2017	0.500	601899	2019	0.479
000906	2017	0.467	600085	2015	0.495	600704	2018	0.383	601919	2015	0.495
000906	2018	0.479	600085	2016	0.495	600704	2019	0.491	601919	2016	0.487
000906	2019	0.478	600085	2017	0.506	600712	2015	0.479	601919	2017	0.482
000921	2015	0.494	600085	2018	0.489	600712	2016	0.399	601919	2018	0.460
000921	2016	0.460	600085	2019	0.389	600712	2017	0.497	601919	2019	0.530
000921	2017	0.464	600096	2015	0.492	600712	2018	0.497	601991	2015	0.520
000921	2018	0.497	600096	2016	0.488	600712	2019	0.384	601991	2016	0.516
000921	2019	0.486	600096	2017	0.491	600713	2015	0.454	601991	2017	0.519
000938	2015	0.528	600096	2018	0.483	600713	2016	0.367	601991	2018	0.492
000938	2016	0.464	600096	2019	0.486	600713	2017	0.466	601991	2019	0.414
000938	2017	0.502	600100	2015	0.503	600713	2018	0.496	601992	2015	0.501
000938	2018	0.557	600100	2016	0.392	600713	2019	0.496	601992	2016	0.554
000938	2019	0.513	600100	2017	0.491	600718	2015	0.495	601992	2017	0.502
002059	2015	0.489	600100	2018	0.511	600718	2016	0.515	601992	2018	0.514
002059	2016	0.476	600100	2019	0.411	600718	2017	0.502	601992	2019	0.511
002059	2017	0.334	600101	2015	0.463	600718	2018	0.506	603025	2015	0.612
002059	2018	0.470	600101	2016	0.464	600718	2019	0.406	603025	2016	0.606
002059	2019	0.456	600101	2017	0.460	600740	2015	0.511	603025	2017	0.594
002100	2015	0.481	600101	2018	0.465	600740	2016	0.498	603025	2018	0.707
002100	2016	0.473	600101	2019	0.463	600740	2017	0.497	603025	2019	0.682
002100	2017	0.475	600103	2015	0.478	600740	2018	0.474	603026	2015	0.467

续表

企业代码	年份	CGI	企业代码	年份	CGI	企业代码	年份	CGI	企业代码	年份	CGI
002100	2018	0.475	600103	2016	0.605	600740	2019	0.471	603026	2016	0.458
002100	2019	0.375	600103	2017	0.514	600743	2015	0.430	603026	2017	0.471
002106	2015	0.416	600103	2018	0.590	600743	2016	0.441	603026	2018	0.454
002106	2016	0.434	600103	2019	0.587	600743	2017	0.441	603026	2019	0.469
002106	2017	0.425	600111	2015	0.477	600743	2018	0.419	603100	2015	0.494
002106	2018	0.425	600111	2016	0.482	600743	2019	0.484	603100	2016	0.350
002106	2019	0.435	600111	2017	0.359	600754	2015	0.440	603100	2017	0.440
002112	2015	0.526	600111	2018	0.468	600754	2016	0.455	603100	2018	0.444
002112	2016	0.545	600111	2019	0.444	600754	2017	0.479	603100	2019	0.481
002112	2017	0.566	600115	2015	0.507	600754	2018	0.481	603111	2015	0.563
002112	2018	0.572	600115	2016	0.511	600754	2019	0.488	603111	2016	0.517
002112	2019	0.543	600115	2017	0.508	600787	2015	0.484	603111	2017	0.654
002114	2015	0.489	600115	2018	0.577	600787	2016	0.468	603111	2018	0.358
002114	2016	0.459	600115	2019	0.537	600787	2017	0.484	603111	2019	0.437
002114	2017	0.373	600117	2015	0.466	600787	2018	0.487	603199	2015	0.482
002114	2018	0.403	600117	2016	0.473	600787	2019	0.497	603199	2016	0.477
002114	2019	0.497	600117	2017	0.474	600808	2015	0.503	603199	2017	0.469
002125	2015	0.475	600117	2018	0.504	600808	2016	0.505	603199	2018	0.463
002125	2016	0.488	600117	2019	0.476	600808	2017	0.509	603199	2019	0.463
002125	2017	0.482	600141	2015	0.525	600808	2018	0.504	603227	2015	0.298
002125	2018	0.488	600141	2016	0.521	600808	2019	0.505	603227	2016	0.381
002125	2019	0.482	600141	2017	0.525	600819	2015	0.507	603227	2017	0.484
002167	2015	0.498	600141	2018	0.541	600819	2016	0.507	603227	2018	0.475
002167	2016	0.401	600141	2019	0.545	600819	2017	0.504	603227	2019	0.475
002167	2017	0.454	600160	2015	0.474	600819	2018	0.491	603369	2015	0.513
002167	2018	0.353	600160	2016	0.479	600819	2019	0.491	603369	2016	0.446
002167	2019	0.519	600160	2017	0.462	600858	2015	0.509	603369	2017	0.544
002186	2015	0.468	600160	2018	0.468	600858	2016	0.512	603369	2018	0.539
002186	2016	0.463	600160	2019	0.480	600858	2017	0.515	603369	2019	0.526
002186	2017	0.464	600168	2015	0.470	600858	2018	0.516	603698	2015	0.493

续表

企业代码	年份	CGI	企业代码	年份	CGI	企业代码	年份	CGI	企业代码	年份	CGI
002186	2018	0.465	600168	2016	0.471	600858	2019	0.497	603698	2016	0.493
002186	2019	0.487	600168	2017	0.479	600859	2015	0.455	603698	2017	0.493
002230	2015	0.513	600168	2018	0.467	600859	2016	0.494	603698	2018	0.493
002230	2016	0.521	600168	2019	0.479	600859	2017	0.482	603698	2019	0.491
002230	2017	0.515	600170	2015	0.498						

附录 C 非国有资本控股混合所有制改革样本企业代码

序号	企业代码	序号	企业代码	序号	企业代码	序号	企业代码	序号	企业代码
1	000009	21	000826	41	002428	61	300346		
2	000019	22	000908	42	002434	62	300482		
3	000023	23	000918	43	002534	63	300489		
4	000042	24	000963	44	002567	64	600093		
5	000157	25	000978	45	002626	65	600152		
6	000338	26	000989	46	002770	66	600190		
7	000426	27	000990	47	002788	67	600216		
8	000517	28	000998	48	300049	68	600231		
9	000525	29	002038	49	300072	69	600293		
10	000532	30	002063	50	300090	70	600353		
11	000536	31	002117	51	300110	71	600383		
12	000555	32	002159	52	300168	72	600388		
13	000564	33	002193	53	300185	73	600530		
14	000601	34	002202	54	300208	74	600563		
15	000612	35	002219	55	300215	75	600590		
16	000626	36	002253	56	300218	76	600596		
17	000637	37	002274	57	300229	77	600600		
18	000672	38	002300	58	300240	78	600622		
19	000687	39	002350	59	300255	79	600635		
20	000813	40	002362	60	300313	80	600641		

续表

序号	企业代码	序号	企业代码	序号	企业代码	序号	企业代码
81	600703	85	600876	89	600993	92	603011
82	600801	86	600883	90	601015	93	603077
83	600854	87	600890	91	601579	94	603968
84	600872	88	600983				

附录D 非国有资本控股混合所有制改革企业融资约束程度（Kz指数）

企业代码	年份	Kz	企业代码	年份	Kz	企业代码	年份	Kz	企业代码	年份	Kz
000009	2015	3.560	000963	2018	1.879	300049	2016	0.257	600383	2018	4.099
000009	2016	3.816	000963	2019	1.798	300049	2017	0.308	600383	2019	3.841
000009	2017	3.338	000978	2015	2.118	300049	2018	1.432	600388	2015	3.567
000009	2018	2.614	000978	2016	1.898	300049	2019	0.517	600388	2016	3.406
000009	2019	2.956	000978	2017	2.072	300072	2015	2.348	600388	2017	3.803
000019	2015	1.903	000978	2018	2.270	300072	2016	3.126	600388	2018	3.863
000019	2016	0.756	000978	2019	2.226	300072	2017	3.381	600388	2019	4.149
000019	2017	0.754	000989	2015	−0.252	300072	2018	3.829	600530	2015	2.423
000019	2018	1.436	000989	2016	−1.070	300072	2019	0.777	600530	2016	2.159
000019	2019	1.834	000989	2017	1.126	300090	2015	2.468	600530	2017	1.839
000023	2015	4.135	000989	2018	0.325	300090	2016	3.735	600530	2018	2.032
000023	2016	4.366	000989	2019	−0.362	300090	2017	6.090	600530	2019	2.422
000023	2017	3.132	000990	2015	3.736	300090	2018	5.458	600563	2015	0.100
000023	2018	3.844	000990	2016	1.004	300090	2019	8.209	600563	2016	−1.108
000023	2019	3.782	000990	2017	0.475	300110	2015	3.813	600563	2017	0.350
000042	2015	4.799	000990	2018	1.507	300110	2016	3.322	600563	2018	0.076
000042	2016	3.830	000990	2019	1.490	300110	2017	3.596	600563	2019	−0.377
000042	2017	5.929	000998	2015	3.231	300110	2018	0.536	600590	2015	2.817
000042	2018	4.040	000998	2016	1.484	300110	2019	0.024	600590	2016	2.792

混合所有制改革及效应

续表

企业代码	年份	Kz	企业代码	年份	Kz	企业代码	年份	Kz	企业代码	年份	Kz
000042	2019	4.970	000998	2017	2.978	300168	2015	5.476	600590	2017	3.966
000157	2015	3.417	000998	2018	2.935	300168	2016	4.185	600590	2018	3.729
000157	2016	3.088	000998	2019	3.146	300168	2017	3.835	600590	2019	3.346
000157	2017	2.733	002038	2015	-0.857	300168	2018	3.181	600596	2015	2.571
000157	2018	2.649	002038	2016	-0.551	300168	2019	3.432	600596	2016	1.936
000157	2019	2.653	002038	2017	-0.333	300185	2015	2.928	600596	2017	2.272
000338	2015	2.631	002038	2018	-0.301	300185	2016	2.468	600596	2018	1.208
000338	2016	3.459	002038	2019	-0.967	300185	2017	2.734	600596	2019	1.434
000338	2017	2.919	002063	2015	0.759	300185	2018	2.702	600600	2015	0.998
000338	2018	2.515	002063	2016	0.029	300185	2019	3.076	600600	2016	0.914
000338	2019	2.645	002063	2017	-0.376	300208	2015	1.977	600600	2017	1.045
000426	2015	2.556	002063	2018	-0.891	300208	2016	4.446	600600	2018	0.483
000426	2016	2.782	002063	2019	0.821	300208	2017	4.003	600600	2019	0.542
000426	2017	1.632	002117	2015	2.434	300208	2018	4.872	600622	2015	2.695
000426	2018	1.658	002117	2016	2.191	300208	2019	5.498	600622	2016	1.600
000426	2019	2.319	002117	2017	0.338	300215	2015	3.514	600622	2017	2.107
000517	2015	3.227	002117	2018	-0.131	300215	2016	2.302	600622	2018	2.618
000517	2016	4.119	002117	2019	0.505	300215	2017	1.832	600622	2019	3.687
000517	2017	4.330	002159	2015	2.968	300215	2018	0.840	600635	2015	3.150
000517	2018	5.771	002159	2016	4.171	300215	2019	1.085	600635	2016	2.376
000517	2019	4.264	002159	2017	3.574	300218	2015	2.006	600635	2017	2.596
000525	2015	3.037	002159	2018	2.496	300218	2016	1.754	600635	2018	3.052
000525	2016	3.152	002159	2019	2.435	300218	2017	1.866	600635	2019	2.708
000525	2017	3.424	002193	2015	1.980	300218	2018	1.527	600641	2015	0.350
000525	2018	3.760	002193	2016	0.489	300218	2019	1.381	600641	2016	-1.788
000525	2019	3.144	002193	2017	1.542	300229	2015	1.799	600641	2017	-0.123
000532	2015	4.359	002193	2018	2.084	300229	2016	1.223	600641	2018	-1.232
000532	2016	3.876	002193	2019	3.068	300229	2017	0.787	600641	2019	-0.299
000532	2017	3.397	002202	2015	3.238	300229	2018	0.759	600703	2015	0.231
000532	2018	3.436	002202	2016	3.519	300229	2019	1.100	600703	2016	0.471

续表

企业代码	年份	Kz	企业代码	年份	Kz	企业代码	年份	Kz	企业代码	年份	Kz
000532	2019	3.192	002202	2017	3.701	300240	2015	0.613	600703	2017	1.017
000536	2015	0.966	002202	2018	3.585	300240	2016	1.338	600703	2018	0.795
000536	2016	0.863	002202	2019	3.477	300240	2017	2.462	600703	2019	1.392
000536	2017	1.524	002219	2015	0.596	300240	2018	2.230	600801	2015	2.226
000536	2018	3.648	002219	2016	3.453	300240	2019	2.300	600801	2016	1.935
000536	2019	4.326	002219	2017	3.744	300255	2015	2.836	600801	2017	1.728
000555	2015	2.759	002219	2018	3.616	300255	2016	1.071	600801	2018	-0.202
000555	2016	2.054	002219	2019	4.956	300255	2017	1.260	600801	2019	-0.520
000555	2017	2.607	002253	2015	0.606	300255	2018	0.853	600854	2015	2.461
000555	2018	2.709	002253	2016	0.806	300255	2019	1.831	600854	2016	1.685
000555	2019	2.741	002253	2017	0.352	300313	2015	6.151	600854	2017	-0.351
000564	2015	2.883	002253	2018	-0.064	300313	2016	2.607	600854	2018	0.942
000564	2016	0.623	002253	2019	-0.230	300313	2017	2.771	600854	2019	-0.225
000564	2017	2.006	002274	2015	3.196	300313	2018	5.179	600872	2015	2.117
000564	2018	1.296	002274	2016	2.856	300313	2019	5.883	600872	2016	1.341
000564	2019	2.535	002274	2017	3.646	300346	2015	1.206	600872	2017	2.072
000601	2015	2.475	002274	2018	3.605	300346	2016	0.911	600872	2018	2.025
000601	2016	1.952	002274	2019	3.225	300346	2017	1.077	600872	2019	1.415
000601	2017	2.436	002300	2015	3.019	300346	2018	0.184	600876	2015	7.880
000601	2018	2.346	002300	2016	2.367	300346	2019	0.870	600876	2016	4.618
000601	2019	2.618	002300	2017	2.950	300482	2015	-1.970	600876	2017	4.166
000612	2015	2.842	002300	2018	4.125	300482	2016	0.885	600876	2018	4.573
000612	2016	2.307	002300	2019	2.054	300482	2017	1.739	600876	2019	4.633
000612	2017	2.381	002350	2015	2.511	300482	2018	-0.439	600883	2015	0.883
000612	2018	1.522	002350	2016	2.669	300482	2019	0.289	600883	2016	0.844
000612	2019	1.314	002350	2017	3.099	300489	2015	1.761	600883	2017	-0.397
000626	2015	4.435	002350	2018	2.668	300489	2016	2.702	600883	2018	0.183
000626	2016	3.637	002350	2019	1.730	300489	2017	2.720	600883	2019	0.195
000626	2017	3.783	002362	2015	2.247	300489	2018	1.787	600890	2015	5.683
000626	2018	4.138	002362	2016	1.357	300489	2019	2.123	600890	2016	5.661

混合所有制改革及效应

续表

企业代码	年份	Kz	企业代码	年份	Kz	企业代码	年份	Kz	企业代码	年份	Kz
000626	2019	2.253	002362	2017	1.942	600093	2015	4.133	600890	2017	4.591
000637	2015	-0.825	002362	2018	1.811	600093	2016	5.419	600890	2018	5.660
000637	2016	-0.988	002362	2019	0.886	600093	2017	3.717	600890	2019	2.900
000637	2017	-0.106	002428	2015	3.382	600093	2018	2.408	600983	2015	1.360
000637	2018	0.141	002428	2016	1.605	600093	2019	2.309	600983	2016	1.213
000637	2019	1.561	002428	2017	1.926	600152	2015	3.303	600983	2017	1.805
000672	2015	3.440	002428	2018	1.375	600152	2016	2.324	600983	2018	2.134
000672	2016	3.986	002428	2019	2.996	600152	2017	3.166	600983	2019	2.714
000672	2017	2.360	002434	2015	3.405	600152	2018	2.764	600993	2015	0.923
000672	2018	0.526	002434	2016	2.599	600152	2019	3.337	600993	2016	0.573
000672	2019	-0.913	002434	2017	2.075	600190	2015	2.794	600993	2017	-0.487
000687	2015	6.501	002434	2018	1.897	600190	2016	2.573	600993	2018	-0.716
000687	2016	3.805	002434	2019	2.165	600190	2017	2.997	600993	2019	-1.404
000687	2017	4.919	002534	2015	3.274	600190	2018	3.407	601015	2015	3.724
000687	2018	4.753	002534	2016	2.582	600190	2019	3.453	601015	2016	3.105
000687	2019	9.110	002534	2017	3.024	600216	2015	0.984	601015	2017	2.342
000813	2015	1.423	002534	2018	2.750	600216	2016	0.738	601015	2018	2.427
000813	2016	-1.467	002534	2019	2.234	600216	2017	0.604	601015	2019	2.806
000813	2017	-0.825	002567	2015	0.427	600216	2018	0.288	601579	2015	1.877
000813	2018	-0.255	002567	2016	1.420	600216	2019	0.737	601579	2016	0.227
000813	2019	-2.510	002567	2017	1.248	600231	2015	2.603	601579	2017	0.575
000826	2015	3.680	002567	2018	1.420	600231	2016	3.476	601579	2018	0.918
000826	2016	3.943	002567	2019	2.224	600231	2017	2.641	601579	2019	1.169
000826	2017	3.198	002626	2015	3.560	600231	2018	2.119	603011	2015	3.329
000826	2018	3.817	002626	2016	0.693	600231	2019	2.418	603011	2016	1.105
000826	2019	3.635	002626	2017	0.965	600293	2015	5.139	603011	2017	2.279
000908	2015	1.779	002626	2018	0.558	600293	2016	4.108	603011	2018	1.553
000908	2016	2.391	002626	2019	0.916	600293	2017	3.251	603011	2019	2.042
000908	2017	2.432	002770	2015	1.138	600293	2018	2.041	603077	2015	2.535
000908	2018	1.929	002770	2016	0.632	600293	2019	2.109	603077	2016	0.995

续表

企业代码	年份	Kz	企业代码	年份	Kz	企业代码	年份	Kz	企业代码	年份	Kz
000908	2019	3.137	002770	2017	0.384	600353	2015	1.437	603077	2017	0.941
000918	2015	5.679	002770	2018	-0.270	600353	2016	1.453	603077	2018	0.228
000918	2016	5.498	002770	2019	3.389	600353	2017	1.109	603077	2019	1.319
000918	2017	5.789	002788	2015	4.418	600353	2018	1.194	603968	2015	-0.024
000918	2018	5.461	002788	2016	3.845	600353	2019	1.634	603968	2016	0.228
000918	2019	4.654	002788	2017	4.890	600383	2015	3.115	603968	2017	0.475
000963	2015	4.375	002788	2018	4.066	600383	2016	2.426	603968	2018	-0.173
000963	2016	1.978	002788	2019	5.333	600383	2017	4.238	603968	2019	-0.376
000963	2017	2.140	300049	2015	-1.017						

附录 E 非国有资本控股混合所有制改革企业投资效率（Eff 指数）

企业代码	年份	Eff	企业代码	年份	Eff	企业代码	年份	Eff	企业代码	年份	Eff
000009	2015	-0.025	000963	2018	-0.038	300049	2016	-0.068	600383	2018	-0.002
000009	2016	-0.027	000963	2019	-0.039	300049	2017	-0.064	600383	2019	-0.001
000009	2017	-0.018	000978	2015	-0.051	300049	2018	-0.047	600388	2015	-0.034
000009	2018	-0.014	000978	2016	-0.040	300049	2019	-0.046	600388	2016	-0.030
000009	2019	-0.014	000978	2017	-0.038	300072	2015	-0.065	600388	2017	-0.028
000019	2015	-0.046	000978	2018	-0.040	300072	2016	-0.047	600388	2018	-0.026
000019	2016	-0.038	000978	2019	-0.042	300072	2017	-0.039	600388	2019	-0.023
000019	2017	-0.052	000989	2015	-0.063	300072	2018	-0.031	600530	2015	-0.041
000019	2018	-0.033	000989	2016	-0.057	300072	2019	-0.015	600530	2016	-0.040
000019	2019	-0.068	000989	2017	-0.052	300090	2015	-0.052	600530	2017	-0.041
000023	2015	-0.035	000989	2018	-0.047	300090	2016	-0.065	600530	2018	-0.045
000023	2016	-0.033	000989	2019	-0.037	300090	2017	-0.033	600530	2019	-0.019
000023	2017	-0.032	000990	2015	-0.040	300090	2018	-0.018	600563	2015	-0.068

混合所有制改革及效应

续表

企业代码	年份	Eff	企业代码	年份	Eff	企业代码	年份	Eff	企业代码	年份	Eff
000023	2018	-0.034	000990	2016	-0.040	300090	2019	-0.001	600563	2016	-0.064
000023	2019	-0.031	000990	2017	-0.028	300110	2015	-0.058	600563	2017	-0.064
000042	2015	-0.022	000990	2018	-0.023	300110	2016	-0.049	600563	2018	-0.061
000042	2016	-0.016	000990	2019	-0.029	300110	2017	-0.047	600563	2019	-0.056
000042	2017	-0.012	000998	2015	-0.055	300110	2018	-0.043	600590	2015	-0.035
000042	2018	-0.009	000998	2016	-0.054	300110	2019	-0.040	600590	2016	-0.036
000042	2019	-0.006	000998	2017	-0.045	300168	2015	-0.050	600590	2017	-0.028
000157	2015	-0.010	000998	2018	-0.037	300168	2016	-0.047	600590	2018	-0.025
000157	2016	-0.007	000998	2019	-0.032	300168	2017	-0.040	600590	2019	-0.023
000157	2017	-0.004	002038	2015	-0.071	300168	2018	-0.034	600596	2015	-0.037
000157	2018	-0.007	002038	2016	-0.063	300168	2019	-0.033	600596	2016	-0.024
000157	2019	-0.005	002038	2017	-0.054	300185	2015	-0.038	600596	2017	-0.029
000338	2015	-0.023	002038	2018	-0.055	300185	2016	-0.038	600596	2018	-0.038
000338	2016	-0.016	002038	2019	-0.051	300185	2017	-0.036	600596	2019	-0.038
000338	2017	-0.013	002063	2015	-0.066	300185	2018	-0.039	600600	2015	-0.029
000338	2018	-0.011	002063	2016	-0.055	300185	2019	-0.034	600600	2016	-0.024
000338	2019	-0.011	002063	2017	-0.055	300208	2015	-0.080	600600	2017	-0.018
000426	2015	-0.036	002063	2018	-0.053	300208	2016	-0.070	600600	2018	-0.018
000426	2016	-0.030	002063	2019	-0.050	300208	2017	-0.047	600600	2019	-0.017
000426	2017	-0.034	002117	2015	-0.068	300208	2018	-0.043	600622	2015	-0.026
000426	2018	-0.034	002117	2016	-0.069	300208	2019	-0.035	600622	2016	-0.025
000426	2019	-0.023	002117	2017	-0.060	300215	2015	-0.062	600622	2017	-0.020
000517	2015	-0.029	002117	2018	-0.065	300215	2016	-0.047	600622	2018	-0.020
000517	2016	-0.023	002117	2019	-0.063	300215	2017	-0.042	600622	2019	-0.019
000517	2017	-0.020	002159	2015	-0.047	300215	2018	-0.040	600635	2015	-0.029
000517	2018	-0.020	002159	2016	-0.049	300215	2019	-0.040	600635	2016	-0.025
000517	2019	-0.013	002159	2017	-0.037	300218	2015	-0.064	600635	2017	-0.023
000525	2015	-0.025	002159	2018	-0.035	300218	2016	-0.053	600635	2018	-0.022
000525	2016	-0.026	002159	2019	-0.040	300218	2017	-0.047	600635	2019	-0.016
000525	2017	-0.027	002193	2015	-0.037	300218	2018	-0.039	600641	2015	-0.029

续表

企业代码	年份	Eff	企业代码	年份	Eff	企业代码	年份	Eff	企业代码	年份	Eff
000525	2018	-0.026	002193	2016	-0.052	300218	2019	-0.039	600641	2016	-0.026
000525	2019	-0.020	002193	2017	-0.043	300229	2015	-0.055	600641	2017	-0.035
000532	2015	-0.053	002193	2018	-0.034	300229	2016	-0.048	600641	2018	-0.046
000532	2016	-0.046	002193	2019	-0.030	300229	2017	-0.044	600641	2019	-0.035
000532	2017	-0.039	002202	2015	-0.033	300229	2018	-0.043	600703	2015	-0.047
000532	2018	-0.038	002202	2016	-0.040	300229	2019	-0.036	600703	2016	-0.045
000532	2019	-0.035	002202	2017	-0.030	300240	2015	-0.049	600703	2017	-0.032
000536	2015	-0.020	002202	2018	-0.022	300240	2016	-0.045	600703	2018	-0.042
000536	2016	-0.020	002202	2019	-0.020	300240	2017	-0.045	600703	2019	-0.044
000536	2017	-0.047	002219	2015	-0.069	300240	2018	-0.044	600801	2015	-0.027
000536	2018	-0.039	002219	2016	-0.080	300240	2019	-0.037	600801	2016	-0.020
000536	2019	-0.007	002219	2017	-0.047	300255	2015	-0.063	600801	2017	-0.019
000555	2015	-0.033	002219	2018	-0.041	300255	2016	-0.054	600801	2018	-0.022
000555	2016	-0.032	002219	2019	-0.012	300255	2017	-0.050	600801	2019	-0.036
000555	2017	-0.028	002253	2015	-0.071	300255	2018	-0.048	600854	2015	-0.028
000555	2018	-0.023	002253	2016	-0.076	300255	2019	-0.046	600854	2016	-0.028
000555	2019	-0.018	002253	2017	-0.059	300313	2015	-0.081	600854	2017	-0.027
000564	2015	-0.033	002253	2018	-0.056	300313	2016	-0.071	600854	2018	-0.027
000564	2016	-0.030	002253	2019	-0.053	300313	2017	-0.040	600854	2019	-0.029
000564	2017	-0.018	002274	2015	-0.060	300313	2018	-0.056	600872	2015	-0.052
000564	2018	-0.008	002274	2016	-0.046	300313	2019	-0.026	600872	2016	-0.039
000564	2019	-0.003	002274	2017	-0.044	300346	2015	-0.060	600872	2017	-0.040
000601	2015	-0.028	002274	2018	-0.037	300346	2016	-0.053	600872	2018	-0.039
000601	2016	-0.028	002274	2019	-0.035	300346	2017	-0.048	600872	2019	-0.043
000601	2017	-0.034	002300	2015	-0.057	300346	2018	-0.049	600876	2015	-0.042
000601	2018	-0.030	002300	2016	-0.049	300346	2019	-0.051	600876	2016	-0.023
000601	2019	-0.033	002300	2017	-0.042	300482	2015	-0.069	600876	2017	-0.044
000612	2015	-0.029	002300	2018	-0.041	300482	2016	-0.068	600876	2018	-0.043
000612	2016	-0.021	002300	2019	-0.037	300482	2017	-0.076	600876	2019	-0.055
000612	2017	-0.024	002350	2015	-0.059	300482	2018	-0.069	600883	2015	-0.035

混合所有制改革及效应

续表

企业代码	年份	Eff	企业代码	年份	Eff	企业代码	年份	Eff	企业代码	年份	Eff
000612	2018	-0.026	002350	2016	-0.053	300482	2019	-0.061	600883	2016	-0.055
000612	2019	-0.015	002350	2017	-0.049	300489	2015	-0.083	600883	2017	-0.044
000626	2015	-0.037	002350	2018	-0.048	300489	2016	-0.079	600883	2018	-0.047
000626	2016	-0.034	002350	2019	-0.043	300489	2017	-0.073	600883	2019	-0.042
000626	2017	-0.028	002362	2015	-0.067	300489	2018	-0.065	600890	2015	-0.047
000626	2018	-0.018	002362	2016	-0.062	300489	2019	-0.059	600890	2016	-0.056
000626	2019	-0.025	002362	2017	-0.061	600093	2015	-0.072	600890	2017	-0.040
000637	2015	-0.060	002362	2018	-0.059	600093	2016	-0.049	600890	2018	-0.059
000637	2016	-0.052	002362	2019	-0.055	600093	2017	-0.027	600890	2019	-0.036
000637	2017	-0.048	002428	2015	-0.062	600093	2018	-0.025	600983	2015	-0.044
000637	2018	-0.049	002428	2016	-0.050	600093	2019	-0.023	600983	2016	-0.039
000637	2019	-0.043	002428	2017	-0.037	600152	2015	-0.024	600983	2017	-0.038
000672	2015	-0.049	002428	2018	-0.040	600152	2016	-0.042	600983	2018	-0.034
000672	2016	-0.038	002428	2019	-0.039	600152	2017	-0.034	600983	2019	-0.035
000672	2017	-0.030	002434	2015	-0.059	600152	2018	-0.039	600993	2015	-0.054
000672	2018	-0.040	002434	2016	-0.061	600152	2019	-0.048	600993	2016	-0.052
000672	2019	-0.047	002434	2017	-0.058	600190	2015	-0.028	600993	2017	-0.047
000687	2015	-0.041	002434	2018	-0.051	600190	2016	-0.028	600993	2018	-0.048
000687	2016	-0.024	002434	2019	-0.047	600190	2017	-0.020	600993	2019	-0.039
000687	2017	-0.042	002534	2015	-0.038	600190	2018	-0.018	601015	2015	-0.029
000687	2018	-0.037	002534	2016	-0.030	600190	2019	-0.017	601015	2016	-0.027
000687	2019	-0.016	002534	2017	-0.035	600216	2015	-0.045	601015	2017	-0.035
000813	2015	-0.045	002534	2018	-0.036	600216	2016	-0.039	601015	2018	-0.033
000813	2016	-0.041	002534	2019	-0.033	600216	2017	-0.035	601015	2019	-0.032
000813	2017	-0.063	002567	2015	-0.042	600216	2018	-0.032	601579	2015	-0.048
000813	2018	-0.053	002567	2016	-0.038	600216	2019	-0.030	601579	2016	-0.051
000813	2019	-0.045	002567	2017	-0.039	600231	2015	-0.016	601579	2017	-0.043
000826	2015	-0.053	002567	2018	-0.039	600231	2016	-0.020	601579	2018	-0.040
000826	2016	-0.042	002567	2019	-0.037	600231	2017	-0.033	601579	2019	-0.045
000826	2017	-0.040	002626	2015	-0.067	600231	2018	-0.026	603011	2015	-0.050

续表

企业代码	年份	Eff	企业代码	年份	Eff	企业代码	年份	Eff	企业代码	年份	Eff
000826	2018	-0.030	002626	2016	-0.074	600231	2019	-0.022	603011	2016	-0.051
000826	2019	-0.013	002626	2017	-0.047	600293	2015	-0.034	603011	2017	-0.053
000908	2015	-0.104	002626	2018	-0.052	600293	2016	-0.030	603011	2018	-0.038
000908	2016	-0.067	002626	2019	-0.050	600293	2017	-0.030	603011	2019	-0.038
000908	2017	-0.052	002770	2015	-0.067	600293	2018	-0.029	603077	2015	-0.058
000908	2018	-0.041	002770	2016	-0.062	600293	2019	-0.024	603077	2016	-0.046
000908	2019	-0.037	002770	2017	-0.057	600353	2015	-0.049	603077	2017	-0.035
000918	2015	-0.014	002770	2018	-0.067	600353	2016	-0.048	603077	2018	-0.033
000918	2016	-0.005	002770	2019	-0.050	600353	2017	-0.044	603077	2019	-0.029
000918	2017	-0.014	002788	2015	-0.057	600353	2018	-0.045	603968	2015	-0.064
000918	2018	-0.020	002788	2016	-0.057	600353	2019	-0.041	603968	2016	-0.061
000918	2019	-0.007	002788	2017	-0.058	600383	2015	-0.006	603968	2017	-0.062
000963	2015	-0.047	002788	2018	-0.052	600383	2016	-0.003	603968	2018	-0.058
000963	2016	-0.044	002788	2019	-0.048	600383	2017	-0.004	603968	2019	-0.055
000963	2017	-0.041	300049	2015	-0.068						

附录F 国有资本控股混合所有制改革企业社会效应评价指数

企业代码	年份	Z1	企业代码	年份	Z1	企业代码	年份	Z1	企业代码	年份	Z1
000002	2015	0.041	002230	2018	0.039	600170	2016	0.039	600859	2018	0.027
000002	2016	0.048	002230	2019	0.040	600170	2017	0.039	600859	2019	0.028
000002	2017	0.056	002258	2015	0.024	600170	2018	0.040	600862	2015	0.022
000002	2018	0.069	002258	2016	0.025	600170	2019	0.042	600862	2016	0.026
000002	2019	0.080	002258	2017	0.024	600176	2015	0.026	600862	2017	0.025
000008	2015	0.028	002258	2018	0.024	600176	2016	0.025	600862	2018	0.023
000008	2016	0.027	002258	2019	0.026	600176	2017	0.025	600862	2019	0.030
000008	2017	0.027	002267	2015	0.022	600176	2018	0.023	600874	2015	0.021

混合所有制改革及效应

续表

企业代码	年份	Z1	企业代码	年份	Z1	企业代码	年份	Z1	企业代码	年份	Z1
000008	2018	0.029	002267	2016	0.021	600176	2019	0.025	600874	2016	0.024
000008	2019	0.026	002267	2017	0.023	600183	2015	0.029	600874	2017	0.022
000016	2015	0.029	002267	2018	0.021	600183	2016	0.029	600874	2018	0.024
000016	2016	0.028	002267	2019	0.021	600183	2017	0.031	600874	2019	0.023
000016	2017	0.029	002281	2015	0.033	600183	2018	0.031	600875	2015	0.033
000016	2018	0.030	002281	2016	0.033	600183	2019	0.029	600875	2016	0.033
000016	2019	0.029	002281	2017	0.032	600188	2015	0.046	600875	2017	0.032
000021	2015	0.031	002281	2018	0.032	600188	2016	0.045	600875	2018	0.033
000021	2016	0.036	002281	2019	0.034	600188	2017	0.047	600875	2019	0.033
000021	2017	0.033	002297	2015	0.030	600188	2018	0.046	600887	2015	0.041
000021	2018	0.031	002297	2016	0.027	600188	2019	0.047	600887	2016	0.041
000021	2019	0.032	002297	2017	0.026	600207	2015	0.024	600887	2017	0.040
000025	2015	0.021	002297	2018	0.030	600207	2016	0.031	600887	2018	0.042
000025	2016	0.021	002297	2019	0.037	600207	2017	0.032	600887	2019	0.041
000025	2017	0.020	002304	2015	0.036	600207	2018	0.031	600917	2015	0.027
000025	2018	0.021	002304	2016	0.036	600207	2019	0.031	600917	2016	0.026
000025	2019	0.024	002304	2017	0.037	600222	2015	0.023	600917	2017	0.026
000030	2015	0.030	002304	2018	0.042	600222	2016	0.027	600917	2018	0.026
000030	2016	0.029	002304	2019	0.042	600222	2017	0.027	600917	2019	0.025
000030	2017	0.030	002305	2015	0.025	600222	2018	0.024	600959	2015	0.022
000030	2018	0.029	002305	2016	0.024	600222	2019	0.026	600959	2016	0.021
000030	2019	0.029	002305	2017	0.025	600262	2015	0.026	600959	2017	0.024
000061	2015	0.017	002305	2018	0.026	600262	2016	0.027	600959	2018	0.027
000061	2016	0.018	002305	2019	0.025	600262	2017	0.026	600959	2019	0.026
000061	2017	0.017	002321	2015	0.022	600262	2018	0.029	600973	2015	0.028
000061	2018	0.017	002321	2016	0.023	600262	2019	0.028	600973	2016	0.028
000061	2019	0.017	002321	2017	0.024	600298	2015	0.024	600973	2017	0.028
000063	2015	0.058	002321	2018	0.023	600298	2016	0.024	600973	2018	0.027
000063	2016	0.055	002321	2019	0.023	600298	2017	0.025	600973	2019	0.027
000063	2017	0.052	002349	2015	0.032	600298	2018	0.025	600975	2015	0.025
000063	2018	0.051	002349	2016	0.032	600298	2019	0.027	600975	2016	0.023

续表

企业代码	年份	Z1	企业代码	年份	Z1	企业代码	年份	Z1	企业代码	年份	Z1
000063	2019	0.052	002349	2017	0.031	600320	2015	0.025	600975	2017	0.025
000069	2015	0.028	002349	2018	0.025	600320	2016	0.026	600975	2018	0.025
000069	2016	0.027	002349	2019	0.025	600320	2017	0.026	600975	2019	0.022
000069	2017	0.028	002376	2015	0.030	600320	2018	0.027	600979	2015	0.017
000069	2018	0.027	002376	2016	0.029	600320	2019	0.026	600979	2016	0.020
000069	2019	0.032	002376	2017	0.031	600323	2015	0.020	600979	2017	0.019
000100	2015	0.034	002376	2018	0.033	600323	2016	0.020	600979	2018	0.019
000100	2016	0.047	002376	2019	0.036	600323	2017	0.021	600979	2019	0.020
000100	2017	0.045	002386	2015	0.024	600323	2018	0.021	600982	2015	0.048
000100	2018	0.051	002386	2016	0.025	600323	2019	0.021	600982	2016	0.031
000100	2019	0.038	002386	2017	0.025	600332	2015	0.034	600982	2017	0.027
000156	2015	0.028	002386	2018	0.025	600332	2016	0.036	600982	2018	0.027
000156	2016	0.028	002386	2019	0.025	600332	2017	0.035	600982	2019	0.026
000156	2017	0.029	002396	2015	0.037	600332	2018	0.033	601038	2015	0.029
000156	2018	0.029	002396	2016	0.037	600332	2019	0.035	601038	2016	0.030
000156	2019	0.028	002396	2017	0.037	600354	2015	0.021	601038	2017	0.025
000158	2015	0.025	002396	2018	0.037	600354	2016	0.025	601038	2018	0.030
000158	2016	0.027	002396	2019	0.037	600354	2017	0.025	601038	2019	0.029
000158	2017	0.027	002405	2015	0.058	600354	2018	0.022	601088	2015	0.064
000158	2018	0.026	002405	2016	0.054	600354	2019	0.022	601088	2016	0.064
000158	2019	0.027	002405	2017	0.047	600362	2015	0.034	601088	2017	0.068
000402	2015	0.026	002405	2018	0.060	600362	2016	0.032	601088	2018	0.072
000402	2016	0.025	002405	2019	0.063	600362	2017	0.032	601088	2019	0.065
000402	2017	0.025	002415	2015	0.036	600362	2018	0.034	601107	2015	0.023
000402	2018	0.022	002415	2016	0.039	600362	2019	0.033	601107	2016	0.022
000402	2019	0.023	002415	2017	0.039	600378	2015	0.031	601107	2017	0.022
000420	2015	0.021	002415	2018	0.041	600378	2016	0.030	601107	2018	0.020
000420	2016	0.023	002415	2019	0.046	600378	2017	0.029	601107	2019	0.019
000420	2017	0.021	002419	2015	0.030	600378	2018	0.031	601111	2015	0.045
000420	2018	0.019	002419	2016	0.029	600378	2019	0.035	601111	2016	0.045
000420	2019	0.020	002419	2017	0.026	600379	2015	0.029	601111	2017	0.048

混合所有制改革及效应

续表

企业代码	年份	Z1	企业代码	年份	Z1	企业代码	年份	Z1	企业代码	年份	Z1
000428	2015	0.017	002419	2018	0.027	600379	2016	0.031	601111	2018	0.051
000428	2016	0.016	002419	2019	0.027	600379	2017	0.031	601111	2019	0.049
000428	2017	0.016	002461	2015	0.027	600379	2018	0.031	601139	2015	0.022
000428	2018	0.016	002461	2016	0.028	600379	2019	0.031	601139	2016	0.021
000428	2019	0.017	002461	2017	0.034	600392	2015	0.032	601139	2017	0.021
000429	2015	0.019	002461	2018	0.031	600392	2016	0.028	601139	2018	0.023
000429	2016	0.022	002461	2019	0.030	600392	2017	0.026	601139	2019	0.022
000429	2017	0.020	002507	2015	0.030	600392	2018	0.026	601179	2015	0.033
000429	2018	0.019	002507	2016	0.031	600392	2019	0.026	601179	2016	0.032
000429	2019	0.021	002507	2017	0.031	600429	2015	0.033	601179	2017	0.034
000488	2015	0.025	002507	2018	0.034	600429	2016	0.027	601179	2018	0.034
000488	2016	0.027	002507	2019	0.032	600429	2017	0.027	601179	2019	0.033
000488	2017	0.026	002544	2015	0.026	600429	2018	0.024	601186	2015	0.106
000488	2018	0.027	002544	2016	0.028	600429	2019	0.023	601186	2016	0.109
000488	2019	0.027	002544	2017	0.029	600510	2015	0.024	601186	2017	0.110
000501	2015	0.026	002544	2018	0.028	600510	2016	0.026	601186	2018	0.120
000501	2016	0.026	002544	2019	0.029	600510	2017	0.025	601186	2019	0.120
000501	2017	0.025	002598	2015	0.031	600510	2018	0.022	601199	2015	0.018
000501	2018	0.025	002598	2016	0.029	600510	2019	0.022	601199	2016	0.021
000501	2019	0.025	002598	2017	0.028	600517	2015	0.029	601199	2017	0.021
000518	2015	0.018	002598	2018	0.029	600517	2016	0.029	601199	2018	0.019
000518	2016	0.015	002598	2019	0.027	600517	2017	0.029	601199	2019	0.018
000518	2017	0.017	002643	2015	0.039	600517	2018	0.028	601238	2015	0.048
000518	2018	0.018	002643	2016	0.035	600517	2019	0.029	601238	2016	0.050
000518	2019	0.027	002643	2017	0.037	600519	2015	0.069	601238	2017	0.055
000538	2015	0.034	002643	2018	0.036	600519	2016	0.585	601238	2018	0.059
000538	2016	0.033	002643	2019	0.030	600519	2017	0.056	601238	2019	0.058
000538	2017	0.034	002683	2015	0.030	600519	2018	0.067	601333	2015	0.038
000538	2018	0.032	002683	2016	0.029	600519	2019	0.076	601333	2016	0.038
000538	2019	0.038	002683	2017	0.028	600529	2015	0.027	601333	2017	0.038
000547	2015	0.041	002683	2018	0.031	600529	2016	0.031	601333	2018	0.037

续表

企业代码	年份	Z1	企业代码	年份	Z1	企业代码	年份	Z1	企业代码	年份	Z1
000547	2016	0.038	002683	2019	0.029	600529	2017	0.031	601333	2019	0.038
000547	2017	0.033	002698	2015	0.038	600529	2018	0.030	601368	2015	0.017
000547	2018	0.035	002698	2016	0.038	600529	2019	0.028	601368	2016	0.019
000547	2019	0.035	002698	2017	0.031	600543	2015	0.030	601368	2017	0.019
000550	2015	0.040	002698	2018	0.026	600543	2016	0.027	601368	2018	0.019
000550	2016	0.038	002698	2019	0.026	600543	2017	0.023	601368	2019	0.018
000550	2017	0.039	002783	2015	0.030	600543	2018	0.026	601390	2015	0.122
000550	2018	0.035	002783	2016	0.030	600543	2019	0.027	601390	2016	0.121
000550	2019	0.035	002783	2017	0.026	600549	2015	0.031	601390	2017	0.118
000553	2015	0.026	002783	2018	0.025	600549	2016	0.029	601390	2018	0.120
000553	2016	0.026	002783	2019	0.022	600549	2017	0.029	601390	2019	0.121
000553	2017	0.033	002786	2015	0.028	600549	2018	0.030	601588	2015	0.022
000553	2018	0.036	002786	2016	0.029	600549	2019	0.030	601588	2016	0.024
000553	2019	0.026	002786	2017	0.027	600585	2015	0.041	601588	2017	0.025
000581	2015	0.033	002786	2018	0.028	600585	2016	0.041	601588	2018	0.025
000581	2016	0.034	002786	2019	0.028	600585	2017	0.044	601588	2019	0.025
000581	2017	0.033	300003	2015	0.027	600585	2018	0.051	601600	2015	0.046
000581	2018	0.034	300003	2016	0.028	600585	2019	0.058	601600	2016	0.043
000581	2019	0.031	300003	2017	0.026	600593	2015	0.019	601600	2017	0.044
000599	2015	0.026	300003	2018	0.026	600593	2016	0.020	601600	2018	0.044
000599	2016	0.025	300003	2019	0.027	600593	2017	0.016	601600	2019	0.044
000599	2017	0.025	300212	2015	0.028	600593	2018	0.013	601618	2015	0.059
000599	2018	0.026	300212	2016	0.029	600593	2019	0.014	601618	2016	0.058
000599	2019	0.027	300212	2017	0.028	600617	2015	0.019	601618	2017	0.058
000651	2015	0.049	300212	2018	0.027	600617	2016	0.019	601618	2018	0.058
000651	2016	0.048	300212	2019	0.025	600617	2017	0.020	601618	2019	0.059
000651	2017	0.050	300291	2015	0.028	600617	2018	0.020	601717	2015	0.035
000651	2018	0.058	300291	2016	0.040	600617	2019	0.021	601717	2016	0.036
000651	2019	0.056	300291	2017	0.039	600619	2015	0.028	601717	2017	0.028
000663	2015	0.020	300291	2018	0.049	600619	2016	0.027	601717	2018	0.038

混合所有制改革及效应

续表

企业代码	年份	Z1	企业代码	年份	Z1	企业代码	年份	Z1	企业代码	年份	Z1
000663	2016	0.025	300291	2019	0.072	600619	2017	0.027	601717	2019	0.038
000663	2017	0.023	300334	2015	0.032	600619	2018	0.027	601727	2015	0.034
000663	2018	0.025	300334	2016	0.030	600619	2019	0.029	601727	2016	0.034
000663	2019	0.020	300334	2017	0.032	600624	2015	0.028	601727	2017	0.034
000685	2015	0.022	300334	2018	0.027	600624	2016	0.026	601727	2018	0.035
000685	2016	0.018	300334	2019	0.035	600624	2017	0.024	601727	2019	0.036
000685	2017	0.017	300402	2015	0.025	600624	2018	0.023	601766	2015	0.087
000685	2018	0.018	300402	2016	0.028	600624	2019	0.025	601766	2016	0.086
000685	2019	0.019	300402	2017	0.025	600628	2015	0.021	601766	2017	0.085
000715	2015	0.052	300402	2018	0.023	600628	2016	0.024	601766	2018	0.079
000715	2016	0.030	300402	2019	0.023	600628	2017	0.025	601766	2019	0.081
000715	2017	0.028	600009	2015	0.033	600628	2018	0.026	601800	2015	0.064
000715	2018	0.031	600009	2016	0.027	600628	2019	0.022	601800	2016	0.065
000715	2019	0.032	600009	2017	0.034	600633	2015	0.027	601800	2017	0.065
000721	2015	0.021	600009	2018	0.034	600633	2016	0.032	601800	2018	0.072
000721	2016	0.020	600009	2019	0.028	600633	2017	0.056	601800	2019	0.069
000721	2017	0.022	600011	2015	0.040	600633	2018	0.042	601801	2015	0.027
000721	2018	0.020	600011	2016	0.039	600633	2019	0.031	601801	2016	0.031
000721	2019	0.019	600011	2017	0.041	600649	2015	0.022	601801	2017	0.029
000736	2015	0.118	600011	2018	0.043	600649	2016	0.027	601801	2018	0.029
000736	2016	0.021	600011	2019	0.043	600649	2017	0.026	601801	2019	0.027
000736	2017	0.023	600012	2015	0.019	600649	2018	0.024	601808	2015	0.031
000736	2018	0.023	600012	2016	0.023	600649	2019	0.026	601808	2016	0.035
000736	2019	0.023	600012	2017	0.022	600651	2015	0.026	601808	2017	0.032
000756	2015	0.024	600012	2018	0.023	600651	2016	0.023	601808	2018	0.032
000756	2016	0.024	600012	2019	0.020	600651	2017	0.023	601808	2019	0.032
000756	2017	0.025	600018	2015	0.029	600651	2018	0.025	601857	2015	0.296
000756	2018	0.024	600018	2016	0.027	600651	2019	0.024	601857	2016	0.269
000756	2019	0.023	600018	2017	0.029	600658	2015	0.020	601857	2017	0.272
000759	2015	0.034	600018	2018	0.030	600658	2016	0.025	601857	2018	0.277

续表

企业代码	年份	Z1	企业代码	年份	Z1	企业代码	年份	Z1	企业代码	年份	Z1
000759	2016	0.032	600018	2019	0.032	600658	2017	0.026	601857	2019	0.282
000759	2017	0.031	600021	2015	0.025	600658	2018	0.022	601866	2015	0.028
000759	2018	0.029	600021	2016	0.024	600658	2019	0.027	601866	2016	0.024
000759	2019	0.030	600021	2017	0.023	600661	2015	0.022	601866	2017	0.023
000819	2015	0.040	600021	2018	0.024	600661	2016	0.022	601866	2018	0.022
000819	2016	0.041	600021	2019	0.024	600661	2017	0.024	601866	2019	0.022
000819	2017	0.038	600026	2015	0.035	600661	2018	0.024	601880	2015	0.025
000819	2018	0.046	600026	2016	0.026	600661	2019	0.023	601880	2016	0.027
000819	2019	0.043	600026	2017	0.024	600679	2015	0.023	601880	2017	0.024
000828	2015	0.012	600026	2018	0.023	600679	2016	0.022	601880	2018	0.026
000828	2016	0.012	600026	2019	0.023	600679	2017	0.024	601880	2019	0.029
000828	2017	0.014	600027	2015	0.032	600679	2018	0.024	601888	2015	0.033
000828	2018	0.014	600027	2016	0.032	600679	2019	0.026	601888	2016	0.035
000828	2019	0.017	600027	2017	0.031	600683	2015	0.022	601888	2017	0.032
000829	2015	0.026	600027	2018	0.032	600683	2016	0.020	601888	2018	0.031
000829	2016	0.026	600027	2019	0.032	600683	2017	0.019	601888	2019	0.029
000829	2017	0.025	600028	2015	0.248	600683	2018	0.023	601898	2015	0.038
000829	2018	0.025	600028	2016	0.273	600683	2019	0.022	601898	2016	0.036
000829	2019	0.025	600028	2017	0.276	600688	2015	0.062	601898	2017	0.036
000898	2015	0.036	600028	2018	0.270	600688	2016	0.057	601898	2018	0.037
000898	2016	0.036	600028	2019	0.259	600688	2017	0.054	601898	2019	0.038
000898	2017	0.036	600029	2015	0.047	600688	2018	0.049	601899	2015	0.029
000898	2018	0.037	600029	2016	0.048	600688	2019	0.048	601899	2016	0.028
000898	2019	0.036	600029	2017	0.051	600704	2015	0.030	601899	2017	0.030
000906	2015	0.025	600029	2018	0.052	600704	2016	0.030	601899	2018	0.030
000906	2016	0.024	600029	2019	0.052	600704	2017	0.030	601899	2019	0.031
000906	2017	0.023	600085	2015	0.034	600704	2018	0.031	601901	2015	0.021
000906	2018	0.023	600085	2016	0.034	600704	2019	0.031	601901	2016	0.022
000906	2019	0.025	600085	2017	0.033	600712	2015	0.022	601901	2017	0.022
000921	2015	0.035	600085	2018	0.034	600712	2016	0.023	601901	2018	0.021

混合所有制改革及效应

续表

企业代码	年份	Z1	企业代码	年份	Z1	企业代码	年份	Z1	企业代码	年份	Z1
000921	2016	0.034	600085	2019	0.034	600712	2017	0.022	601901	2019	0.024
000921	2017	0.036	600096	2015	0.027	600712	2018	0.022	601919	2015	0.035
000921	2018	0.036	600096	2016	0.027	600712	2019	0.022	601919	2016	0.034
000921	2019	0.036	600096	2017	0.026	600713	2015	0.025	601919	2017	0.031
000938	2015	0.026	600096	2018	0.026	600713	2016	0.025	601919	2018	0.032
000938	2016	0.032	600096	2019	0.026	600713	2017	0.025	601919	2019	0.034
000938	2017	0.035	600100	2015	0.032	600713	2018	0.025	601992	2015	0.032
000938	2018	0.034	600100	2016	0.032	600713	2019	0.025	601992	2016	0.037
000938	2019	0.035	600100	2017	0.029	600718	2015	0.036	601992	2017	0.038
002059	2015	0.021	600100	2018	0.030	600718	2016	0.039	601992	2018	0.039
002059	2016	0.021	600100	2019	0.031	600718	2017	0.040	601992	2019	0.039
002059	2017	0.020	600101	2015	0.023	600718	2018	0.039	603025	2015	0.063
002059	2018	0.024	600101	2016	0.024	600718	2019	0.037	603025	2016	0.063
002059	2019	0.023	600101	2017	0.025	600740	2015	0.026	603025	2017	0.050
002100	2015	0.024	600101	2018	0.026	600740	2016	0.021	603025	2018	0.057
002100	2016	0.022	600101	2019	0.027	600740	2017	0.024	603025	2019	0.042
002100	2017	0.023	600103	2015	0.023	600740	2018	0.024	603026	2015	0.027
002100	2018	0.023	600103	2016	0.028	600740	2019	0.025	603026	2016	0.028
002100	2019	0.020	600103	2017	0.030	600743	2015	0.026	603026	2017	0.030
002106	2015	0.040	600103	2018	0.027	600743	2016	0.027	603026	2018	0.027
002106	2016	0.034	600103	2019	0.027	600743	2017	0.026	603026	2019	0.027
002106	2017	0.037	600111	2015	0.028	600743	2018	0.023	603100	2015	0.027
002106	2018	0.036	600111	2016	0.027	600743	2019	0.023	603100	2016	0.026
002106	2019	0.033	600111	2017	0.028	600754	2015	0.016	603100	2017	0.027
002112	2015	0.024	600111	2018	0.029	600754	2016	0.023	603100	2018	0.028
002112	2016	0.026	600111	2019	0.029	600754	2017	0.026	603100	2019	0.028
002112	2017	0.027	600115	2015	0.042	600754	2018	0.025	603111	2015	0.028
002112	2018	0.024	600115	2016	0.043	600754	2019	0.025	603111	2016	0.030
002112	2019	0.023	600115	2017	0.043	600787	2015	0.031	603111	2017	0.026
002114	2015	0.020	600115	2018	0.046	600787	2016	0.027	603111	2018	0.031

续表

企业代码	年份	Z1	企业代码	年份	Z1	企业代码	年份	Z1	企业代码	年份	Z1
002114	2016	0.021	600115	2019	0.047	600787	2017	0.032	603111	2019	0.029
002114	2017	0.023	600117	2015	0.028	600787	2018	0.029	603199	2015	0.020
002114	2018	0.024	600117	2016	0.025	600787	2019	0.030	603199	2016	0.022
002114	2019	0.024	600117	2017	0.025	600808	2015	0.038	603199	2017	0.021
002125	2015	0.023	600117	2018	0.024	600808	2016	0.033	603199	2018	0.020
002125	2016	0.022	600117	2019	0.022	600808	2017	0.033	603199	2019	0.022
002125	2017	0.021	600141	2015	0.025	600808	2018	0.035	603227	2015	0.025
002125	2018	0.023	600141	2016	0.024	600808	2019	0.033	603227	2016	0.026
002125	2019	0.023	600141	2017	0.024	600819	2015	0.024	603227	2017	0.026
002167	2015	0.023	600141	2018	0.024	600819	2016	0.025	603227	2018	0.026
002167	2016	0.018	600141	2019	0.025	600819	2017	0.026	603227	2019	0.025
002167	2017	0.021	600160	2015	0.029	600819	2018	0.026	603369	2015	0.028
002167	2018	0.022	600160	2016	0.038	600819	2019	0.026	603369	2016	0.026
002167	2019	0.022	600160	2017	0.034	600858	2015	0.026	603369	2017	0.025
002186	2015	0.027	600160	2018	0.037	600858	2016	0.025	603369	2018	0.026
002186	2016	0.026	600160	2019	0.038	600858	2017	0.025	603369	2019	0.026
002186	2017	0.025	600168	2015	0.021	600858	2018	0.025	603698	2015	0.026
002186	2018	0.027	600168	2016	0.021	600858	2019	0.024	603698	2016	0.027
002186	2019	0.023	600168	2017	0.021	600859	2015	0.030	603698	2017	0.034
002230	2015	0.042	600168	2018	0.019	600859	2016	0.030	603698	2018	0.032
002230	2016	0.038	600168	2019	0.018	600859	2017	0.027	603698	2019	0.031
002230	2017	0.037	600170	2015	0.036						

附录G 国有资本控股混合所有制改革企业经济效应评价指数

企业代码	年份	Z2	企业代码	年份	Z2	企业代码	年份	Z2	企业代码	年份	Z2
000002	2015	0.101	002230	2018	0.312	600170	2016	0.105	600859	2018	0.095
000002	2016	0.109	002230	2019	0.300	600170	2017	0.111	600859	2019	0.092

245

混合所有制改革及效应

续表

企业代码	年份	Z2	企业代码	年份	Z2	企业代码	年份	Z2	企业代码	年份	Z2
000002	2017	0.127	002258	2015	0.087	600170	2018	0.108	600862	2015	0.081
000002	2018	0.125	002258	2016	0.081	600170	2019	0.113	600862	2016	0.090
000002	2019	0.124	002258	2017	0.081	600176	2015	0.088	600862	2017	0.089
000008	2015	0.121	002258	2018	0.084	600176	2016	0.086	600862	2018	0.087
000008	2016	0.173	002258	2019	0.085	600176	2017	0.093	600862	2019	0.100
000008	2017	0.223	002267	2015	0.058	600176	2018	0.086	600874	2015	0.057
000008	2018	0.223	002267	2016	0.058	600176	2019	0.084	600874	2016	0.056
000008	2019	0.211	002267	2017	0.056	600183	2015	0.099	600874	2017	0.063
000016	2015	0.067	002267	2018	0.056	600183	2016	0.097	600874	2018	0.059
000016	2016	0.063	002267	2019	0.067	600183	2017	0.099	600874	2019	0.074
000016	2017	0.068	002281	2015	0.145	600183	2018	0.099	600875	2015	0.085
000016	2018	0.070	002281	2016	0.149	600183	2019	0.105	600875	2016	0.086
000016	2019	0.074	002281	2017	0.142	600188	2015	0.084	600875	2017	0.092
000021	2015	0.056	002281	2018	0.149	600188	2016	0.092	600875	2018	0.123
000021	2016	0.057	002281	2019	0.150	600188	2017	0.081	600875	2019	0.133
000021	2017	0.058	002297	2015	0.145	600188	2018	0.083	600887	2015	0.059
000021	2018	0.053	002297	2016	0.113	600188	2019	0.087	600887	2016	0.062
000021	2019	0.056	002297	2017	0.109	600207	2015	0.058	600887	2017	0.065
000025	2015	0.147	002297	2018	0.110	600207	2016	0.054	600887	2018	0.064
000025	2016	0.131	002297	2019	0.152	600207	2017	0.050	600887	2019	0.068
000025	2017	0.127	002304	2015	0.071	600207	2018	0.048	600917	2015	0.064
000025	2018	0.119	002304	2016	0.070	600207	2019	0.052	600917	2016	0.066
000025	2019	0.118	002304	2017	0.076	600222	2015	0.091	600917	2017	0.071
000030	2015	0.086	002304	2018	0.077	600222	2016	0.103	600917	2018	0.068
000030	2016	0.087	002304	2019	0.077	600222	2017	0.094	600917	2019	0.068
000030	2017	0.087	002305	2015	0.042	600222	2018	0.116	600959	2015	0.079
000030	2018	0.088	002305	2016	0.045	600222	2019	0.118	600959	2016	0.078
000030	2019	0.087	002305	2017	0.044	600262	2015	0.111	600959	2017	0.061
000061	2015	0.094	002305	2018	0.045	600262	2016	0.105	600959	2018	0.079
000061	2016	0.088	002305	2019	0.045	600262	2017	0.096	600959	2019	0.073

续表

企业代码	年份	Z2	企业代码	年份	Z2	企业代码	年份	Z2	企业代码	年份	Z2
000061	2017	0.089	002321	2015	0.056	600262	2018	0.102	600973	2015	0.102
000061	2018	0.050	002321	2016	0.057	600262	2019	0.120	600973	2016	0.086
000061	2019	0.048	002321	2017	0.052	600298	2015	0.081	600973	2017	0.088
000063	2015	0.205	002321	2018	0.056	600298	2016	0.080	600973	2018	0.091
000063	2016	0.204	002321	2019	0.057	600298	2017	0.093	600973	2019	0.090
000063	2017	0.212	002349	2015	0.092	600298	2018	0.089	600975	2015	0.070
000063	2018	0.203	002349	2016	0.128	600298	2019	0.089	600975	2016	0.068
000063	2019	0.219	002349	2017	0.113	600320	2015	0.102	600975	2017	0.047
000069	2015	0.044	002349	2018	0.101	600320	2016	0.097	600975	2018	0.043
000069	2016	0.044	002349	2019	0.101	600320	2017	0.096	600975	2019	0.053
000069	2017	0.038	002376	2015	0.180	600320	2018	0.095	600979	2015	0.068
000069	2018	0.058	002376	2016	0.176	600320	2019	0.101	600979	2016	0.048
000069	2019	0.058	002376	2017	0.184	600323	2015	0.059	600979	2017	0.046
000100	2015	0.090	002376	2018	0.192	600323	2016	0.059	600979	2018	0.047
000100	2016	0.085	002376	2019	0.208	600323	2017	0.064	600979	2019	0.048
000100	2017	0.090	002386	2015	0.076	600323	2018	0.063	600982	2015	0.066
000100	2018	0.106	002386	2016	0.084	600323	2019	0.060	600982	2016	0.044
000100	2019	0.118	002386	2017	0.088	600332	2015	0.080	600982	2017	0.043
000156	2015	0.090	002386	2018	0.086	600332	2016	0.066	600982	2018	0.044
000156	2016	0.085	002386	2019	0.089	600332	2017	0.068	600982	2019	0.061
000156	2017	0.088	002396	2015	0.223	600332	2018	0.072	601038	2015	0.095
000156	2018	0.081	002396	2016	0.215	600332	2019	0.077	601038	2016	0.102
000156	2019	0.081	002396	2017	0.222	600354	2015	0.061	601038	2017	0.106
000158	2015	0.101	002396	2018	0.217	600354	2016	0.078	601038	2018	0.120
000158	2016	0.110	002396	2019	0.233	600354	2017	0.083	601038	2019	0.115
000158	2017	0.100	002405	2015	0.441	600354	2018	0.058	601088	2015	0.064
000158	2018	0.126	002405	2016	0.418	600354	2019	0.068	601088	2016	0.064
000158	2019	0.142	002405	2017	0.402	600362	2015	0.083	601088	2017	0.069
000402	2015	0.093	002405	2018	0.461	600362	2016	0.109	601088	2018	0.071
000402	2016	0.109	002405	2019	0.456	600362	2017	0.111	601088	2019	0.072

混合所有制改革及效应

续表

企业代码	年份	Z2	企业代码	年份	Z2	企业代码	年份	Z2	企业代码	年份	Z2
000402	2017	0.102	002415	2015	0.201	600362	2018	0.147	601107	2015	0.084
000402	2018	0.123	002415	2016	0.201	600362	2019	0.137	601107	2016	0.071
000402	2019	0.147	002415	2017	0.216	600378	2015	0.184	601107	2017	0.073
000420	2015	0.108	002415	2018	0.211	600378	2016	0.195	601107	2018	0.080
000420	2016	0.116	002415	2019	0.209	600378	2017	0.145	601107	2019	0.075
000420	2017	0.098	002419	2015	0.203	600378	2018	0.178	601111	2015	0.075
000420	2018	0.129	002419	2016	0.210	600378	2019	0.174	601111	2016	0.057
000420	2019	0.139	002419	2017	0.210	600379	2015	0.096	601111	2017	0.056
000428	2015	0.119	002419	2018	0.210	600379	2016	0.110	601111	2018	0.086
000428	2016	0.132	002419	2019	0.054	600379	2017	0.090	601111	2019	0.057
000428	2017	0.111	002461	2015	0.100	600379	2018	0.084	601139	2015	0.076
000428	2018	0.143	002461	2016	0.099	600379	2019	0.092	601139	2016	0.084
000428	2019	0.153	002461	2017	0.096	600392	2015	0.056	601139	2017	0.080
000429	2015	0.054	002461	2018	0.094	600392	2016	0.077	601139	2018	0.088
000429	2016	0.063	002461	2019	0.095	600392	2017	0.087	601139	2019	0.087
000429	2017	0.053	002507	2015	0.055	600392	2018	0.074	601179	2015	0.074
000429	2018	0.111	002507	2016	0.055	600392	2019	0.096	601179	2016	0.079
000429	2019	0.100	002507	2017	0.069	600429	2015	0.062	601179	2017	0.082
000488	2015	0.075	002507	2018	0.070	600429	2016	0.043	601179	2018	0.085
000488	2016	0.086	002507	2019	0.075	600429	2017	0.047	601179	2019	0.078
000488	2017	0.090	002544	2015	0.145	600429	2018	0.045	601186	2015	0.103
000488	2018	0.091	002544	2016	0.139	600429	2019	0.046	601186	2016	0.107
000488	2019	0.096	002544	2017	0.146	600510	2015	0.059	601186	2017	0.114
000501	2015	0.082	002544	2018	0.124	600510	2016	0.057	601186	2018	0.111
000501	2016	0.100	002544	2019	0.117	600510	2017	0.058	601186	2019	0.114
000501	2017	0.095	002598	2015	0.110	600510	2018	0.057	601199	2015	0.081
000501	2018	0.095	002598	2016	0.113	600510	2019	0.065	601199	2016	0.083
000501	2019	0.102	002598	2017	0.100	600517	2015	0.120	601199	2017	0.077
000518	2015	0.127	002598	2018	0.098	600517	2016	0.127	601199	2018	0.046
000518	2016	0.098	002598	2019	0.096	600517	2017	0.127	601199	2019	0.042

续表

企业代码	年份	Z2	企业代码	年份	Z2	企业代码	年份	Z2	企业代码	年份	Z2
000518	2017	0.094	002643	2015	0.131	600517	2018	0.124	601238	2015	0.128
000518	2018	0.078	002643	2016	0.112	600517	2019	0.134	601238	2016	0.115
000518	2019	0.126	002643	2017	0.111	600519	2015	0.218	601238	2017	0.118
000538	2015	0.089	002643	2018	0.109	600519	2016	0.135	601238	2018	0.125
000538	2016	0.087	002643	2019	0.119	600519	2017	0.150	601238	2019	0.131
000538	2017	0.093	002683	2015	0.113	600519	2018	0.141	601333	2015	0.087
000538	2018	0.091	002683	2016	0.099	600519	2019	0.172	601333	2016	0.109
000538	2019	0.085	002683	2017	0.112	600529	2015	0.090	601333	2017	0.104
000547	2015	0.250	002683	2018	0.161	600529	2016	0.088	601333	2018	0.105
000547	2016	0.233	002683	2019	0.126	600529	2017	0.093	601333	2019	0.117
000547	2017	0.220	002698	2015	0.149	600529	2018	0.102	601368	2015	0.122
000547	2018	0.205	002698	2016	0.125	600529	2019	0.092	601368	2016	0.091
000547	2019	0.216	002698	2017	0.110	600543	2015	0.103	601368	2017	0.104
000550	2015	0.134	002698	2018	0.108	600543	2016	0.061	601368	2018	0.122
000550	2016	0.133	002698	2019	0.117	600543	2017	0.057	601368	2019	0.082
000550	2017	0.130	002783	2015	0.110	600543	2018	0.051	601390	2015	0.090
000550	2018	0.131	002783	2016	0.118	600543	2019	0.046	601390	2016	0.092
000550	2019	0.140	002783	2017	0.090	600549	2015	0.096	601390	2017	0.090
000553	2015	0.042	002783	2018	0.085	600549	2016	0.095	601390	2018	0.092
000553	2016	0.050	002783	2019	0.085	600549	2017	0.100	601390	2019	0.095
000553	2017	0.055	002786	2015	0.088	600549	2018	0.103	601588	2015	0.093
000553	2018	0.056	002786	2016	0.080	600549	2019	0.104	601588	2016	0.086
000553	2019	0.051	002786	2017	0.085	600585	2015	0.095	601588	2017	0.089
000581	2015	0.116	002786	2018	0.100	600585	2016	0.100	601588	2018	0.094
000581	2016	0.118	002786	2019	0.106	600585	2017	0.107	601588	2019	0.097
000581	2017	0.117	300003	2015	0.134	600585	2018	0.118	601600	2015	0.056
000581	2018	0.114	300003	2016	0.127	600585	2019	0.129	601600	2016	0.052
000581	2019	0.110	300003	2017	0.127	600593	2015	0.137	601600	2017	0.059
000599	2015	0.082	300003	2018	0.138	600593	2016	0.134	601600	2018	0.056
000599	2016	0.081	300003	2019	0.143	600593	2017	0.108	601600	2019	0.059

混合所有制改革及效应

续表

企业代码	年份	Z2	企业代码	年份	Z2	企业代码	年份	Z2	企业代码	年份	Z2
000599	2017	0.089	300212	2015	0.144	600593	2018	0.082	601618	2015	0.062
000599	2018	0.091	300212	2016	0.173	600593	2019	0.087	601618	2016	0.060
000599	2019	0.096	300212	2017	0.135	600617	2015	0.093	601618	2017	0.066
000651	2015	0.103	300212	2018	0.161	600617	2016	0.095	601618	2018	0.061
000651	2016	0.103	300212	2019	0.147	600617	2017	0.092	601618	2019	0.064
000651	2017	0.110	300291	2015	0.140	600617	2018	0.094	601717	2015	0.096
000651	2018	0.116	300291	2016	0.161	600617	2019	0.097	601717	2016	0.088
000651	2019	0.122	300291	2017	0.135	600619	2015	0.116	601717	2017	0.084
000663	2015	0.052	300291	2018	0.161	600619	2016	0.108	601717	2018	0.101
000663	2016	0.063	300291	2019	0.162	600619	2017	0.103	601717	2019	0.110
000663	2017	0.056	300334	2015	0.149	600619	2018	0.104	601727	2015	0.089
000663	2018	0.061	300334	2016	0.160	600619	2019	0.112	601727	2016	0.094
000663	2019	0.059	300334	2017	0.175	600624	2015	0.122	601727	2017	0.086
000685	2015	0.071	300334	2018	0.169	600624	2016	0.111	601727	2018	0.089
000685	2016	0.067	300334	2019	0.177	600624	2017	0.113	601727	2019	0.087
000685	2017	0.066	300402	2015	0.099	600624	2018	0.109	601766	2015	0.090
000685	2018	0.065	300402	2016	0.117	600624	2019	0.113	601766	2016	0.111
000685	2019	0.064	300402	2017	0.119	600628	2015	0.112	601766	2017	0.113
000715	2015	0.079	300402	2018	0.120	600628	2016	0.105	601766	2018	0.115
000715	2016	0.066	300402	2019	0.122	600628	2017	0.105	601766	2019	0.121
000715	2017	0.070	600009	2015	0.101	600628	2018	0.102	601800	2015	0.088
000715	2018	0.072	600009	2016	0.114	600628	2019	0.107	601800	2016	0.110
000715	2019	0.074	600009	2017	0.127	600633	2015	0.132	601800	2017	0.114
000721	2015	0.071	600009	2018	0.125	600633	2016	0.139	601800	2018	0.114
000721	2016	0.061	600009	2019	0.132	600633	2017	0.286	601800	2019	0.120
000721	2017	0.061	600011	2015	0.112	600633	2018	0.264	601801	2015	0.069
000721	2018	0.052	600011	2016	0.107	600633	2019	0.249	601801	2016	0.065
000721	2019	0.059	600011	2017	0.109	600649	2015	0.110	601801	2017	0.081
000736	2015	0.070	600011	2018	0.090	600649	2016	0.102	601801	2018	0.067
000736	2016	0.077	600011	2019	0.091	600649	2017	0.103	601801	2019	0.067

续表

企业代码	年份	Z2	企业代码	年份	Z2	企业代码	年份	Z2	企业代码	年份	Z2
000736	2017	0.111	600012	2015	0.115	600649	2018	0.101	601808	2015	0.084
000736	2018	0.076	600012	2016	0.132	600649	2019	0.099	601808	2016	0.084
000736	2019	0.079	600012	2017	0.119	600651	2015	0.083	601808	2017	0.085
000756	2015	0.061	600012	2018	0.094	600651	2016	0.083	601808	2018	0.087
000756	2016	0.071	600012	2019	0.095	600651	2017	0.102	601808	2019	0.087
000756	2017	0.068	600018	2015	0.050	600651	2018	0.090	601857	2015	0.114
000756	2018	0.068	600018	2016	0.047	600651	2019	0.087	601857	2016	0.122
000756	2019	0.065	600018	2017	0.055	600658	2015	0.106	601857	2017	0.124
000759	2015	0.073	600018	2018	0.053	600658	2016	0.103	601857	2018	0.128
000759	2016	0.081	600018	2019	0.055	600658	2017	0.104	601857	2019	0.129
000759	2017	0.081	600021	2015	0.057	600658	2018	0.096	601866	2015	0.079
000759	2018	0.080	600021	2016	0.055	600658	2019	0.104	601866	2016	0.081
000759	2019	0.066	600021	2017	0.056	600661	2015	0.096	601866	2017	0.071
000819	2015	0.092	600021	2018	0.057	600661	2016	0.099	601866	2018	0.042
000819	2016	0.082	600021	2019	0.067	600661	2017	0.077	601866	2019	0.040
000819	2017	0.063	600026	2015	0.063	600661	2018	0.077	601880	2015	0.076
000819	2018	0.058	600026	2016	0.080	600661	2019	0.084	601880	2016	0.076
000819	2019	0.057	600026	2017	0.063	600679	2015	0.056	601880	2017	0.065
000828	2015	0.042	600026	2018	0.060	600679	2016	0.072	601880	2018	0.042
000828	2016	0.045	600026	2019	0.069	600679	2017	0.056	601880	2019	0.041
000828	2017	0.045	600027	2015	0.068	600679	2018	0.067	601888	2015	0.090
000828	2018	0.048	600027	2016	0.073	600679	2019	0.068	601888	2016	0.086
000828	2019	0.048	600027	2017	0.067	600683	2015	0.111	601888	2017	0.089
000829	2015	0.063	600027	2018	0.067	600683	2016	0.110	601888	2018	0.078
000829	2016	0.063	600027	2019	0.077	600683	2017	0.114	601888	2019	0.086
000829	2017	0.069	600028	2015	0.096	600683	2018	0.127	601898	2015	0.055
000829	2018	0.074	600028	2016	0.107	600683	2019	0.105	601898	2016	0.058
000829	2019	0.076	600028	2017	0.101	600688	2015	0.094	601898	2017	0.056
000898	2015	0.066	600028	2018	0.105	600688	2016	0.053	601898	2018	0.059
000898	2016	0.070	600028	2019	0.107	600688	2017	0.061	601898	2019	0.064

混合所有制改革及效应

续表

企业代码	年份	Z2	企业代码	年份	Z2	企业代码	年份	Z2	企业代码	年份	Z2
000898	2017	0.069	600029	2015	0.057	600688	2018	0.051	601899	2015	0.072
000898	2018	0.071	600029	2016	0.060	600688	2019	0.047	601899	2016	0.076
000898	2019	0.070	600029	2017	0.058	600704	2015	0.090	601899	2017	0.074
000906	2015	0.086	600029	2018	0.060	600704	2016	0.084	601899	2018	0.077
000906	2016	0.099	600029	2019	0.078	600704	2017	0.078	601899	2019	0.085
000906	2017	0.101	600085	2015	0.082	600704	2018	0.086	601901	2015	0.047
000906	2018	0.105	600085	2016	0.074	600704	2019	0.090	601901	2016	0.047
000906	2019	0.114	600085	2017	0.071	600712	2015	0.072	601901	2017	0.051
000921	2015	0.072	600085	2018	0.070	600712	2016	0.071	601901	2018	0.105
000921	2016	0.071	600085	2019	0.069	600712	2017	0.075	601901	2019	0.052
000921	2017	0.074	600096	2015	0.079	600712	2018	0.068	601919	2015	0.057
000921	2018	0.080	600096	2016	0.074	600712	2019	0.073	601919	2016	0.059
000921	2019	0.080	600096	2017	0.078	600713	2015	0.056	601919	2017	0.058
000938	2015	0.152	600096	2018	0.067	600713	2016	0.057	601919	2018	0.047
000938	2016	0.188	600096	2019	0.077	600713	2017	0.058	601919	2019	0.052
000938	2017	0.217	600100	2015	0.097	600713	2018	0.055	601992	2015	0.068
000938	2018	0.205	600100	2016	0.097	600713	2019	0.060	601992	2016	0.066
000938	2019	0.201	600100	2017	0.093	600718	2015	0.294	601992	2017	0.066
002059	2015	0.096	600100	2018	0.095	600718	2016	0.295	601992	2018	0.050
002059	2016	0.099	600100	2019	0.111	600718	2017	0.309	601992	2019	0.051
002059	2017	0.095	600101	2015	0.087	600718	2018	0.304	603025	2015	0.200
002059	2018	0.097	600101	2016	0.092	600718	2019	0.293	603025	2016	0.172
002059	2019	0.056	600101	2017	0.085	600740	2015	0.045	603025	2017	0.166
002100	2015	0.060	600101	2018	0.081	600740	2016	0.055	603025	2018	0.192
002100	2016	0.068	600101	2019	0.091	600740	2017	0.067	603025	2019	0.203
002100	2017	0.068	600103	2015	0.060	600740	2018	0.067	603026	2015	0.111
002100	2018	0.069	600103	2016	0.080	600740	2019	0.058	603026	2016	0.118
002100	2019	0.086	600103	2017	0.081	600743	2015	0.062	603026	2017	0.125
002106	2015	0.118	600103	2018	0.076	600743	2016	0.054	603026	2018	0.096
002106	2016	0.105	600103	2019	0.086	600743	2017	0.048	603026	2019	0.110

续表

企业代码	年份	Z2	企业代码	年份	Z2	企业代码	年份	Z2	企业代码	年份	Z2
002106	2017	0.110	600111	2015	0.069	600743	2018	0.077	603100	2015	0.100
002106	2018	0.115	600111	2016	0.069	600743	2019	0.074	603100	2016	0.106
002106	2019	0.113	600111	2017	0.066	600754	2015	0.094	603100	2017	0.115
002112	2015	0.093	600111	2018	0.063	600754	2016	0.087	603100	2018	0.119
002112	2016	0.107	600111	2019	0.065	600754	2017	0.085	603100	2019	0.123
002112	2017	0.119	600115	2015	0.079	600754	2018	0.065	603111	2015	0.131
002112	2018	0.092	600115	2016	0.074	600754	2019	0.065	603111	2016	0.138
002112	2019	0.093	600115	2017	0.076	600787	2015	0.052	603111	2017	0.117
002114	2015	0.049	600115	2018	0.079	600787	2016	0.043	603111	2018	0.114
002114	2016	0.060	600115	2019	0.085	600787	2017	0.051	603111	2019	0.125
002114	2017	0.052	600117	2015	0.081	600787	2018	0.051	603199	2015	0.097
002114	2018	0.053	600117	2016	0.053	600787	2019	0.060	603199	2016	0.111
002114	2019	0.062	600117	2017	0.075	600808	2015	0.071	603199	2017	0.094
002125	2015	0.079	600117	2018	0.041	600808	2016	0.076	603199	2018	0.097
002125	2016	0.078	600117	2019	0.060	600808	2017	0.077	603199	2019	0.106
002125	2017	0.077	600141	2015	0.070	600808	2018	0.071	603227	2015	0.108
002125	2018	0.076	600141	2016	0.079	600808	2019	0.067	603227	2016	0.104
002125	2019	0.097	600141	2017	0.083	600819	2015	0.060	603227	2017	0.060
002167	2015	0.079	600141	2018	0.083	600819	2016	0.063	603227	2018	0.062
002167	2016	0.047	600141	2019	0.082	600819	2017	0.064	603227	2019	0.052
002167	2017	0.095	600160	2015	0.085	600819	2018	0.078	603369	2015	0.061
002167	2018	0.092	600160	2016	0.074	600819	2019	0.083	603369	2016	0.052
002167	2019	0.097	600160	2017	0.081	600858	2015	0.095	603369	2017	0.054
002186	2015	0.058	600160	2018	0.093	600858	2016	0.086	603369	2018	0.052
002186	2016	0.056	600160	2019	0.089	600858	2017	0.094	603369	2019	0.061
002186	2017	0.055	600168	2015	0.047	600858	2018	0.087	603698	2015	0.134
002186	2018	0.050	600168	2016	0.053	600858	2019	0.083	603698	2016	0.119
002186	2019	0.050	600168	2017	0.050	600859	2015	0.102	603698	2017	0.118
002230	2015	0.327	600168	2018	0.051	600859	2016	0.085	603698	2018	0.105
002230	2016	0.304	600168	2019	0.054	600859	2017	0.105	603698	2019	0.146
002230	2017	0.324	600170	2015	0.100						

253

附录 H 非国有资本控股混合所有制改革企业社会效应评价指数

企业代码	年份	Z1	企业代码	年份	Z1	企业代码	年份	Z1	企业代码	年份	Z1
000009	2015	0.060	000963	2018	0.093	300049	2016	0.065	600383	2018	0.125
000009	2016	0.061	000963	2019	0.099	300049	2017	0.073	600383	2019	0.136
000009	2017	0.066	000978	2015	0.036	300049	2018	0.068	600388	2015	0.059
000009	2018	0.071	000978	2016	0.036	300049	2019	0.071	600388	2016	0.062
000009	2019	0.073	000978	2017	0.035	300072	2015	0.053	600388	2017	0.063
000019	2015	0.051	000978	2018	0.035	300072	2016	0.057	600388	2018	0.063
000019	2016	0.057	000978	2019	0.035	300072	2017	0.057	600388	2019	0.066
000019	2017	0.058	000989	2015	0.048	300072	2018	0.058	600530	2015	0.043
000019	2018	0.047	000989	2016	0.065	300072	2019	0.061	600530	2016	0.032
000019	2019	0.048	000989	2017	0.056	300090	2015	0.046	600530	2017	0.033
000023	2015	0.041	000989	2018	0.060	300090	2016	0.043	600530	2018	0.044
000023	2016	0.045	000989	2019	0.057	300090	2017	0.045	600530	2019	0.040
000023	2017	0.040	000990	2015	0.048	300090	2018	0.045	600563	2015	0.086
000023	2018	0.040	000990	2016	0.048	300090	2019	0.034	600563	2016	0.082
000023	2019	0.038	000990	2017	0.063	300110	2015	0.046	600563	2017	0.081
000042	2015	0.047	000990	2018	0.055	300110	2016	0.047	600563	2018	0.078
000042	2016	0.052	000990	2019	0.055	300110	2017	0.045	600563	2019	0.082
000042	2017	0.047	000998	2015	0.048	300110	2018	0.047	600590	2015	0.050
000042	2018	0.047	000998	2016	0.055	300110	2019	0.053	600590	2016	0.055
000042	2019	0.050	000998	2017	0.051	300168	2015	0.071	600590	2017	0.058
000157	2015	0.098	000998	2018	0.058	300168	2016	0.073	600590	2018	0.055
000157	2016	0.092	000998	2019	0.056	300168	2017	0.067	600590	2019	0.058
000157	2017	0.089	002038	2015	0.144	300168	2018	0.087	600596	2015	0.055
000157	2018	0.089	002038	2016	0.147	300168	2019	0.091	600596	2016	0.056
000157	2019	0.097	002038	2017	0.100	300185	2015	0.042	600596	2017	0.055
000338	2015	0.160	002038	2018	0.067	300185	2016	0.046	600596	2018	0.063
000338	2016	0.158	002038	2019	0.078	300185	2017	0.046	600596	2019	0.061

续表

企业代码	年份	Z1	企业代码	年份	Z1	企业代码	年份	Z1	企业代码	年份	Z1
000338	2017	0.184	002063	2015	0.096	300185	2018	0.045	600600	2015	0.170
000338	2018	0.188	002063	2016	0.089	300185	2019	0.049	600600	2016	0.169
000338	2019	0.188	002063	2017	0.096	300208	2015	0.038	600600	2017	0.165
000426	2015	0.035	002063	2018	0.096	300208	2016	0.035	600600	2018	0.164
000426	2016	0.059	002063	2019	0.101	300208	2017	0.032	600600	2019	0.161
000426	2017	0.079	002117	2015	0.059	300208	2018	0.035	600622	2015	0.156
000426	2018	0.031	002117	2016	0.058	300208	2019	0.042	600622	2016	0.039
000426	2019	0.024	002117	2017	0.063	300215	2015	0.048	600622	2017	0.046
000517	2015	0.047	002117	2018	0.066	300215	2016	0.045	600622	2018	0.057
000517	2016	0.037	002117	2019	0.061	300215	2017	0.049	600622	2019	0.044
000517	2017	0.046	002159	2015	0.035	300215	2018	0.050	600635	2015	0.079
000517	2018	0.039	002159	2016	0.036	300215	2019	0.058	600635	2016	0.049
000517	2019	0.044	002159	2017	0.037	300218	2015	0.053	600635	2017	0.050
000525	2015	0.052	002159	2018	0.037	300218	2016	0.053	600635	2018	0.050
000525	2016	0.051	002159	2019	0.039	300218	2017	0.053	600635	2019	0.048
000525	2017	0.052	002193	2015	0.047	300218	2018	0.053	600641	2015	0.098
000525	2018	0.048	002193	2016	0.053	300218	2019	0.055	600641	2016	0.380
000525	2019	0.045	002193	2017	0.054	300229	2015	0.080	600641	2017	0.132
000532	2015	0.040	002193	2018	0.052	300229	2016	0.072	600641	2018	0.056
000532	2016	0.038	002193	2019	0.046	300229	2017	0.072	600641	2019	0.061
000532	2017	0.036	002202	2015	0.075	300229	2018	0.071	600703	2015	0.082
000532	2018	0.039	002202	2016	0.073	300229	2019	0.068	600703	2016	0.086
000532	2019	0.043	002202	2017	0.077	300240	2015	0.053	600703	2017	0.093
000536	2015	0.059	002202	2018	0.078	300240	2016	0.051	600703	2018	0.081
000536	2016	0.063	002202	2019	0.072	300240	2017	0.052	600703	2019	0.081
000536	2017	0.060	002219	2015	0.046	300240	2018	0.054	600801	2015	0.075
000536	2018	0.057	002219	2016	0.046	300240	2019	0.051	600801	2016	0.076
000536	2019	0.095	002219	2017	0.051	300255	2015	0.043	600801	2017	0.086
000555	2015	0.063	002219	2018	0.056	300255	2016	0.049	600801	2018	0.107
000555	2016	0.067	002219	2019	0.053	300255	2017	0.049	600801	2019	0.112

混合所有制改革及效应

续表

企业代码	年份	Z1	企业代码	年份	Z1	企业代码	年份	Z1	企业代码	年份	Z1
000555	2017	0.072	002253	2015	0.083	300255	2018	0.048	600854	2015	0.050
000555	2018	0.072	002253	2016	0.080	300255	2019	0.043	600854	2016	0.044
000555	2019	0.072	002253	2017	0.087	300313	2015	0.040	600854	2017	0.040
000564	2015	0.071	002253	2018	0.090	300313	2016	0.045	600854	2018	0.045
000564	2016	0.069	002253	2019	0.088	300313	2017	0.032	600854	2019	0.044
000564	2017	0.065	002274	2015	0.044	300313	2018	0.033	600872	2015	0.061
000564	2018	0.061	002274	2016	0.045	300313	2019	0.034	600872	2016	0.062
000564	2019	0.048	002274	2017	0.044	300346	2015	0.164	600872	2017	0.061
000601	2015	0.045	002274	2018	0.047	300346	2016	0.206	600872	2018	0.062
000601	2016	0.047	002274	2019	0.046	300346	2017	0.131	600872	2019	0.066
000601	2017	0.047	002300	2015	0.053	300346	2018	0.112	600876	2015	0.045
000601	2018	0.049	002300	2016	0.054	300346	2019	0.077	600876	2016	0.045
000601	2019	0.050	002300	2017	0.052	300482	2015	0.076	600876	2017	0.045
000612	2015	0.054	002300	2018	0.045	300482	2016	0.071	600876	2018	0.048
000612	2016	0.052	002300	2019	0.047	300482	2017	0.060	600876	2019	0.046
000612	2017	0.054	002350	2015	0.050	300482	2018	0.062	600883	2015	0.069
000612	2018	0.056	002350	2016	0.052	300482	2019	0.066	600883	2016	0.090
000612	2019	0.055	002350	2017	0.049	300489	2015	0.041	600883	2017	0.114
000626	2015	0.067	002350	2018	0.052	300489	2016	0.040	600883	2018	0.223
000626	2016	0.059	002350	2019	0.053	300489	2017	0.045	600883	2019	0.169
000626	2017	0.063	002362	2015	0.076	300489	2018	0.042	600890	2015	0.076
000626	2018	0.065	002362	2016	0.072	300489	2019	0.044	600890	2016	0.084
000626	2019	0.056	002362	2017	0.068	600093	2015	0.046	600890	2017	0.066
000637	2015	0.060	002362	2018	0.071	600093	2016	0.065	600890	2018	0.073
000637	2016	0.063	002362	2019	0.064	600093	2017	0.050	600890	2019	0.061
000637	2017	0.067	002428	2015	0.053	600093	2018	0.049	600983	2015	0.055
000637	2018	0.061	002428	2016	0.064	600093	2019	0.057	600983	2016	0.067
000637	2019	0.055	002428	2017	0.047	600152	2015	0.045	600983	2017	0.058
000672	2015	0.040	002428	2018	0.049	600152	2016	0.043	600983	2018	0.058
000672	2016	0.040	002428	2019	0.054	600152	2017	0.052	600983	2019	0.054

续表

企业代码	年份	Z1	企业代码	年份	Z1	企业代码	年份	Z1	企业代码	年份	Z1
000672	2017	0.041	002434	2015	0.054	600152	2018	0.051	600993	2015	0.060
000672	2018	0.051	002434	2016	0.053	600152	2019	0.050	600993	2016	0.062
000672	2019	0.063	002434	2017	0.059	600190	2015	0.034	600993	2017	0.066
000687	2015	0.050	002434	2018	0.061	600190	2016	0.043	600993	2018	0.062
000687	2016	0.045	002434	2019	0.057	600190	2017	0.047	600993	2019	0.068
000687	2017	0.050	002534	2015	0.054	600190	2018	0.038	601015	2015	0.051
000687	2018	0.054	002534	2016	0.054	600190	2019	0.040	601015	2016	0.044
000687	2019	0.101	002534	2017	0.054	600216	2015	0.059	601015	2017	0.051
000813	2015	0.040	002534	2018	0.056	600216	2016	0.062	601015	2018	0.053
000813	2016	0.124	002534	2019	0.058	600216	2017	0.061	601015	2019	0.058
000813	2017	0.065	002567	2015	0.062	600216	2018	0.064	601579	2015	0.039
000813	2018	0.067	002567	2016	0.058	600216	2019	0.077	601579	2016	0.043
000813	2019	0.111	002567	2017	0.058	600231	2015	0.068	601579	2017	0.042
000826	2015	0.084	002567	2018	0.059	600231	2016	0.067	601579	2018	0.040
000826	2016	0.124	002567	2019	0.065	600231	2017	0.071	601579	2019	0.037
000826	2017	0.200	002626	2015	0.043	600231	2018	0.083	603011	2015	0.048
000826	2018	0.234	002626	2016	0.056	600231	2019	0.076	603011	2016	0.054
000826	2019	0.246	002626	2017	0.058	600293	2015	0.046	603011	2017	0.049
000908	2015	0.049	002626	2018	0.057	600293	2016	0.041	603011	2018	0.050
000908	2016	0.051	002626	2019	0.055	600293	2017	0.049	603011	2019	0.048
000908	2017	0.055	002770	2015	0.038	600293	2018	0.045	603077	2015	0.040
000908	2018	0.057	002770	2016	0.036	600293	2019	0.042	603077	2016	0.049
000908	2019	0.062	002770	2017	0.039	600353	2015	0.050	603077	2017	0.059
000918	2015	0.050	002770	2018	0.045	600353	2016	0.055	603077	2018	0.050
000918	2016	0.047	002770	2019	0.039	600353	2017	0.057	603077	2019	0.051
000918	2017	0.052	002788	2015	0.046	600353	2018	0.051	603968	2015	0.059
000918	2018	0.045	002788	2016	0.048	600353	2019	0.054	603968	2016	0.058
000918	2019	0.045	002788	2017	0.048	600383	2015	0.119	603968	2017	0.057
000963	2015	0.083	002788	2018	0.051	600383	2016	0.122	603968	2018	0.061
000963	2016	0.096	002788	2019	0.051	600383	2017	0.124	603968	2019	0.061
000963	2017	0.093	300049	2015	0.068						

附录 I 非国有资本控股混合所有制改革企业经济效应评价指数

企业代码	年份	Z2	企业代码	年份	Z2	企业代码	年份	Z2	企业代码	年份	Z2
000009	2015	0.109	000963	2018	0.194	300049	2016	0.179	600383	2018	0.074
000009	2016	0.103	000963	2019	0.212	300049	2017	0.204	600383	2019	0.091
000009	2017	0.109	000978	2015	0.087	300049	2018	0.227	600388	2015	0.122
000009	2018	0.104	000978	2016	0.107	300049	2019	0.230	600388	2016	0.133
000009	2019	0.104	000978	2017	0.116	300072	2015	0.100	600388	2017	0.141
000019	2015	0.106	000978	2018	0.129	300072	2016	0.090	600388	2018	0.132
000019	2016	0.114	000978	2019	0.172	300072	2017	0.090	600388	2019	0.125
000019	2017	0.095	000989	2015	0.112	300072	2018	0.090	600530	2015	0.137
000019	2018	0.067	000989	2016	0.103	300072	2019	0.115	600530	2016	0.089
000019	2019	0.076	000989	2017	0.099	300090	2015	0.087	600530	2017	0.116
000023	2015	0.112	000989	2018	0.102	300090	2016	0.094	600530	2018	0.153
000023	2016	0.123	000989	2019	0.108	300090	2017	0.087	600530	2019	0.144
000023	2017	0.125	000990	2015	0.076	300090	2018	0.105	600563	2015	0.140
000023	2018	0.117	000990	2016	0.086	300090	2019	0.112	600563	2016	0.143
000023	2019	0.118	000990	2017	0.109	300110	2015	0.136	600563	2017	0.136
000042	2015	0.111	000990	2018	0.118	300110	2016	0.131	600563	2018	0.132
000042	2016	0.117	000990	2019	0.107	300110	2017	0.128	600563	2019	0.134
000042	2017	0.115	000998	2015	0.177	300110	2018	0.120	600590	2015	0.124
000042	2018	0.119	000998	2016	0.200	300110	2019	0.123	600590	2016	0.127
000042	2019	0.112	000998	2017	0.206	300168	2015	0.344	600590	2017	0.145
000157	2015	0.124	000998	2018	0.239	300168	2016	0.329	600590	2018	0.159
000157	2016	0.125	000998	2019	0.245	300168	2017	0.246	600590	2019	0.176
000157	2017	0.116	002038	2015	0.197	300168	2018	0.431	600596	2015	0.105
000157	2018	0.124	002038	2016	0.210	300168	2019	0.412	600596	2016	0.098
000157	2019	0.138	002038	2017	0.188	300185	2015	0.098	600596	2017	0.104
000338	2015	0.140	002038	2018	0.162	300185	2016	0.091	600596	2018	0.110
000338	2016	0.136	002038	2019	0.180	300185	2017	0.083	600596	2019	0.106

续表

企业代码	年份	Z2	企业代码	年份	Z2	企业代码	年份	Z2	企业代码	年份	Z2
000338	2017	0.146	002063	2015	0.414	300185	2018	0.084	600600	2015	0.092
000338	2018	0.161	002063	2016	0.372	300185	2019	0.094	600600	2016	0.086
000338	2019	0.165	002063	2017	0.405	300208	2015	0.133	600600	2017	0.087
000426	2015	0.101	002063	2018	0.381	300208	2016	0.112	600600	2018	0.090
000426	2016	0.114	002063	2019	0.378	300208	2017	0.100	600600	2019	0.091
000426	2017	0.122	002117	2015	0.166	300208	2018	0.094	600622	2015	0.086
000426	2018	0.061	002117	2016	0.166	300208	2019	0.077	600622	2016	0.071
000426	2019	0.106	002117	2017	0.157	300215	2015	0.194	600622	2017	0.073
000517	2015	0.124	002117	2018	0.152	300215	2016	0.172	600622	2018	0.071
000517	2016	0.123	002117	2019	0.156	300215	2017	0.181	600622	2019	0.063
000517	2017	0.119	002159	2015	0.097	300215	2018	0.186	600635	2015	0.067
000517	2018	0.092	002159	2016	0.112	300215	2019	0.203	600635	2016	0.058
000517	2019	0.107	002159	2017	0.118	300218	2015	0.138	600635	2017	0.057
000525	2015	0.090	002159	2018	0.136	300218	2016	0.138	600635	2018	0.062
000525	2016	0.096	002159	2019	0.180	300218	2017	0.133	600635	2019	0.061
000525	2017	0.111	002193	2015	0.114	300218	2018	0.128	600641	2015	0.082
000525	2018	0.109	002193	2016	0.132	300218	2019	0.129	600641	2016	0.124
000525	2019	0.099	002193	2017	0.114	300229	2015	0.407	600641	2017	0.082
000532	2015	0.145	002193	2018	0.117	300229	2016	0.342	600641	2018	0.077
000532	2016	0.136	002193	2019	0.118	300229	2017	0.307	600641	2019	0.085
000532	2017	0.122	002202	2015	0.150	300229	2018	0.326	600703	2015	0.168
000532	2018	0.106	002202	2016	0.149	300229	2019	0.312	600703	2016	0.168
000532	2019	0.116	002202	2017	0.154	300240	2015	0.091	600703	2017	0.166
000536	2015	0.097	002202	2018	0.150	300240	2016	0.087	600703	2018	0.204
000536	2016	0.090	002202	2019	0.138	300240	2017	0.086	600703	2019	0.193
000536	2017	0.105	002219	2015	0.079	300240	2018	0.087	600801	2015	0.074
000536	2018	0.151	002219	2016	0.058	300240	2019	0.085	600801	2016	0.076
000536	2019	0.399	002219	2017	0.065	300255	2015	0.122	600801	2017	0.079
000555	2015	0.153	002219	2018	0.232	300255	2016	0.145	600801	2018	0.095
000555	2016	0.148	002219	2019	0.182	300255	2017	0.148	600801	2019	0.091

混合所有制改革及效应

续表

企业代码	年份	Z2	企业代码	年份	Z2	企业代码	年份	Z2	企业代码	年份	Z2
000555	2017	0.153	002253	2015	0.401	300255	2018	0.151	600854	2015	0.180
000555	2018	0.142	002253	2016	0.305	300255	2019	0.164	600854	2016	0.080
000555	2019	0.143	002253	2017	0.355	300313	2015	0.087	600854	2017	0.060
000564	2015	0.133	002253	2018	0.345	300313	2016	0.091	600854	2018	0.057
000564	2016	0.127	002253	2019	0.388	300313	2017	0.089	600854	2019	0.062
000564	2017	0.126	002274	2015	0.389	300313	2018	0.075	600872	2015	0.122
000564	2018	0.065	002274	2016	0.301	300313	2019	0.076	600872	2016	0.117
000564	2019	0.058	002274	2017	0.346	300346	2015	0.409	600872	2017	0.106
000601	2015	0.074	002274	2018	0.341	300346	2016	0.497	600872	2018	0.113
000601	2016	0.075	002274	2019	0.381	300346	2017	0.370	600872	2019	0.129
000601	2017	0.075	002300	2015	0.123	300346	2018	0.293	600876	2015	0.109
000601	2018	0.083	002300	2016	0.120	300346	2019	0.350	600876	2016	0.144
000601	2019	0.078	002300	2017	0.114	300482	2015	0.222	600876	2017	0.141
000612	2015	0.056	002300	2018	0.070	300482	2016	0.240	600876	2018	0.139
000612	2016	0.064	002300	2019	0.077	300482	2017	0.209	600876	2019	0.127
000612	2017	0.061	002350	2015	0.120	300482	2018	0.200	600883	2015	0.118
000612	2018	0.068	002350	2016	0.132	300482	2019	0.210	600883	2016	0.127
000612	2019	0.064	002350	2017	0.129	300489	2015	0.120	600883	2017	0.134
000626	2015	0.219	002350	2018	0.132	300489	2016	0.120	600883	2018	0.141
000626	2016	0.147	002350	2019	0.130	300489	2017	0.128	600883	2019	0.133
000626	2017	0.170	002362	2015	0.281	300489	2018	0.113	600890	2015	0.118
000626	2018	0.133	002362	2016	0.250	300489	2019	0.117	600890	2016	0.158
000626	2019	0.134	002362	2017	0.243	600093	2015	0.124	600890	2017	0.182
000637	2015	0.095	002362	2018	0.249	600093	2016	0.114	600890	2018	0.208
000637	2016	0.100	002362	2019	0.215	600093	2017	0.071	600890	2019	0.168
000637	2017	0.091	002428	2015	0.196	600093	2018	0.085	600983	2015	0.110
000637	2018	0.089	002428	2016	0.247	600093	2019	0.186	600983	2016	0.100
000637	2019	0.086	002428	2017	0.119	600152	2015	0.077	600983	2017	0.094
000672	2015	0.071	002428	2018	0.133	600152	2016	0.075	600983	2018	0.096
000672	2016	0.075	002428	2019	0.178	600152	2017	0.116	600983	2019	0.099

续表

企业代码	年份	Z2	企业代码	年份	Z2	企业代码	年份	Z2	企业代码	年份	Z2
000672	2017	0.078	002434	2015	0.110	600152	2018	0.125	600993	2015	0.092
000672	2018	0.087	002434	2016	0.108	600152	2019	0.123	600993	2016	0.088
000672	2019	0.094	002434	2017	0.118	600190	2015	0.078	600993	2017	0.097
000687	2015	0.097	002434	2018	0.165	600190	2016	0.083	600993	2018	0.090
000687	2016	0.127	002434	2019	0.152	600190	2017	0.114	600993	2019	0.095
000687	2017	0.179	002534	2015	0.141	600190	2018	0.128	601015	2015	0.104
000687	2018	0.202	002534	2016	0.143	600190	2019	0.133	601015	2016	0.106
000687	2019	0.536	002534	2017	0.131	600216	2015	0.117	601015	2017	0.076
000813	2015	0.068	002534	2018	0.139	600216	2016	0.119	601015	2018	0.089
000813	2016	0.132	002534	2019	0.139	600216	2017	0.125	601015	2019	0.076
000813	2017	0.099	002567	2015	0.089	600216	2018	0.129	601579	2015	0.071
000813	2018	0.102	002567	2016	0.094	600216	2019	0.151	601579	2016	0.074
000813	2019	0.161	002567	2017	0.084	600231	2015	0.128	601579	2017	0.077
000826	2015	0.120	002567	2018	0.087	600231	2016	0.081	601579	2018	0.076
000826	2016	0.105	002567	2019	0.098	600231	2017	0.081	601579	2019	0.089
000826	2017	0.114	002626	2015	0.112	600231	2018	0.072	603011	2015	0.113
000826	2018	0.101	002626	2016	0.107	600231	2019	0.067	603011	2016	0.130
000826	2019	0.095	002626	2017	0.105	600293	2015	0.114	603011	2017	0.135
000908	2015	0.121	002626	2018	0.104	600293	2016	0.075	603011	2018	0.139
000908	2016	0.143	002626	2019	0.102	600293	2017	0.106	603011	2019	0.156
000908	2017	0.162	002770	2015	0.390	600293	2018	0.077	603077	2015	0.058
000908	2018	0.190	002770	2016	0.304	600293	2019	0.100	603077	2016	0.063
000908	2019	0.278	002770	2017	0.348	600353	2015	0.092	603077	2017	0.064
000918	2015	0.091	002770	2018	0.342	600353	2016	0.104	603077	2018	0.070
000918	2016	0.100	002770	2019	0.375	600353	2017	0.089	603077	2019	0.064
000918	2017	0.103	002788	2015	0.159	600353	2018	0.081	603968	2015	0.121
000918	2018	0.130	002788	2016	0.148	600353	2019	0.113	603968	2016	0.122
000918	2019	0.179	002788	2017	0.088	600383	2015	0.087	603968	2017	0.115
000963	2015	0.122	002788	2018	0.086	600383	2016	0.101	603968	2018	0.123
000963	2016	0.166	002788	2019	0.078	600383	2017	0.071	603968	2019	0.117
000963	2017	0.184	300049	2015	0.192						

图书在版编目(CIP)数据

混合所有制改革及效应：" 国民共进"微观视角下的研究/代飞著. -- 北京：社会科学文献出版社，2021.8

ISBN 978-7-5201-8932-3

Ⅰ.①混… Ⅱ.①代… Ⅲ.①国有企业-混合所有制-企业改革-研究-中国 Ⅳ.①F279.241

中国版本图书馆 CIP 数据核字（2021）第 174506 号

混合所有制改革及效应
——"国民共进"微观视角下的研究

著　　者 / 代　飞

出 版 人 / 王利民
组稿编辑 / 恽　薇
责任编辑 / 孔庆梅　胡　楠
责任印制 / 王京美

出　　版 / 社会科学文献出版社·经济与管理分社（010）59367226
　　　　　 地址：北京市北三环中路甲 29 号院华龙大厦　邮编：100029
　　　　　 网址：www.ssap.com.cn
发　　行 / 市场营销中心（010）59367081　59367083
印　　装 / 三河市尚艺印装有限公司

规　　格 / 开本：787mm × 1092mm　1/16
　　　　　 印张：17　字数：236 千字
版　　次 / 2021 年 8 月第 1 版　2021 年 8 月第 1 次印刷
书　　号 / ISBN 978-7-5201-8932-3
定　　价 / 98.00 元

本书如有印装质量问题，请与读者服务中心（010-59367028）联系

版权所有 翻印必究